UTB 2354

Eine Arbeitsgemeinschaft der Verlage

Beltz Verlag Weinheim und Basel
Böhlau Verlag Köln · Weimar · Wien
Wilhelm Fink Verlag München
A. Francke Verlag Tübingen und Basel
Paul Haupt Verlag Bern · Stuttgart · Wien
Verlag Leske + Budrich Opladen
Lucius & Lucius Verlagsgesellschaft Stuttgart
Mohr Siebeck Tübingen
C. F. Müller Verlag Heidelberg
Ernst Reinhardt Verlag München und Basel
Ferdinand Schöningh Verlag Paderborn · München · Wien · Zürich
Eugen Ulmer Verlag Stuttgart
UVK Verlagsgesellschaft Konstanz
Vandenhoeck & Ruprecht Göttingen
WUV   Facultas · Wien

Heinz Bonfadelli ist Professor
am Institut für Publizistikwissenschaft und Medienforschung der
Universität Zürich sowie Vor-
standsmitglied der Schweizerischen Gesellschaft für
Kommunikations- und Medienwissenschaft (SGKM).

Heinz Bonfadelli

Medieninhaltsforschung

Grundlagen, Methoden, Anwendungen

UVK Verlagsgesellschaft mbH

Die Deutsche Bibliothek – CIP-Einheitsaufnahme

Bonfadelli, Heinz:
Medieninhaltsforschung : Grundlagen, Methoden, Anwendungen /
Heinz Bonfadelli. - Konstanz : UVK-Verl.-Ges., 2002
    UTB für Wissenschaft ; 2354)
    ISBN 3-8252-2354-X

ISBN 3-8252-2354-X

© UVK Verlagsgesellschaft mbH, Konstanz 2002

Einbandfoto: Annette Maucher, Konstanz
Einbandgestaltung: Atelier Reichert, Stuttgart
Druck: Matthaes Druck, Stuttgart

UVK Verlagsgesellschaft mbH
Schützenstr. 24 · 78462 Konstanz
Tel. 07531-9053-21 · Fax 07531-9053-98
www.uvk.de

Inhalt

Vorwort

Medien als Ganzes wie das Buch und das Fernsehen sowie neuerdings das Internet oder bestimmte Medieninhalte wie bspw. Mediengewalt und Pornographie oder die Berichterstattung über Asylsuchende und Rechtsextremismus, aber auch Genres wie die Daily Talks oder das Reality TV geben wegen der Ubiquität der modernen Massenmedien und der massenhaften Verbreitung ihrer Botschaften immer wieder Anlass zu öffentlicher Kritik.

Es erstaunt darum nicht, dass sich die Publizistikwissenschaft, zusammen mit anderen Disziplinen der Sozial- und Geisteswissenschaften wie Soziologie, Politologie, Volkskunde, Linguistik, Filmwissenschaft oder neuerdings auch Genderforschung bzw. Cultural Studies, schon sehr früh mit dem Thema *Medien und ihre Inhalte* zu beschäftigen begonnen haben. Dabei sind im Verlaufe der Zeit unzählige medien- und inhaltsanalytische Untersuchungen zu verschiedensten Themen durchgeführt worden. Parallel dazu ist im Rahmen der Entwicklung der *empirischen Medieninhaltsforschung* eine breite Palette sowohl quantifizierender als auch qualitativer Instrumente zur Analyse von Medieninhalten bzw. Medientexten entwickelt worden. Viele dieser Analyseinstrumente gehören mittlerweile zum Standard im „Werkzeugkasten" der Publizistikwissenschaft und Absolventen dieser Disziplin sollten über die notwendigen Kompetenzen zur Durchführung von *Inhaltsanalysen* unterschiedlichster Art verfügen.

Dementsprechend gibt es sowohl im englischsprachigen als auch im deutschsprachigen Raum eine Reihe bewährter *Lehrbücher* zur Methodik der quantitativen Inhaltsanalyse wie auch der qualitativen Textanalyse. Es handelt sich bei den meisten dieser Werke um sog. *Methodentexte*. Das „How to Do?" steht im Zentrum, wobei meist nur die quantifizierenden Verfahren – bspw. Werner Früh: „Inhaltsanalyse. Theorie und Praxis" (2001) und Klaus Merten: „Inhaltsanalyse. Einführung in Theorie, Methode und Praxis" (1995) – oder aber nur die qualitativen Zugriffe – bspw. Philipp Mayring: „Qualitative Inhaltsanalyse: Grundlagen und Techniken" (1997) – vorgestellt werden.

Im Unterschied dazu versteht sich der vorliegende Band „Medieninhaltsforschung. Grundlagen, Methoden, Anwendungen" als *breit angelegte Einführung* sowohl in die quantifizierenden als auch in die qualitativen Instrumente zur

Analyse von Medieninhalten. Das aufgrund einer Vorlesung entstandene Skript soll eine *Einführung in verschiedene theoretische Perspektiven* und eine *Übersicht der wichtigsten Instrumente* der Medieninhaltsforschung liefern, wobei aber nicht die methodischen Details im Vordergrund stehen, sondern neben den theoretischen *Prämissen und Basiskonzepten* auch konkrete empirische *Anwendungen* vorgestellt werden. Den Studierenden der Publizistikwissenschaft soll also nicht nur gezeigt werden, mit welchem vielfältigen Instrumentarium die empirisch verfahrende Publizistik- und Kommunikationswissenschaft sich bemüht, die komplexe Medienrealität zu erhellen, sondern auch aufgrund welcher *theoretischen Perspektiven* die Publizistikwissenschaft das Verhältnis zwischen Medien und Realität zu beleuchten und zu verstehen versucht. Obwohl der gewählte Zugang primär ein sozialwissenschaftlicher ist, könnte die dem Buch unterliegende breite Perspektive aber auch für die stärker medienwissenschaftlich orientierte Literatur- und Sprachwissenschaft von Interesse sein.

Im ersten einleitenden Kapitel werden relevante *Grundbegriffe* definiert, der *Untersuchungsgegenstand* als Forschungsbereich abgegrenzt und im Rahmen der Publizistikwissenschaft positioniert. Daran anschließend werden im zweiten Kapitel die wichtigsten *Fragestellungen* präsentiert, die *Forschungsentwicklung* skizziert und die darauf bezogenen *theoretischen Prämissen und Perspektiven* erörtert.

In den folgenden Kapiteln stehen sodann die verschiedenen Instrumente zur Analyse von Medieninhalten im Zentrum, wobei sowohl auf die „klassische" *quantifizierende Inhaltsanalyse* eingegangen wird als auch die wichtigsten *qualitativen Instrumente* wie ideologiekritisch-diskursanalytische, schema-theoretische und linguistisch-semiotische Ansätze vorgestellt werden. Skizziert werden jeweils die theoretischen Grundlagen, deren methodische Umsetzung sowie beispielhafte Anwendungen aus der empirischen Forschung.

Zürich im Sommer 2002   Heinz Bonfadelli

1. Medien und ihre Inhalte als Untersuchungsgegenstand

In diesem ersten Kapitel wird dargelegt, wieso man sich in der Publizistikwissenschaft überhaupt mit Medien und ihren Inhalten beschäftigt bzw. befassen soll. Damit verknüpft ist die Frage, wie der so angedeutete Untersuchungsgegenstand „Medieninhaltsforschung" als Forschungsbereich überhaupt zu definieren und in der Publizistikwissenschaft zu positionieren ist. Dies bedeutet auch, die Beziehungen zu den übrigen Gegenständen und Forschungsfeldern der Publizistikwissenschaft kurz zu umreißen.

1.1 Grundbegriffe und Definitionen

Der Untersuchungsgegenstand „Medien und Inhalte" ist komplex zum einen, weil mit „Medium" die Gesamtheit der Inhalte eines Mediums bezeichnet werden kann (McQuail 2001: 304), zum anderen das Medium aber auch der Transportkanal von Medienbotschaften ist. Die technische bzw. materielle Seite der Medieninhalte, d.h. die Medienbotschaft, ist zudem mit einer immateriellen bzw. geistig-mentalen Seite verknüpft, was sich im Begriff „Bedeutung" äußert.

1.1.1 Medium

Obwohl der Begriff „Medium" zu den Grundbegriffen des Fachs zählt, wird er selbst in der publizistikwissenschaftlichen Literatur alles andere als eindeutig verwendet, was mit der *Komplexität* und *Vernetztheit* des „Mediums" als Basiskonzept mit den übrigen Forschungsfeldern wie „Kommunikatorforschung" und „Rezipienten- / Wirkungsforschung" zusammenhängen dürfte.

Je nach Erkenntnisinteresse und theoretischer Perspektive werden darum unterschiedliche Antworten auf die Frage „Was ist das Medium?" (Faulstich 1991: 7) gegeben und andere Aspekte bzw. Dimensionen des Mediums definitorisch akzentuiert (Hickethier 1988: 51ff.; Hess-Lüttich 1992: 434; Saxer 1999: 4ff.).

Alltagssprachlich oder nach dem DUDEN bezeichnet der Begriff „Medium" eine Einrichtung zur Vermittlung von Meinungen, Informationen oder Kulturgütern und hat als *lateinisches Wort* die Bedeutung von „Mitte, Mittel, etwas Vermittelndes" (Faulstich 1991: 8 und 1994: 19). Im Vordergrund der alltagsweltlichen Begriffsverwendung steht dabei die Übertragungstechnik als *instrumenteller Bezug* zur Kommunikation. Dabei werden weitere sowohl linguistisch-zeichentheoretische als auch sozial-institutionelle Komponenten oft übersehen (Saxer 1998: 54).

Technischer Medienbegriff. Medien wie die Papyrusrolle, das Buch, die Zeitung, der Film, das Radio, das Fernsehen oder das Internet sind menschliche Artekfakte bzw. technische Instrumente oder Apparaturen, die als *Kommunikationskanäle* (engl.: channels) bestimmte Zeichensysteme über Zeit speichern, über räumliche Distanzen transportieren und an mehr oder weniger viele Nutzer zu verteilen vermögen.

Zeichentheoretischer Medienbegriff. Entäußerungen oder Manifestationen von Geistigem sind medial, weil sie mittels Zeichensystemen materialisiert und so artikuliert werden können (Kübler 2000: 5ff.). Medien als technische Kanäle vermögen wiederum die materialisierten Zeichen zu transportieren, aus denen sich einzelne Aussagen, Texte und komplexe Medienbotschaften zusammensetzen, denen aufgrund medienspezifischer und kulturell geteilter Codes bzw. Regeln entsprechende Bedeutungen durch Kommunikatoren und Rezipienten im medienvermittelten Kommunikationsprozess zugeordnet werden.

Sozial-institutioneller Medienbegriff. Moderne Medientechnologien verlangen spezielle berufliche Fertigkeiten, betriebliche Arbeitsformen und hohe Kapitalinvestitionen. Sie sind in soziale Organisationen – Medienunternehmen wie Presseverlage und Rundfunkanstalten – integriert, die für die Gesellschaft publizistische Kommunikationsfunktionen als *auf Dauer gestellte Leistungen* erbringen und darum auch gesellschaftlich institutionalisiert und geregelt sind.

1.1.2 Medieninhalt

Inhalt (engl.: content). Der Begriff „Medieninhalt" bezieht sich sowohl auf die *physischen Botschaften,* d.h. Zeitungsartikel, Fernsehsendungen oder Hörfunkbeiträge bzw. Texte, Bilder oder Töne, als auch auf die *symbolischen Bedeutungen,* die mittels dieser materiellen Zeichenträger im Kommunikationsprozess übermittelt werden. In einer publizistikwissenschaftlichen bzw. mediensoziologischen Perspektive wird gefragt: Welche Inhalte mit welcher Referenz zur Realität werden durch Medien transportiert (McQuail 2001: 305)?

Botschaft (engl.: messages). Die Betonung liegt auf den materiellen bzw. formal-gestalterischen Aspekten der Medientechnik. Publizistikwissenschaftlich ist zudem sowohl der Kommunikator als auch der Rezipient angesprochen, zwischen denen das Medium als Kanal vermittelt.

Bedeutung (engl.: meaning). Der Begriff bezeichnet das Immaterielle bzw. den Sinn, welcher mit den Medienbotschaften als Symbolsystemen vom Kommunikator zum Rezipienten transportiert wird.

Text. In neueren Arbeiten, die auf der „Cultural Studies" - Tradition basieren, wird nicht mehr von „Medieninhalten" gesprochen, sondern dafür ganz allgemein, und zwar medienunabhängig, der Begriff „Text" benutzt also bspw. auch für eine Fernsehsendung oder einen Song aus der Popmusik (Hepp 1999: 30).

Angebot / Produkt (engl.: commodity). Vor dem Hintergrund der zunehmenden Ökonomisierung, aber auch Digitalisierung werden die Begriffe „Medienprodukt" bzw. „digitales Produkt" (Prokop 1977) häufiger gebraucht. Medienangebote werden darum weniger als Kulturgut, sondern vorab als Waren verstanden, für die das Gesetz von Angebot und Nachfrage gilt.

Abb. 1: Semantisches Wortfeld „Medien und Inhalte"	
Medien / Media (engl.)	
Publizistikwissenschaft Cultural Studies Medienö konomie	- **Medieninhalte / Content** (engl.) - **Text / Discourse** (engl.) - **Medienangebot / Digitale Produkte /** **Commodity** (engl.)
Physische Botschaften / **Messages** (engl.)	**Symbolische Bedeutungen /** **Meaning** (engl.)

Zusammenfassend betrachtet ist die *Begrifflichkeit* zur Bezeichnung des Untersuchungsgegenstandes „Medien und Inhalte" (vgl. Abb. 1) vielfältig, heterogen und nicht sehr präzise. Die gleichen Begriffe werden zudem je nach der zugrunde liegenden theoretischen Perspektive unterschiedlich verwendet.

Was die Forschung anbelangt, standen traditionellerweise eher die dokumentarischen *Informationsangebote* und weniger die fiktionalen Unterhaltungsangebote im Zentrum des Interesses der Publizistikwissenschaft, und die (amerikanische) Forschung war zudem stark auf das *Medium Fernsehen* fokussiert.

1.2 Wieso sich mit Medieninhalten beschäftigen?

Die Analyse der modernen Massenmedien und ihrer Inhalte stand wegen ihrer *massenhaften Verbreitung,* ihrer enormen *Popularität* und nicht zuletzt wegen der damit verknüpften *Wirkungsvermutungen* bezüglich des Publikums, von Beginn an sowohl im Zentrum der empirischen Forschung der Publizistikwissenschaft als auch im Fokus der kritischen Öffentlichkeit (McQuail 2001: 304ff.). Die anhaltende Diskussion um die mediale Thematisierung von *sozialen Problemen* wie Gewalt, Kriminalität, Sexualität, Pornographie und Rassismus (Bonfadelli / Meier 1993), aber auch die journalistische Medienkritik (Weßler u.a. 1997) von neuen Medienangeboten wie jüngst das Reality-TV im Allgemeinen (Winterhoff-Spurk / Heidinger / Schwab 1994) bzw. die Reality-Show „Big Brother" (Mikos u.a. 2000) im Speziellen oder der sog. Tendenz zum Infotainment als Boulevardisierung der Information (Wittwen 1995; Krüger 1996) illustrieren dies. Die Inhalte der Medien sind zudem *direkt sichtbar* und im Vergleich zu den Kommunikatoren oder den Publika für empirische Untersuchungen besonders *leicht zugänglich.*

Aus diesem Grund sind auch die Bezüge zu den anderen Elementen des medienvermittelten Kommunikationsprozesses wie Kommunikatoren, Medien, Realität und Rezipienten oder zu weiteren Forschungsfeldern der Publizistikwissenschaft wie bspw. Nachrichten, Wirtschafts-, Sport-, Wissenschafts- und Risikokommunikation oder Unterhaltung und Werbung, aber auch Gender- oder Kultivierungsforschung besonders eng und vielfältig, was die Abgrenzung des Gegenstands erschwert und die Herausbildung eines eigenständigen Bereichs „Medieninhaltsforschung" behindert hat. Dementsprechend wird der Untersuchungsgegenstand „Medien und ihre Inhalte" meist über den methodischen Zugriff, d.h. die *Untersuchungsmethode der Inhaltsanalyse,* definiert (Schrott / Lanoue 1994; Merten 1995; Früh 2001; Deacon u.a. 1999; Gunter 2000).

1.2.1 Medieninhalte analysieren und erklären

Das zentrale Anliegen der Forschung besteht darin, Medieninhalte zu analysieren, d.h. erstens die Medienrealität zu beschreiben, und zweitens zu erklären, wieso die Medienrealität so ist, wie sie ist. Abbildung 2 zeigt in Relation zu welchen Elementen des Kommunikationsprozesses oder aus welchen Perspektiven heraus Medieninhalte bevorzugt analysiert werden (Shoemaker / Reese 1996: 1ff.; McQuail 2001: 304ff.).

Kommunikatoren. Vor allem in der frühen Forschung wurden Medieninhalte meist als Ausdruck der Interessen und Werthaltungen von Kommunikatoren betrachtet. In Analysen *politischer Propaganda* wurde darum versucht, Rückschlüsse auf ihre Urheber zu ziehen. Im Rahmen der *Gatekeeperforschung* wiederum interessiert, wie Kommunikatoren aus der Vielfalt der Ereignisse der Welt selektiv jene auswählen, über die dann aus je anderen Perspektiven in den Massenmedien berichtet wird, und welche Faktoren diesen Entscheidungsprozessen unterliegen. Umgekehrt kann nach den extramedialen Faktoren – bspw. Öffentlichkeitsarbeit von Interessensgruppen – gefragt werden, welche die Medieninhalte beeinflussen. Zur Beantwortung dieser Fragen sind verschiedenste theoretische Perspektiven (Shoemaker 1986: 6; Shoemaker / Reese 1996: 1; Kepplinger 1989) formuliert worden. Grundsätzlich gilt dabei aber immer, dass nicht die Medieninhalte selbst im Zentrum der wissenschaftlichen Aufmerksamkeit stehen, sondern deren Voraussetzungen wie bspw. die Journalisten.

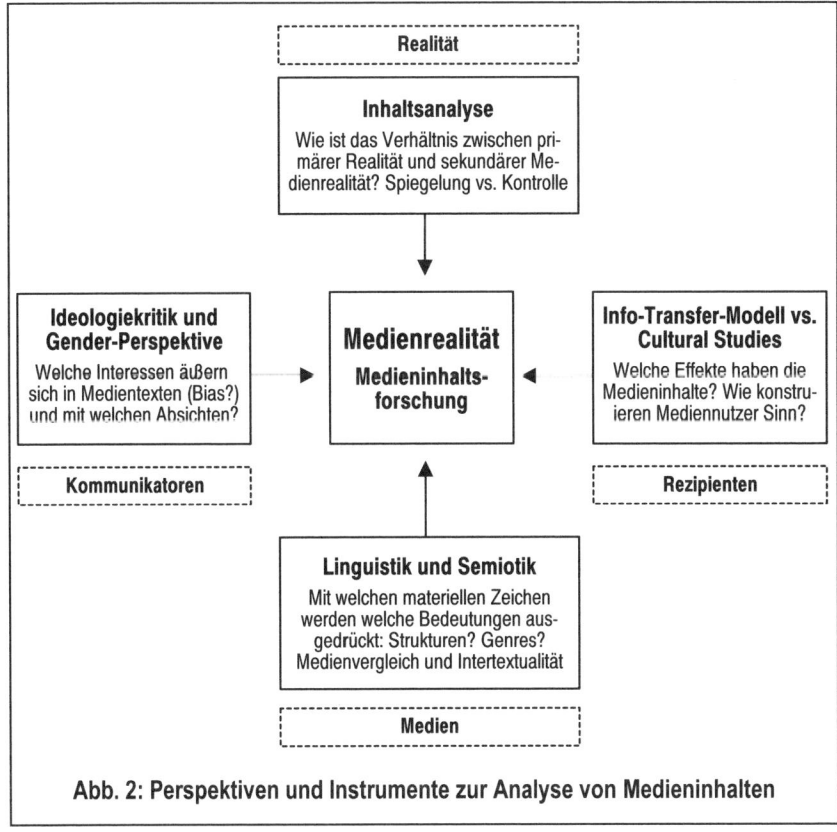

Abb. 2: Perspektiven und Instrumente zur Analyse von Medieninhalten

Medien. Im Zentrum steht die Frage, mit welchen Zeichen welche Bedeutungen ausgedrückt werden *(Inhaltsstrukturen)*, und welche intertextuellen Bezüge es zwischen den Zeichen gibt. In Bezug auf die Medien selbst – Presse (Kepplinger 1999), Fernsehen, Radio oder neuerdings Internet – und ihre medienspezifischen Charakteristika interessiert die Forschung, welche Angebote *(Genres)* für ein bestimmtes Medium typisch sind, d.h. inwiefern bspw. Konkurrenz oder Komplementarität bezüglich „Information" und „Unterhaltung" im *intermedialen Vergleich* besteht und wie sich solche Konstellationen vor dem Hintergrund der zunehmenden Kommerzialisierung des Mediensystems verändern. In Deutschland ist in diesem Zusammenhang auf die kontrovers geführte *Konvergenz-Debatte* zur Entwicklung der Politikberichterstattung des öffentlich-rechtlichen im Vergleich zum privaten Fernsehen zu verweisen (Bruns / Marcinkowski 1996 + 1997; Krüger 1998; Trebbe / Weiß 2000).

Realität. Schon immer beschäftigt die Frage „*Wie verhalten sich Medien und Realität zueinander?"* (Schulz 1989: 135) bzw. „*Wie wirklich ist die Medienwirklichkeit?"* (Bentele 1993: 152) die publizistikwissenschaftliche Forschung. Mittels der Methode der Inhaltsanalyse wird immer wieder neu untersucht, inwiefern Medieninhalte ein Spiegel der Realität sind oder diese nur verzerrt wiedergeben. Besonders Regierungen, Politiker und andere Interessengruppen werfen den Medien periodisch vor, „einseitig" oder „verzerrt" (engl.: „bias" bzw. sog. „Medien-Bias"- Forschung) über die Realität zu berichten, d.h. nicht „ausgewogen" oder „objektiv" zu sein. Der Mehrzahl der empirischen Studien unterliegt das normative Postulat bzw. die *naiv-realistische Position* der journalistischen Nachrichtentheorie, dass die Massenmedien die primäre Wirklichkeit abbilden können und dies auch tun sollen. In erkenntnistheoretischer Hinsicht wird dieses Paradigma mittlerweile durch die *konstruktivistische Position* in Frage gestellt (Schulz 1989: 140ff.; Bentele 1993: 158ff.).

Rezipienten. Vor dem Hintergrund eines simplen Informations-Transfer-Modells wird oft vorschnell von den Medieninhalten auf direkte Wirkungen beim Medienpublikum geschlossen. Neuere Ansätze fragen differenzierter: „*Welche Medieninhalte stoßen überhaupt auf Interesse und werden wie genutzt?"* Und: „*Wie können allfällige Effekte der Medien erklärt werden?"*, bspw. von fiktionaler Fernsehgewalt durch die Kultivierungstheorie von George Gerbner oder von dokumentarischer Kriminalität in der Presse durch die Agenda-Setting-Theorie (Gerbner / Gross 1976; Gerbner u.a. 1979; O'Keefe / Reid-Nash 1987; Signorielli / Morgan 1990; Gerbner 2000). Umgekehrt, d.h. aus einer Rezipientenperspektive und im Rahmen der „Cultural Studies"- Ansätze, wird gefragt (Krotz 1992; Hepp 1999): „*Wie schreiben Rezipienten den Medienbotschaften aktiv Sinn zu und wie konstruieren sie so eine soziale Realität?"*

Als Fazit illustrieren diese Ausführungen, dass Medien und ihre Inhalte meist in Relation zu den Kommunikatoren oder zu den Rezipienten untersucht werden. Für sich allein bilden sie selten einen eigenständigen Gegenstand, außer im Rahmen von quantifizierenden Aussagen- bzw. Inhaltsanalysen (Früh 2001; Merten 1995) oder qualitativen Textanalysen (Hijmans 1996), welche die sekundäre *Medienrealität* zu erfassen und zu beschreiben versuchen. Aber auch hier wird normalerweise der Vergleich mit der extra-medialen bzw. primären Wirklichkeit angestrebt (Best 2000).

1.2.2 Medien klassifizieren, positionieren und vergleichen

Im Unterschied zur relativ klar strukturierten Forschung auf der Ebene der einzelnen Medieninhalte präsentiert sich die Forschungslage bezüglich der Medien als Ganzes ziemlich *disparat*. Man kann sogar behaupten, dass es so etwas wie einen mehr oder weniger klar definierten Bereich „Medienforschung" gar nicht gibt. In Abb. 3 wird gleichwohl versucht, einzelne Felder der Medienforschung mit darauf bezogenen Fragestellungen auszudifferenzieren.

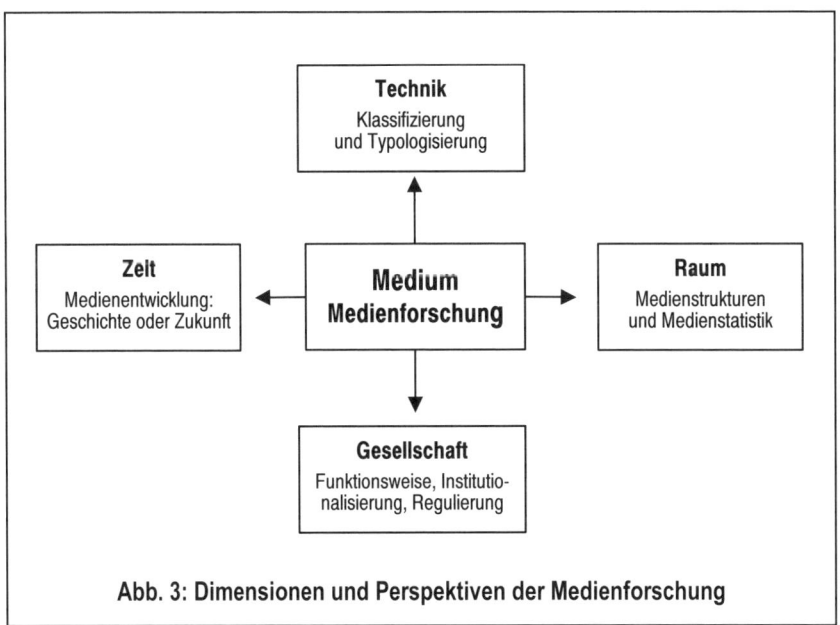

Abb. 3: Dimensionen und Perspektiven der Medienforschung

Die *technische Perspektive* bildet die Basis der Medienanalyse, wobei in der Publizistikwissenschaft weniger das rein technische Funktionieren eines Mediums im Zentrum steht, sondern mehr die *Klassifizierung* und *Typologisierung* aufgrund von physischen Merkmalen, bspw. als Entscheidungsgrundlage für die Wahl von Medien als Werbeträger. Gefragt wird etwa: Nach welchen Kriterien können die verschiedenen Medien miteinander verglichen werden? Und: Welche Gruppen ähnlicher Medien ergeben sich als Typen?

Zwei weitere Bereiche der Medienanalyse orientieren sich an den *Faktoren Zeit und Raum.* Zum einen geht es in der *Mediengeschichte* historisch um die Entwicklung der Medien als Element der Kulturgeschichte und zukunftsorientiert um die *Medienprognostik,* zum anderen interessiert sich die *Medienstatistik* für die Erfassung, Beschreibung und den Vergleich von Medienstrukturen. Viertens geht es schließlich in *sozialer Hinsicht* um Fragen der gesellschaftlichen Institutionalisierung und der politischen Regulierung, aber auch um das ökonomische Funktionieren der Medien.

Nachfolgend soll vor allem auf die *Klassifizierung, Positionierung und den Vergleich der Medien* untereinander näher eingegangen werden. Unterschieden werden kann in einem ersten Schritt zwischen a) eindimensionalen und b) multidimensionale Typologien, wobei bei den ersteren nur aufgrund eines einzigen, jeweils für typisch oder relevant erachteten und bei den letzteren die Medien aufgrund mehrerer Kriterien miteinander verglichen und / oder klassifiziert werden. Zweitens unterscheiden sich die Klassifikationen bzw. Typologien dahingehend, ob die Massenmedien a) nur untereinander oder b) im Vergleich mit den übrigen Medien betrachtet werden. Gemäß der Definition von Medium (vgl. 1.1.1) können die Typologien drittens danach unterschieden werden, ob die relevanten Unterscheidungskriterien sich auf die a) medientechnologische, b) zeichentheoretische oder c) organisatorisch-institutionelle Ebene beziehen.

Ein- und zweidimensionale Typologien

Technologie-zentrierte Typologien. Sie unterscheiden Medien bezüglich Produktion, Übertragungstechnik, den verwendeten Zeichensystemen oder dem Wahrnehmungskanal des Rezeptionsprozesses.

1) Pross (1972) unterscheidet bspw. nach der Übertragungstechnik drei Medientypen: a) *Primäre Medien* sind körpergebundene Darstellungsmittel im direkten zwischenmenschlichen Kontakt, und zwar ohne technische Hilfsmittel wie bei der mündlichen Rede, Mimik und Gestik. b) *Sekundäre Medien* sind solche, bei denen die wahrnehmbaren Zeichen durch einen technischen Vorgang hergestellt werden; deren Aufnahme durch den Empfänger erfolgt, dies aber ohne techni-

sches Gerät wie bei Briefen, Büchern, Zeitungen oder Fotografien. c) *Tertiäre Medien* bedürfen sowohl bei der Herstellung als auch bei der Übertragung und beim Empfang einer technischen Einrichtung. Beispiele hierfür sind die elektronischen Medien Hörfunk und Fernsehen oder Internet.

2) Eindimensional wird üblicherweise auch aufgrund der Übertragungstechnik zwischen a) Print- / Druckmedien, b) auditiven Medien und c) audiovisuellen Medien sowie d) Multimedia unterschieden.

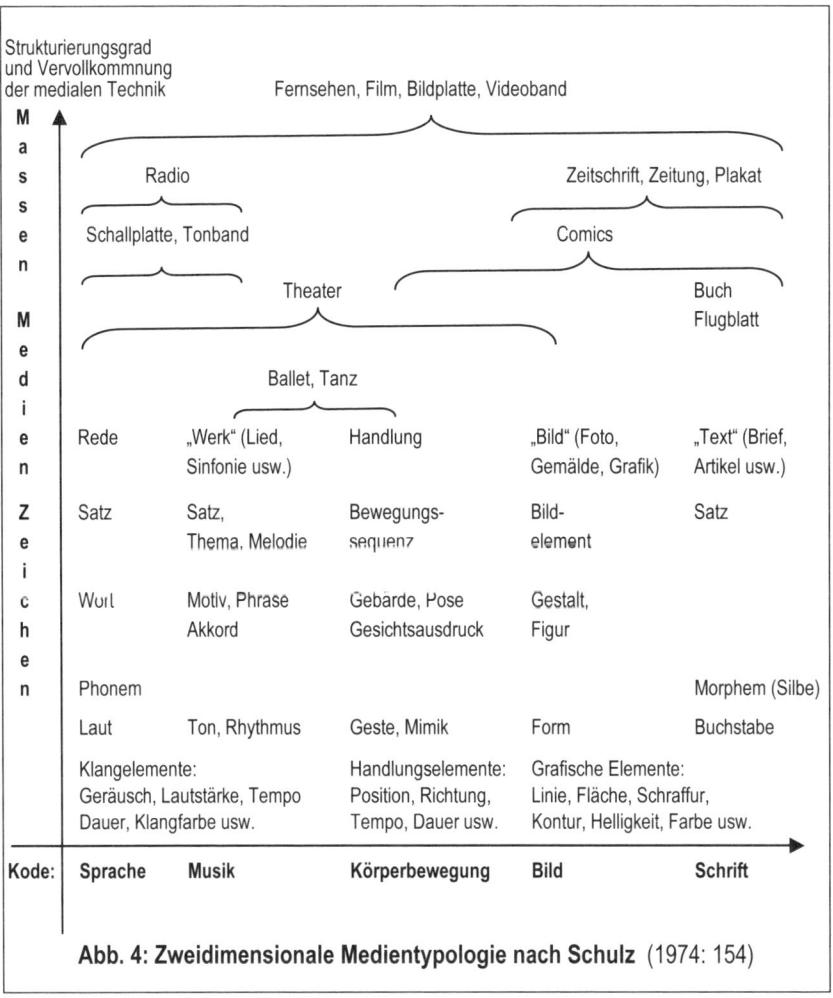

Abb. 4: Zweidimensionale Medientypologie nach Schulz (1974: 154)

Die Typologie von Schulz (1974: 154) ist ähnlich zu der von Pross (1972), aber *zweidimensional* bzw. hierarchisch. Sie kombiniert einerseits horizontal den *Kode* nach den Symbolsystemen Sprache, Musik, Körperbewegung, Bild und Schrift, andererseits vertikal den *Strukturierungsgrad* bzw. die Vervollkommnung der jeweiligen medialen Technik miteinander, wobei Schulz verschiedene Ebenen, und zwar nach Zeichenelementen, Zeichen, Medien und schließlich den Massenmedien unterscheidet (vgl. Abb. 4).

3) Die bildanalytisch- bzw. medienpädagogisch-orientierte Typologie von Doelker (1989) wiederum richtet sich nach den *Hauptzeichenkategorien*, aus denen sich Texte im Fernsehen zusammensetzen (Bild + Ton) sowie bei den Textsorten nach Funktionen (dokumentarisch, fiktional, ludisch und intentional), wobei die Betonung auf dem Problem der terminologischen Entsprechungen und Überschneidungen liegt (vgl. Abb. 5).

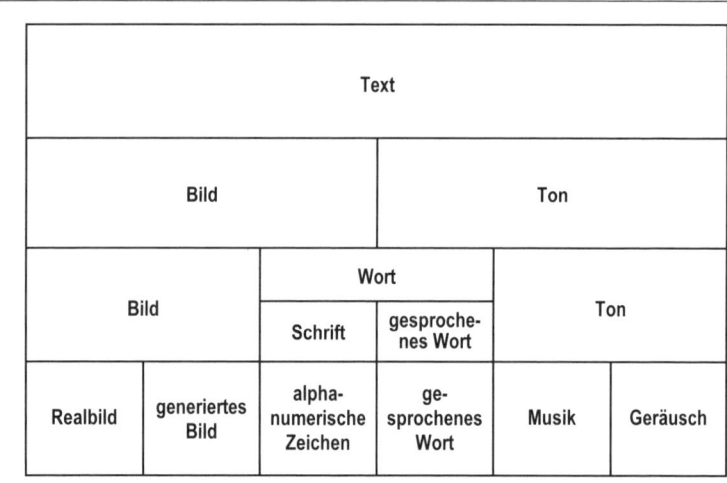

Abb. 5: Typologisierung der Elemente in Medientexten nach ihren zwei Hauptzeichenkategorien (Doelker 1989: 172)

4) Nach Marshall McLuhans „Die magischen Kanäle" (1964) sind Medien Ausweitungen der menschlichen Sinne und die medialen Charakteristika wichtiger als deren Inhalte: „*The medium is the message*". Er unterscheidet – z.T. nicht ganz nachvollziehbar – zwischen „heißen" und „kalten" Medien. *Heiße Medien*

erweitern nur einen der Sinne allein, bis etwas detailreich ist, d.h. viele Daten und Einzelheiten aufweist, bspw. Fotografie, Radio, Kino. Heiße Medien fordern vom Publikum nur eine geringe Beteiligung oder Vervollständigung; sie schließen eher aus. *Kalte Medien* sind nach McLuhan detailarm, vermitteln nur eine dürftige Summe von Informationen, bspw. Sprache, Karikatur, Telefon oder TV. Sie verlangen vom Menschen hohe persönliche Beteiligung oder Vervollständigung; sie schließen eher ein.

5) In *organisatorisch-institutioneller Hinsicht* haben Siebert, Peterson und Schramm in den 50er Jahren a) autoritäre, b) totalitäre, c) liberale und d) demokratisch-kontrollierte Formen der gesellschaftlichen *Medieninstitutionalisierung* für die Presse unterschieden, wobei ihr Ansatz normative Komponenten enthält. Nach der Einführung des Dualen Rundfunks in Europa ab Mitte der 80er Jahre wird vor allem die Gegenüberstellung von a) „Marktmodell" bzw. privatwirtschaftlichen Medien und b) „Public-Interest-Modell" bzw. öffentlich-rechtlich organisierten Medien in empirischen Medien- bzw. Inhaltsanalysen häufig verwendet.

Mehrdimensionale Typologien

Verschiedenste mehrdimensionale Typologien versuchen mittels je anderen Kriterien Medien so zu typologisieren, dass sich die Massenmedien von den übrigen Medien unterscheiden lassen. Dies bedingt – neben technischen Kriterien – immer einen Miteinbezug von sozialen und institutionellen Merkmalen.

1) Bekanntestes Beispiel ist die *Definition der Massenkommunikation* nach Maletzke (1963: 32) aufgrund folgender vier polarer Dimensionen: a) direkt vs. indirekt durch technische Verbreitungsmittel, b) gegenseitig vs. einseitig, c) privat vs. öffentlich, d) Präsenz- vs. disperses Publikum. Unter Massenkommunikation wird dabei jene Form der Kommunikation verstanden, bei der Aussagen öffentlich, durch technische Verbreitungsmittel, indirekt und einseitig an ein disperses Publikum vermittelt werden.

2) Ähnlich definiert Luhmann (1996: 10): „Mit dem Begriff der Massenmedien sollen im Folgenden alle *Einrichtungen der Gesellschaft* erfasst werden, die sich zur Verbreitung von Kommunikation *technischer Mittel* der Vervielfältigung bedienen. Vor allem ist an Bücher, Zeitschriften, Zeitungen zu denken, die durch die Druckerpresse hergestellt werden; aber auch an fotografische oder elektronische Kopierverfahren jeder Art, sofern sie Produkte *in großer Zahl* mit noch *unbestimmten Adressaten* erzeugen. Auch die Verbreitung der Kommunikation über Funk fällt unter den Begriff, sofern sie *allgemein zugänglich* ist (...). Entscheidend ist auf alle Fälle, dass *keine Interaktion unter Anwesenden* zwischen Sendern und Empfängern stattfinden kann."

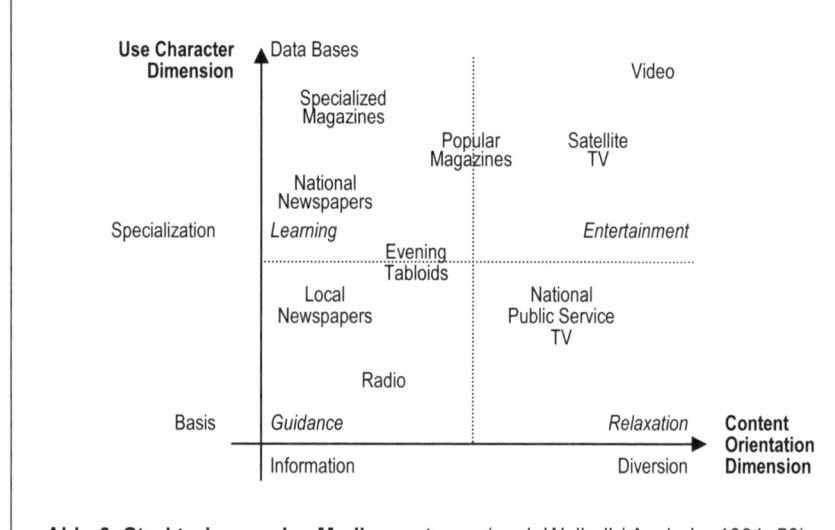

Abb. 6: Strukturierung des Mediensystems (nach Weibull / Anshelm 1991: 53)

Weibull / Anshelm (1991: 53) wiederum positionieren die klassischen Massenmedien *intermedial zweidimensional* (vgl. Abb. 6), und zwar a) aufgrund ihrer
Inhalte nach Information vs. Unterhaltung und b) bezüglich dem Spezialisie-
rungsgrad ihrer *Nutzung* nach universell-multifunktional vs. monofunktional-
spezialisierten Funktionen.

3) Im Unterschied zu Maletze, aber auch Luhmann verwendet demgegenüber
McQuail (1987: 25) 18 Dimensionen, um nicht nur interpersonale von massen-
medialer Kommunikation, sondern zudem die verschiedenen Massenmedien
voneinander zu unterscheiden, und zwar geordnet nach fünf Bereichen: a) *Beziehung zu Staat und Gesellschaft* (Kontrolle vs. Unabhängigkeit, Konformität
vs. Kritik, Politik zentral vs. marginal), b) *soziale und kulturelle Werte* (Rea-
litäts- vs. Fiktionalitätsorientierung, Seriosität vs. Unterhaltung, Hoch- vs. Po-
pulärkultur), c) *organisatorisch-technische Merkmale* (Zentralität: Inhalte vs.
Produktion vs. Distribution, Technologie: hoch vs. tief, Professionalität: klar
definiert vs. diffus), d) *Distributions- und Rezeptionsbedingungen* (Homogeni-
tät der Inhalte: hoch vs. tief, Zeit-/Raumgebundenheit der Inhalte, individuelle
vs. Gruppenrezeption), e) *soziale Beziehungen zwischen Sender und Empfänger*
(Publikum als Privatpersonen vs. Öffentlichkeit, Sender: publikumsnah vs. pu-
blikumsfern, Involviertheit: tief vs. hoch, Interaktivität: tief vs. hoch).

Anwendungsorientierte Typologien

Typologien sind nicht nur von wissenschaftlichem Interesse, sondern haben auch anwendungsbezogen eine *praktische Relevanz* bspw. bei der Vergabe von Subventionen für Zeitungen – Wann ist ein bestimmter Titel eine Zeitung und nicht eine Zeitschrift? – oder bei der Media-Selektion bei Informationskampagnen: Welches Medium ist für welche Zielgruppen optimal?

Beispiel 1. Wie unterscheidet man in der Pressestatistik Zeitschriften von Zeitungen? Und wie kann man Zeitschriften bzw. Zeitungen selbst wieder nach Typen gliedern? Klassifikationskriterien: a) Periodizität (kurz- vs. längerfristig), b) Publizität (unbeschränkt vs. beschränkt, c) Aktualität (primär vs. sekundär), d) Universalität (unbegrenzt vs. begrenzt) oder nach a) Inhalt (redaktioneller Teil vs. Inserate vs. Behördenmitteilungen), b) Zugang (Verkauf vs. Gratis), c) Periodizität (täglich vs. wöchentlich vs. sonntags), d) äußere Gestalt (nicht geheftet vs. geheftet) (vgl. Bellwald / Hättenschwiler / Würsch 1991).

Beispiel 2. Nach welchen typologischen Kriterien wählt man Medien bei der Planung von Werbe- bzw. Informationskampagnen aus? Dazu sind von Media-Praktikern Medientypologien aufgrund unterschiedlicher Kriterienlisten erstellt worden: a) Reichweite, b) Spezialisierung in Bezug auf Zielgruppen, c) Publikumspenetranz, d) Miteinbezug des Publikums, e) Personalisierungsgrad, f) Decodieraufwand für den Rezipienten, g) Komplexitätstiefe, h) Glaubwürdigkeit, i) Produktionsaufwand, k) Kosten u.a.m. (vgl. Koschnik 1995: 260ff.).

Typologisierung neuer Medien

Die Entwicklung neuer Medien, aber auch das Zusammenwachsen der verschiedenen „alten" Medien – Digitalisierung – hat das Interesse an der Typologisierung der Medien stark angeregt und zur Entwicklung neuer Kriterien geführt:

1) Heeter (1989: 485) bildet ihre Typologie von drei überlappenden Kreisen aufgrund der drei verschiedenen Kommunikationsprozesse: a) *Messaging* als Kommunikation bspw. via Telefon, Videokonferenz, E-Mail etc., b) *Information Processing* als Verarbeitung bspw. von Texten am Computer) und c*) Information Retrieval* als Info-Abruf bspw. durch Nutzung von TV-Programmen, Videos oder Büchern. Die *interaktive Online-Kommunikation* befindet sich als Konvergenz dieser Funktionen im Zentrum der drei Kreise.

2) Aston / Schwarz (1994) vergleichen in einer 2-dimensionalen Typologie Medien aufgrund ihrer a) *Interaktivität* (tief vs. hoch) und b) *Vividness* [dt.: Intensität bzw. Lebendigkeit] (tief vs. hoch) miteinander. *Bücher* sind in dieser Typologie sowohl wenig interaktiv als auch kaum lebhaft, etwa im Gegensatz zu einem *Computerspiel,* das sowohl hoch interaktiv als auch hoch lebendig ist.

3) Lievrouw / Finn (1990: 54) wiederum ordnen die verschiedenen alten und neuen Medien in einem 3-dimensionalen Raum nach a) *Temporality / Zeitmodus* (simultan vs. nicht simultan), b) *Kontrolle* (beim Sender vs. beim Empfänger) und c) *Involvement* [dt.: hineinziehen, sich verwickeln lassen] (tief vs. hoch). Als Beispiel: Der Film erzeugt eine hohe Involviertheit, seine Nutzung ist nicht simultan und die Kontrolle liegt beim Sender, während ein Live-Interview im Fernsehen den Zuschauer zu involvieren vermag, simultan genutzt wird und durch den Sender kontrolliert ist. Das Abrufen von Information in einer Datenbank ist hingegen nutzerkontrolliert und die Involviertheit vermutlich eher tief.

4) Straubhar (1996: 17) benutzt für seine 3-dimensionalen Pyramiden: a) die *Anzahl der Beteiligten* (wenige vs. viele), b) die *Ebene* (engl.: level) der Kommunikation (intra-, interpersonal, kleine, grosse Gruppen, Massen) und c) das *Ausmaß an Feedback*. Nach dieser Typologie ist das Medium *E-Mail* interpersonal und mit wenig Beteiligten, aber mit einem hohen Grad an Feedback, während die *Zeitung* geringe Feedbackmöglichkeiten hat, sich als Massenmedium definiert und meist grosse Publika anspricht.

Zusammenfassend betrachtet ist als Kritik festzuhalten, dass die meisten Typologien nicht in umfassendere theoretische Medienkonzepte eingebettet sind. Dementsprechend beleuchten sie oft selektiv und einseitig nur bestimmte Aspekte, während andere ausgeklammert werden. Die *Konvergenz* – Stichworte: Digitalisierung und Internet – vormals klar getrennter Medientechnologien befördert die Grenzverwischung und erschwert die Typologisierung ebenfalls.

Literatur

Medien und ihre Inhalte: Übersichten

McQuail, Denis (2001): Mass Communication Theory. Kap.: „Content". London / Thousand Oaks / New Delhi, S. 301-355.
Pürer, Heinz (1998): Einführung in die Publizistikwissenschaft. Kap.: „Bereich ‚Medium'". Konstanz, S. 45-57.
Schulz, Winfried (1989): Massenmedien und Realität. Die „ptolemäische" und die „kopernikanische" Auffassung. In: Kaase, Max / Schulz, Winfried (Hg.): Massenkommunikation. Theorien, Methoden, Befunde. Sonderheft der Kölner Zeitschrift für Soziologie und Sozialpsychologie. Opladen, S. 135-149.
Shoemaker, Pamela / Reese, Stephen D. (1996): Mediating the Message. Theories of Influences on Mass Media Content. White Plains, New York.

Medium – Medientheorie

Bentele, Günter (1993): Wie wirklich ist die Medienwirklichkeit? Einige Anmerkungen zum Konstruktivismus und Realismus in der Kommunikationswissenschaft. In: Bentele, Günter / Rühl, Manfred (Hg.): Theorien öffentlicher Kommunikation. München, S.152-171.

Faulstich, Werner (1994): Medium. In: ders. (Hg.): Grundwissen Medien. München, S. 17-100.

Faulstich, Werner (1991): Medientheorien. Einführung und Überblick. Göttingen.

Hess-Lüttich, Ernest W.B. (1992): Die Zeichen-Welt der multimedialen Kommunikation. In: Hess-Lüttich, Ernest W.B. (Hg.): Medienkultur – Kultur-
konflikt. Opladen, S. 431-449.

Hickethier, Knut (1988): Das „Medium", die „Medien" und die Medienwissenschaft. In: Bohn, Rainer / Müller, Eggo / Ruppert, Rainer (Hg.): Ansichten
einer künftigen Medienwissenschaft. Berlin, S. 51-74.

Kübler, Hans-Dieter (2000): Mediale Kommunikation. Tübingen.

Kepplinger, Hans Mathias (1989a): Theorien der Nachrichtenauswahl als Theorien der Realität. In: Aus Politik und Zeitgeschichte, Beilage 15, S. 3-16.

Saxer, Ulrich (1999): Medienwissenschaft I: Grundlagen. In: Leonhard, Joachim-Felix u.a. (Hg.): Medienwissenschaft. Ein Handbuch zur Entwicklung
der Medien und Kommunikationsformen. Berlin / New York, S. 1-14.

Saxer, Ulrich (1998): Mediengesellschaft: Verständnisse und Missverständnisse. In: Sarcinelli, Ulrich (Hg.): Politikvermittlung und Demokratie in der
Mediengesellschaft. Opladen 1998, S. 52-73.

Medieninhalte analysieren und erklären

Best, Stefanie (2000): Der Intra-Extra-Media-Vergleich – ein wenig genutztes
Analyseinstrument und seine methodischen Anforderungen. Ein Beitrag zur
Nachrichtenwert-Theorie. In: Publizistik, 45(1), S. 51-69.

Deacon, David / Pickering, Michael / Golding, Peter / Murdock, Graham (Hg.)
(1999): Researching Communications. A Practical Guide to Methods in Media and Cultural Analysis. London / New York.

Früh, Werner (2001[5]): Inhaltsanalyse. Theorie und Praxis. Konstanz.

Gunter, Barry (2000): Media Research Methods. Measuring Audiences, Reactions and Impact. Kap.: „Overview of Media Research Methodologies: Media Output". London / Thousand Oaks / New Delhi.

Hijmans, Ellen (1996): Review Essay. The Logic of Qualitative Media Content
Analysis: A Typology. In: Communications, 21(1), S. 93-108.

mcs. the media and communication studies site: Analysis of Media Texts. Auf: www.aber.ac.uk/media/Sections/textan.html (6.5.2002)

Merten, Klaus (1995): Inhaltsanalyse. Einführung in Theorie, Methode und Praxis. Opladen.

Prokop, Dieter (Hg.) (1977): Massenkommunikationsforschung 3: Produktanalysen. Frankfurt a.M.

Schrott, Peter, R. / Lanoue, David J. (1994): Trends and Perspectives in Content Analysis. In: Borg, Ingwer / Mohler, Peter (Hg.): Trends and Perspectives in Empirical Social Research. Berlin / New York, S. 327-334.

Shoemaker, Pamela (1986): Building a Theory of News Content: A Synthesis of Current Approaches. In: Journalism Monographs.

Klassifikation und Typologisierung von Medien

Bellwald, Waltraut / Hättenschwiler, Walter / Würsch, Roman (1991): Blätterwald Schweiz. Zahlen und Fakten zur Zeitungsstruktur. IPMZ: Zürich.

Doelker, Christian (1989): Kulturtechnik Fernsehen. Analyse eines Mediums. Stuttgart.

Heeter, Carry (1989): Classifying mediated communication systems. In: Anderson, James (Hg.): Communication Yearbook 12. Newbury Park, S. 477-489.

Koschnik, Wolfgang J. (1995): Media-Lexikon Schweiz. Stichwort „Intermediavergleich" (Intermediaselektion). München, S. 260-271.

Lievrouw, Leah / Finn, Andrew (1990): Identifying the Common Dimension of Communication: The Communication Systems Model. In: Ruben, Brent / Liverouw, Leah (Hg.): Mediation, Information, and Communication. New Brunswick / London, S. 37-66.

McLuhan (1970): Die magischen Kanäle. Frankfurt a.M.; Original: „Understanding Media" 1964.

McQuail, Denis (1987): Mass Communication Theory. An Introduction. Beverly Hills / London.

Pross, Harry (1972): Medienforschung. Darmstadt.

Schulz, Winfried (1974): Bedeutungsvermittlung durch Massenkommunikation. Grundgedanken zu einer analytischen Theorie der Medien. In: Publizistik, 19(2), S. 148-164. Auch in: Langenbucher, Wolfgang (Hg.) (1986): Publizistik- und Kommunikationswissenschaft. Wien, S. 108-126.

Siebert, F.S. / Peterson, T. / Schramm, Wilbur (1956): Four Theories of the Press. UP of Illinois Press: Urbana.

Straubhar, Joseph / La Rose, Robert (1996): Communications Media in the Information Society. Wadsworth: Belmont, CA.

Weibull, Lennart / Anshelm, Magnus (1989): Signs of Change. Swedish Media in Transition. In: Nordicom Review, S. 37-54.

Einzelne Medienangebote

Bonfadelli, Heinz / Meier, Werner A. (Hg.) (1993): Krieg, AIDS, Katastrophen ... Gegenwartsprobleme als Herausforderung der Publizistikwissenschaft. Konstanz.

Bruns, Thomas / Marcinkowski, Frank (1997): Politische Information im Fernsehen. Eine Längsschnittstudie zur Veränderung der Politikvermittlung in Nachrichten- und politischen Informationssendungen. Opladen.

Bruns, Thomas / Marcinkowski, Frank (1996): Konvergenz Revisited. Neue Befunde zu einer älteren Diskussion. In: Rundfunk und Fernsehen, 44, S. 461-478.

Kepplinger, Hans Mathias (1999): Zeitungsberichterstattung im Wandel. In: Wilke, Jürgen (Hg.): Mediengeschichte der Bundesrepublik Deutschland. Köln / Weimar / Wien, S. 195-210.

Krüger, Udo-Michael (1998): Zwischen Konkurrenz und Konvergenz. Fernsehnachrichten öffentlich-rechtlicher und privater Rundfunkanbieter. In: Kamps, Klaus / Meckel, Miriam (Hg.): Fernsehnachrichten. Prozesse, Strukturen, Funktionen. Opladen, S. 65-84.

Krüger, Udo-Michael (1996): Boulevardisierung der Information im Privatfernsehen. In: Media Perspektiven, (7), S. 362-374.

Mikos, Lothar u.a. (2000): Im Auge der Kamera. Das Fernsehereignis Big Brother. Berlin.

O'Keefe, Garrett / Reid-Nash, Kathaleen (1987): Crime News and Real World Blues. In: Communication Research, 14(2), S. 147-163.

Trebbe, Joachim / Weiß, Hans-Jürgen (2000): TV verliert allmählich Funktion als Medium der politischen Information. In: Tendenz, (4), S. 32-35.

Winterhoff-Spurk, Peter / Heidinger, Veronika / Schwab, Frank (1994): Reality TV. Formate und Inhalte eines neues Programmgenres. Saarbrücken.

Wittwen, Andreas (1995): Infotainment. Fernsehnachrichten zwischen Information und Unterhaltung. Bern u.a.

Übrige Literatur

Gerbner, George (2000): Die Kultivierungsperspektive: Medienwirkungen im Zeitalter von Monopolisierung und Globalisierung. In: Schorr, Angela (Hg.): Publikums- und Wirkungsforschung. Ein Reader. Wiesbaden, S. 101-121.

Gerbner, George u.a. (1979): The Demonstration of Power: Violence Profile
N. 10. In: Journal of Communication 29(3), S. 177-196.

Gerbner, George / Gross, Larry (1976): Living With Television: The Violence
Profile. In: Journal of Communication, 26(2), S. 173-199.

Hepp, Andreas (1999): Cultural Studies und Medienanalyse. Opladen.

Krotz, Friedrich (1993): Kommunikation als Teilhabe. Der „Cultural Studies
Approach". In: Rundfunk und Fernsehen, 40(3), S. 421-431.

Signorielli, Nancy / Morgan, Michael (Hg.) (1990): Cultivation Analysis. Newbury Park, CA / London.

Weßler, Hartmut u.a. (Hg.) (1997): Perspektiven der Medienkritik. Die gesellschaftliche Auseinandersetzung mit öffentlicher Kommunikation in der Mediengesellschaft. Opladen.

2. Fragestellungen, theoretische Perspektiven und Analyseinstrumente

Während sich die *Medieninhaltsforschung* als vergleichsweise gut strukturierter Forschungsbereich mit klar abgegrenzten Fragestellungen präsentiert, gilt dies weit weniger für den Bereich der *Mediensystemforschung*. Ein Grund liegt sicher darin, dass Medientheorien und damit zusammenhängende Fragestellungen zwar in der kultur- bzw. geisteswissenschaftlich orientierten Kultur- bzw. Medienwissenschaft Tradition haben, aber in der sozialwissenschaftlichen Publizistik- bzw. Kommunikationswissenschaft bislang keine oder nur in Ansätzen eigentliche Medientheorien entwickelt worden sind (Faulstich 1991: 5). Es treffen deshalb unterschiedlichste Fragestellungen in einem „unbestimmten Mischungsverhältnis aufeinander und machen nur deutlich, dass ein gemeinsamer Ort ungewiss und ein gemeinsamer Gegenstand wenigstens problematisch ist", meinen Pias u.a. (1999: 9) in ihrem „Kursbuch Medienkultur". Obwohl also eine Beschäftigung mit der Funktionsweise, Wirkung und Geschichte von Medien über verschiedenste Disziplinen hinweg stattfindet, und sich dadurch ein ergiebiges Arbeits- und Forschungsfeld eröffnet, so heterogen bleiben die auf den Gegenstand „Medium" bezogenen theoretischen Zugriffe, und so wenig kann zur Zeit von einem definierten Kanon von Autoren oder Texten gesprochen werden (Pias u.a. 1999: 13). Die folgenden Ausführungen können darum sicher keine Vollständigkeit beanspruchen, ihr Fokus liegt zudem auf Fragestellungen und theoretischen Perspektiven, die sich *empirisch umsetzen* lassen.

2.1 Fragestellungen

2.1.1 Mediensystemforschung

Die Beschäftigung mit Medien erschöpft sich natürlich nicht in deren Klassifizierung und in der vergleichenden Analyse von Mediensystemen (vgl. 1.2.2), sondern darüber hinaus sind Fragestellungen angesprochen, die von Interesse sowohl für die Grundlagen- wie für die angewandte Forschung sind, dabei jedoch auch Relevanz für die Medienpraxis haben.

Perspektive der Medientechnik. In medientechnischer, -struktureller bzw. -ästhetischer Hinsicht befassen sich vor allem *Einzelmedientheorien* (Faulstich 1991: 18ff.) etwa zu Film, Radio, TV oder neuerdings auch Multimedia – Stichwort: Multicode (Doelker 1998) – oder Internet – Stichwort: Interaktivität – mit den technischen *Möglichkeiten*, aber auch *Zwängen* bzw. *Vor- / Nachteilen* und den typischen inhaltlichen *Angebotsstrukturen*, die ein Einzelmedium oder einen Medientyp als solches prägen sowie den spezifischen *ästhetischen Formen und Gattungen*, die für ein bestimmtes Medium typisch sind.

Zeitperspektive. Hier geht es um den *historischen Blick zurück* mit der Frage „Wie haben sich die Medien oder ein einzelnes Medium, wie bspw. das Buch, entwickelt?" Typisch für *deskriptive Ansätze* sind *Geschichten der Medienentwicklung,* und zwar mit einem Fokus auf der Evolution der Medientechnologien von der Erfindung der Schrift über den Buchdruck bis hin zu den elektronischen Medien des 20. Jahrhunderts (Merten 1994; Schrape 1996). In *erklärender Hinsicht* werden darüber hinaus bspw. den jeweiligen Medientechnologien bestimmte Gesellschaftsformen zugeordnet (Assmann / Assmann 1994). Nicht immer wird jedoch klar, ob behauptet wird, dass die jeweilige Gesellschaftsform eine direkte Folge der entsprechenden Medientechnologie sei – *Mediendeterminismus* – oder eher als ihre Voraussetzung verstanden wird. Darüber hinaus besteht *zukunftsorientiert* ein Interesse an *Prognosen*. Bei der Einführung praktisch jedes neuen Mediums stellt sich die Frage: „Wie wird sich ein Medium wie bspw. das Internet weiter entwickeln?"

Raumperspektive. Es ist Aufgabe der Medienstatistik bzw. der Medienstrukturanalyse, verlässliche und vergleichbare Daten über lokale, regionale, nationale wie auch internationale *Medienräume* – Angebots- und Nachfragesituation – und zur Lage und Entwicklung von *Medienstrukturen* – Eigentums- / Besitzverhältnisse, Medienfinanzierung, ökonomische Verflechtungen, Medienkonzentration – bereitzustellen, und zwar nicht nur als Entscheidungsgrundlage für die optimale Steuerung und Regulierung zuhanden der *Medienpolitik* – bspw. Strukturprobleme in Kleinstaaten (Bonfadelli / Meier 1994) – , sondern auch für das strategische Handeln der *Medienwirtschaft*.

Gesellschaftliche Perspektiven. Auf der Makroebene wird gefragt, wie Medien in der jeweiligen Gesellschaft institutionalisiert sowie politisch reguliert sind, und welches die spezifischen *Leistungen* oder das *Problemlösungspotential* einzelner Medien bzw. des Gesamtmediensystems für die Gesellschaft sind. Das Konzept „Medienleistung" ist komplex, weil es über das hinausgeht, was in der Medienwirkungsforschung erhoben wird; seine Ausweitung auf sämtliche Auswirkungen der Medien ist aber nicht sinnvoll. Eine Eingrenzung auf das, was Medien von ihrem Organisationszweck realisieren, scheint zweckmäßig.

Die klassischen struktur-funktionalistischen Ansätze fragen in sozialer Hinsicht nach den Funktionen und Leistungen, welche die Medien ganz allgemein (Wright 1964; Saxer 1974 + 1998) oder einzelne Medien wie das Buch im Vergleich zum Fernsehen (Saxer 1975) oder neuerdings das Internet (Münker / Roesler 1997) für die Gesellschaft bzw. einzelne Subsysteme wie Politik, Wirtschaft und Kultur erbringen. Übereinstimmend genannt werden: a) *Information,* b) *Korrelation* (Meinungsbildung), c) *Transmission* (Wertvermittlung) und d) *Gratifikation* (Unterhaltung). Und je nach theoretischer Perspektive werden weitere Funktionen erwähnt: a) *Speicherfunktion* als soziales Gedächtnis einer Gesellschaft (Buch); b) *Multiplikatorfunktion* vergrößert den Adressatenkreis (Buch und TV); c) *Authentizitätsfunktion* als Inszenierung von Pseudo-Realität (McArthur Day im TV (Lang / Lang 1968)); d) *Parasoziale Funktionen* als Illusion der Nähe (Lokalradio) oder e) *Statuszuschreibung* als Verleihen von sozialem Prestige und f) *Legitimationsfunktion* für Normen und Werte, aber auch Dysfunktionen wie g) *Banalisierung* (Bourdieu 1998) und *Entertainisierung* (Postman 1985), h) *Narkotisierung und Wertezerfall* (Lazarsfeld / Merton 1948) oder i) *Beschleunigung* (Paul Virilio 1992).

Nutzungs- und Wirkungsperspektive. Auf der *Mikro-Ebene* wenden sich Menschen nach dem Uses-and-Gratifications-Ansatz den Medien bedürfnisorientiert zu. Ein Medium wird nur dann genutzt, wenn es bestimmte Bedürfnisse besser als andere Medien oder nichtmediale Aktivitäten zu befriedigen vermag. Medienbezogene Leistungserwartungen der Rezipienten und personenbezogene Gratifikationen werden empirisch mittels standardisierter Befragungen erhoben. Gefragt wird nach der *Konkurrenz* und damit auch nach potentieller Substituierbarkeit oder nach der *Komplementarität* zwischen verschiedenen Medien wie Buch und Fernsehen oder aber zwischen den Medien insgesamt und der interpersonalen Kommunikation.

Abb. 7: Adoptionspotential neuer Medien (Becker / Schönbach 1989: 20)

In der Abbildung ausgewiesen ist das jeweilige Adoptionspotential in Abhängigkeit von 4 Faktoren:		Kommunikationsbezogenes Bedürfnis vorhanden		Es existiert kein Bedürfnis
		Bedürfnis ist befriedigt	Bedürfnis nicht abgedeckt	
Neues Medium befriedigt das Bedürfnis nicht	niedrige Kosten	sehr tief	tief	kein
	hohe Kosten	extrem tief	sehr tief	kein
Neues Medium befriedigt das Bedürfnis	niedrige Kosten	mittel	hoch	kein
	hohe Kosten	tief	mittel	kein

Methodisch gesehen erlauben *Querschnittstudien* dabei Vergleiche zwischen Medien, *Längsschnittstudien* ermöglichen das Feststellen von Funktionsverlagerungen (Katz / Haas 1995) und *prognostisch* werden die perzipierten Leistungspotentiale bspw. der sog. „Neuen Medien" mit jenen von alten Medien verglichen (Dobal / Werner 1997) oder *Faktoren der Medienadoption* untersucht (Becker / Schönbach 1989): Neue Medien werden nach ihnen nur dann adoptiert, wenn a) ein Bedürfnis besteht, b) dieses noch nicht hinreichend abgedeckt ist, c) das neue Medium das Bedürfnis zu befriedigen verspricht und d) die Kosten – subjektiv gesehen – niedrig erscheinen (vgl. Abb. 7).

Im Unterschied zu den medienzentrischen Ansätzen sind somit nicht die medienspezifischen Charakteristika allein entscheidend, sondern zudem die Interaktion zwischen Nutzer und Medium. Erst im längerfristigen Umgang mit den Medien als Prozess der Mediensozialisation entscheidet sich so u.U., welche Nutzungserwartungen einem Medium habitualisiert zugeschrieben werden.

In persuasiver, aber auch pädagogisch-didaktischer Hinsicht interessiert zudem die Frage der *Auswirkungen eines Mediums oder von Medien im Vergleich* zu anderen Symbolsystemen auf deren Nutzer, und zwar unabhängig von konkreten Inhalten wie bspw. das Medium „Fernsehen" im Unterschied zum Medium „Buch" oder das „Internet" im Vergleich zu den klassischen Medien (bspw. Cohen 1976; Walma van der Molen / van der Voort 1998). Nach Auffassung der Medienpsychologin Hertha Sturm (1987 + 1989) sind die Effekte solcher *formalen medienspezifischen Angebotsweisen* wichtiger als die inhaltlichen Medienwirkungen:

1. **Bild-Text-Beziehung.** Jede „Laufbilddarbietung" führt zu physiologischer Erregung, wobei die Kombination von sachlichem Text und emotionalen Filmbildern am unangenehmsten erlebt und am schlechtesten erinnert wird.

2. **Zeigarnik-Effekt und Erregungsleere.** Die Schnelligkeit und Kurzfristigkeit des Fernsehens wie formale Umsprünge, rasche Themenwechsel sowie nicht beendete Handlungen erzeugen innere Spannungszustände beim Rezipienten. Die laufbildverursachte physiologische Erregung verhindert geradezu ein „Abschalten-Können", weil der Zuschauer in eine „Erregungsleere" fällt.

3. **Die fehlende Halbsekunde.** Im Unterschied zur lebensrealen Wahrnehmung steht bei der TV-Rezeption keine Zeit zum Einbringen eigener Erfahrungen und Erwartungen zur Verfügung. Die Unvorhersehbarkeit von Szenen-, Situations- und Standortwechseln führt zu einem Verlust innerer Verbalisierung, was das intellektuelle Verständnis, aber auch die emotionale Verarbeitung hemmt.

Im Gegensatz zu Hertha Sturm gehen Reeves / Nass (1996) in ihrer empirischen Studie „*Media Equation*" davon aus, dass *nicht* medieninhärente Charakteristika, sondern der Mediennutzer selbst entscheidend ist: Allgemeine psychologische Gegebenheiten beim Menschen wie Wahrnehmung, Gedächtnis, Info-Verarbeitung können direkt auf den Umgang mit alten bzw. neuen Medien (TV, Computer) übertragen werden, d.h. nach ihnen besteht kein Unterschied zwischen „realer Welt" und „Medienwirklichkeit". Sie formulieren dazu folgende medialen Gesetzmäßigkeiten:

• *Höflichkeit:* Menschen verhalten sich auch dem Computer gegenüber höflich, d.h. auch dort gelten Regeln wie: Es ist höflich, sich zu verabschieden, sich beim Reden anzuschauen oder kommunikative Prämissen zu wahren wie Wahrhaftigkeit oder Verhältnismäßigkeit.
• *Interpersonale Distanz:* Räumliche Arrangements bestimmen die Intensität von Reaktionen, d.h. auch mediale Nähe evoziert Aufmerksamkeit.
• *Interpersonale Bewertungen* wie Lob. Alle Menschen lieben es, gelobt zu werden. Dies gilt auch für die PC-Interaktion.

2.1.2 Medieninhaltsforschung

Die Durchsicht der wichtigsten Fachzeitschriften im Bereich der Publizistikwissenschaft deckt eine *breite Palette von Fragestellungen* auf, die im Zusammenhang mit der Beschreibung von *Medieninhalten* stehen, wobei die Methode der quantifizierenden Inhaltsanalyse, aber auch die qualitative Textanalyse eine herausragende Rolle spielt. Unterschieden werden muss dabei zwischen eher (medien)soziologisch orientierten Studien, die sich vorab auf die *Strukturen der Medieninhalte* konzentrieren, und publizistikwissenschaftlichen sowie (medien)linguistischen Untersuchungen, bei denen darüber hinaus auch funktionale und formal-gestalterische Aspekte der Medienbotschaften berücksichtigt werden. Angesichts der Vielzahl der bislang durchgeführten empirischen Studien kann die folgende kurze Übersicht der wichtigsten Forschungsbereiche und der darauf bezogenen Fragestellungen aber sicher keine Vollständigkeit beanspruchen (Schulz 1989: 136ff.; Shoemaker / Reese 1996: 41ff.; McQuail 2001: 305ff.).

Inhaltliche Strukturen

Repräsentanz bzw. Stereotypisierung. Besonders oft befasste sich die Forschung damit, wie verschiedene Bevölkerungsgruppen oder Minoritäten in den Medien repräsentiert werden. Die Häufigkeit der Berichterstattung wird inhaltsanalytisch erhoben und mit Bevölkerungsstatistiken verglichen (Taylor / Bang

1997). *Normativ* wird sodann oft von der Prämisse ausgegangen, dass die Medienberichterstattung mindestens dem Bevölkerungsanteil entsprechen sollte. Ein klassisches Beispiel stellt die Untersuchung von Minoritäten und Ausländern in Kurzgeschichten populärer amerikanischer Magazine dar (Berelson / Salter 1946). Die Minoritäten waren im Bevölkerungsvergleich unterrepräsentiert und zudem unvorteilhafter dargestellt. Greenberg (1986) bzw. Greenberg / Brand (1994) bestätigen in ihren Literaturüberblicken diese frühen Hinweise auf die stereotypisierende Funktion der Medien. Andere Forscher gingen sogar noch weiter, indem sie die Frage aufwarfen, ob sich in der Medienberichterstattung *rassistische Tendenzen* äußern (van Dijk 1991a+b). Neben der in den USA besonders häufig untersuchten Gruppe der *Schwarzen* (Poindexter / Stroman 1981) hat es auch zur Berichterstattung über *arme und / oder alte Leute* (Davis / Kubey 1982; Bosch 1988; Jürgens 1994) immer wieder inhaltsanalytische Studien gegeben, wobei in den 90er Jahren im deutschsprachigen Raum die sog. „Alten" als vergessene Zielgruppe von Medien und Werbung verstärkt Aufmerksamkeit erlangt haben (Wyss 1994; Schenk 1998; Themenheft 1999).

Darstellung von Frauen und Männern in den Medien. Der oben genannte Befund der Unterrepräsentanz oder nach Tuchman (1978b) sogar der „symbolischen Anihilierung" gilt übrigens auch für die besonders häufig untersuchten Frauenbilder (Velte 1995; Fröhlich / Holtz-Bacha 1995; Klaus 1998), bzw. der Frage nach der stereotypen Darstellung von Frauen und Männern im deutschsprachigen Fernsehen (Küchenhoff 1975; Leinfellner 1983; Weiderer 1993; Scarbath / Gorschenk / Grell 1994), im Hörfunk (Werner / Rinsdorf 1998), in Frauenzeitschriften (Ulze 1977) oder in der Presse (Schmerl 1985) wie auch in der Werbung (Schmerl 1980; Brosius / Staab 1990). Obwohl die Analyse fiktionaler Medieninhalte bislang im Vordergrund gestanden hat, gibt es auch einige Studien aus dem dokumentarischen Bereich (bspw. Tschopp 1989; Cornelissen / Küsters / Kirsten 1990; Rakow / Kranich 1991; Hemmer 1993; Nyffeler 1994 + 2001), und zwar zu den Frauen in den Fernsehnachrichten oder in der Wahlberichterstattung.

Medienkultur und Wertewandel. Die Frage nach der *medialen Repräsentanz* von Bevölkerungsgruppen kann thematisch ausgeweitet werden auf das Verhältnis zwischen (Medien-)Kultur und Gesellschaft. Albrecht (1956) beispielsweise untersuchte anhand von Kurzgeschichten in populären Magazinen die Hypothese, *Literatur spiegle kulturelle Normen der Gesellschaft* wider. In einer Langzeitperspektive untersuchte Rosengren (1994) die Bedeutung der Grundwerte „Freiheit" und „Gleichheit" in Leitartikeln von fünf schwedischen Zeitungen zwischen 1945 und 1975. Wirkungsorientiert verglich er zudem die

Berichterstattung über verschiedene Länder mittels sog. „mental maps" (Rosengren 1989: 361ff.): Knaben mit hohem im Unterschied zu Mädchen mit niedrigem TV-Konsum wiesen den USA einen signifikant höheren Stellenwert zu. Buchmann / Eisner (1999) wiederum analysieren Heirats- und Bekanntschaftsinserate in Schweizer Tageszeitungen zwischen 1900 und 1996 als Indikatoren langfristiger *Veränderungen der Alltagskultur*. Und Brosius / Staab (1990) untersuchten, ob sich in der Darstellung von Frauen und Männern in der Anzeigenwerbung des „Stern" zwischen 1969 und 1988 *emanzipatorische Tendenzen* nachweisen lassen. Als Indikatoren für sozialen Wandel wurden ebenfalls die Darstellungen von *Sex* (Greenberg 1994; Greenberg / Busselle 1996) oder von *Pornographie* (Brosius / Rössler 1999) inhaltsanalytisch untersucht.

Kriminalität und Gewalt. Zahlreiche Inhaltsanalysen dokumentieren den großen Stellenwert von Gewalt und Kriminalität im amerikanischen Fernsehen (Gerbner / Groß 1976; Gerbner u.a. 1979; National Violence Study 1995 + 1997), aber auch in den öffentlich-rechtlichen Fernsehprogrammen (Groebel / Gleich 1993; Winterhoff-Spurk (1994); Bonfadelli 1995) oder im Reality-TV (Krüger 1994) in Deutschland. Im Vergleich mit entsprechenden Kriminalitätsstatistiken vermitteln die Medien sowohl in den fiktionalen als auch in den dokumentarischen Inhalten ein stark verzerrtes Bild der gesellschaftlichen Gewalt und Kriminalität. Nach Kunczik (1994: 43) gilt: „Fernsehgewalt ist mit der maskulinen Rolle verbunden und wird zwischen Fremden ausgeführt. Gewalt kann für den Empfänger zwar tödlich sein, ist aber selten schmerzhaft. Gewalt wird von den als gut und als schlecht charakterisierten Protagonisten erfolgreich als Instrument zur Erreichung von Zielen und zur Lösung von Konflikten eingesetzt."

Gewalt wurde aber nicht nur im Fernsehen untersucht; ergänzend gibt es verschiedenste Untersuchungen zur Berichterstattung über Kriminalität in der Presse sowohl im deutschen Sprachraum (Lamneck 1990; Derwein 1995, Scharf / Mühlenfeld / Stockmann 1999; Fröhlich 1998; Althoff 1999) als auch in den USA (Cohen 1975; Antunes / Hurley 1977; Graber 1979; Lotz 1991). Auch hier wird immer wieder festgehalten, dass die *Kriminalitätsberichterstattung* eher exzessiv sei und nicht parallel zur Entwicklung der Kriminalitätsstatistiken verlaufe. Gerade von Kriminologen wird daraus oft vorschnell gefolgert, dass die Medien eine herausragende Rolle bei der Entstehung von Kriminalitätsfurcht spielten (vgl. Sheley / Ashkins 1981; Killias 1983; O'Keefe / Reid-Nash 1987). Es sind aber nicht nur Gewalt und Kriminalität, welche das Interesse der Medien auf sich ziehen, sondern in einem weiteren Sinn die sog. „*Bad News*", wie die Glasgow University Media Group (1976+1980) in verschiedensten Inhaltsanalysen dokumentierte und kritisch hinterfragte.

Ausländer, Fremdenfeindlichkeit und Rechtsradikalismus. In den letzten Jahren hat sich die Forschung in Deutschland verstärkt dem Problem der Ausländer- und Asylberichterstattung zugewandt und in diesem Zusammenhang die Frage nach dem Entstehen und der Verstärkung von *Fremdenfeindlichkeit* und Gewalt im Zusammenhang mit rechtsradikalen politischen Tendenzen aufgeworfen (Ruhrmann / Kollmer 1987; Groebel 1994; Küpfer 1994; Brosius / Esser 1995; Eckhardt / Horn 1995; Hömberg / Schlemmer 1995; Weiss u.a. 1995; Funk / Weiss 1995; Weiss 1996; Handel 1998).

Konflikte, Krisen, Terrorismus und Kriegsberichterstattung. Neben der individuellen Gewalt bildet auf der gesellschaftlichen Ebene die Berichterstattung über Konflikte, Krisen und Krieg ein ebenfalls intensiv bearbeitetes Feld für Inhaltsanalysen. Im Zusammenhang mit der medialen Aufmerksamkeit gegenüber *sozialen Unruhen* oder *Protestbewegungen* haben verschiedene Fallstudien untersucht, von welchen Faktoren nicht nur die Intensität, sondern auch die Bewertung der Anliegen von Protestgruppen abhängt. Konstatiert wird, dass die Medien im Allgemeinen weniger als „Watchdogs", sondern mehr als „Guarddogs" operierten (Olien / Tichenor / Donohue 1989), d.h. dass sie sich vorab am Wertesystem des herrschenden politischen Systems orientierten (Gitlin 1980; Shoemaker 1984; Kliment 1995; McLeod / Detenber 1999). Im Zentrum der Berichterstattung stehen somit weniger inhaltliche Anliegen der Protestgruppen, sondern die im Umfeld von Demonstrationen sich ereignende Gewalt (Halloran / Elliott / Murdock 1970). Intensiv erforscht wurde auch das Verhältnis zwischen *Medien und Militärs* in der Berichterstattung zum Vietnam-, Falkland- oder Golfkrieg, wobei eine Entwicklung in Richtung eines Ausschlusses der Medien von den eigentlichen Kriegsschauplätzen bei gleichzeitig kontrollierter Informationsabgabe durch PR-Spezialisten konstatiert wird (Löffelholz 1993; Imhof / Schulz 1995; Kohring / Görke / Ruhrmann 1996; Hallin 1997).

Umwelt, Wissenschaft, Technik und Risiken. Zur Umwelt- und Wissenschaftskommunikation sind seit den 80er Jahren vermehrt Inhaltsanalysen durchgeführt worden. Dabei wird oft auch die Frage nach den mit neuen Technologien wie bspw. der Gentechnologie verbundenen Risiken angesprochen. Dies hat zur Herausbildung eines eigenständigen Bereichs „*Risikokommunikation*" (Ruhrmann 1992) geführt. Görke / Kohring / Ruhrmann (2000) oder Leonarz / Schanne (1999) untersuchten die Gentechnologie in der Presse im Zeitverlauf. Kepplinger (1991 + 1993) konstatiert aufgrund seiner Längsschnittanalysen zudem eine technikkritische Haltung der Presse und als Folge mangelnde Technikakzeptanz bei der Bevölkerung, wobei diese Interpretation kontrovers diskutiert worden ist (Peters 1991). Auch Singer / Endreny (1987) bemängeln, dass in der Berichterstattung die negativen Folgen von Wissenschaft und Technik überbetont, während die tatsächlichen Risiken nicht angemessen gewichtet würden. Die Medien konstruierten Risiken nach ihren eigenen Regeln und hielten sich nicht an die Risikokonzeptionen der Experten (Wilkins / Patterson 1987; Singer 1990; Stallings 1990). Als Defizite wurden auch die *Unausgewogenheit* bezüglich zentraler Themen, eine gewisse *Oberflächlichkeit, mangelnde Genauigkeit* und eine relativ *hohe Fehlerrate* in der Berichterstattung nachgewiesen (Saxer u.a. 1986; Haller 1987). Zusammenfassend konstatieren Meier (1993) bzw. Meier / Schanne (1996) aufgrund einer Meta-Analyse der Forschung auf der Ebene der Berichterstattung Darstellungs-, Kontext-, Komplexitäts- und Umsetzungsprobleme, wobei sie als Ursachen sowohl Quellen- und Abhängigkeitsprobleme des Journalismus als auch Kompetenz- und Organisationsprobleme bei den Journalisten und Redaktionen ausmachen.

Gesundheit, Krankheit und Medizin. Im Zusammenhang mit der Medienberichterstattung über technische Innovationen, aber auch den damit zusammenhängenden Risiken, ist das Interesse der Medien für Gesundheitsfragen seit den 80er Jahren deutlich angestiegen, was wiederum entsprechende inhaltsbezogene Studien stimuliert hat (Borchers / Kühn 1991). Neben der Analyse des Angebots und der Themenstrukturen (Thierbach 1988; Wigand 1994), des Images von Ärzten (Chory-Assad / Tamborini 2001) oder der Frage nach der Qualität der Gesundheitsberichterstattung (Wallack 1988) wird normativ oft nach dem präventiven oder mobilisierenden Potential der Medien bezüglich gesundheitsförderlicher Verhaltensweisen gefragt (Kristiansen 1981). Seit den 80er Jahren hat sicher „*AIDS" als Medienthema* (Kinsella 1989; Oberauer 1989; Mackenthun 1990; Bosshart 1993; Dickinson 1990; Glasgow Media Group 1998; Miller 1998) die größte Aufmerksamkeit auf sich gezogen.

Mediale Konstruktion von Medienereignissen. Zwei weitere klassische Untersuchungen belegen die konstruktive Funktion des Fernsehens: Lang / Lang (1973) verglichen 1951 die Live-Übertragung einer Parade zu Ehren des Korea-Generals McArthur in Chicago mit den unmittelbaren Eindrücken von Beobachtern vor Ort, wobei sie deutliche Unterschiede, ja gar einen Gegensatz zwischen „Fernsehen" und „Direkt-dabei-Sein" herausarbeiteten. Und Halloran / Elliott / Murdock (1970+1973) analysierten 1968 die Berichterstattung über eine Vietnam-Demonstration in London. Weil die Medien im Vorfeld einen gewaltorientierten Erwartungsrahmen aufgebaut hatten, war eine adäquate Berichterstattung über die unerwartet friedlich ablaufende Demonstration im Sinne einer „*self-fulfilling prophecy"* offenbar nicht mehr möglich. Auch Kepplinger (1983) belegt anhand einer Inhaltsanalyse zu den Ölkrisen von 1973/74 und 1978/79 Abweichungen der Berichterstattung von der Realität und Rückwirkungen auf den Ereignisverlauf selbst. Allerdings sind es nicht immer nur die

Medien selbst, welche die Realität in ihrer Berichterstattung verzerrt wiedergeben. Es gibt auch „Medienereignisse" (Dayan / Katz 1992) wie Staats-
feierlichkeiten, Hochzeiten oder Begräbnisse von Royals (bspw. Prinzessin
Diana), welchen eine wichtige *rituelle Funktion* (Meckel u.a. 1999)zukommt,
und die nach medialen Darstellungserfordernissen inszeniert werden.

Abb. 8: Nichttagesaktuelles Info-Angebot des Fernsehens (Krüger 1996: 367)						
Beitragsdauer	ARD	ZDF	RTL	SAT.1	PRO 7	Insg.
Politik	30	24	3	13	0	17
Wirtschaft	6	5	0	0	0	3
Gesellschaft	24	24	15	21	13	21
Kultur / Wissenschaft	12	12	3	0	0	8
Umwelt / Natur	8	15	0	0	4	7
Freizeit / Sport	2	2	2	2	8	3
Unterhaltung / Medien	7	2	9	5	17	7
Alltag	4	9	19	29	21	14
Boulevard / Sonstiges	7	8	48	28	36	21
Total in %	100	100	100	100	100	100
Beitragsdauer in Min.	1'230	1'804	1'018	792	557	5'401
Untersucht wurden 4 Programmwochen 1995, Prime Time 19-23 Uhr, Untersuchungsgegenstand waren die nichttagesaktuellen Informationssendungen, aber unter Miteinbezug von Infotainment-Sendungen.						

Nachrichtengeographie. In den 70er Jahren bildete schließlich die Analyse der
internationalen Nachrichtenflüsse vor dem Hintergrund von politischen Diskussionen, die im Rahmen der UNESCO (Stevenson / Shaw 1984) unter dem
Stichwort einer „New World Information and Communication Order" ausge-
tragen wurden, ebenfalls einen Forschungsschwerpunkt. Ausgangspunkt war die
Hypothese eines einseitigen Nachrichtenflusses von der westlichen industriali-
sierten Welt zur 3. Welt hin. Zudem wurde aufgrund von Vergleichen von Be-
völkerungsdaten einerseits und der Auslandberichterstattung andererseits konstatiert, dass die Nachrichtenagenturen, aber auch die nachgelagerten Medien in
räumlicher Hinsicht ein Weltbild präsentierten, das stark von den realen geogra-
phischen Proportionen abweiche (Schulz 1983; UNESCO 1984). Die Befunde
der zahlreichen Studien belegen (Kamps 1998: 283), dass die Auslandberichterstattung tatsächlich durch Faktoren wie Zentrismus, Kommunikationsmagnetis-
mus, Regionalismus und Nähe (Hagen 1998) resp. Interesse geprägt wird.

Zusammenfassend betrachtet gibt es eine Vielzahl von Studien, welche mehr
oder weniger deutliche Abweichungen der *Medienrealität im Vergleich zur pri-*

mären Realität festhalten. Diese Verzerrung wird zum Teil als Folge der politischen Haltung der Medienschaffenden oder aber der ideologischen Linie der Medien interpretiert. Allerdings stehen solche extramedialen Vergleichsdaten nur in den seltensten Fällen zur Verfügung (Best 2000). Demgegenüber bilden Objektivität, Vielfalt und Ausgewogenheit von Themen und Inhalten (Krüger 1996) meist die intramedialen Bezugspunkte (vgl. Abb. 8).

Abb. 9: Analysen von Medienformaten und Darstellungsformen			
		dokumentarisch	
Print-Medien	makro	Nachrichtenmagazine, Boulevardzeitung etc.	
	mikro	Textsorten (Meldung, Bericht, Kommentar, Reportage etc.)	
		dokumentarisch	fiktional
AV-Medien	makro	- TV-Nachrichten - Wissenschaftsmagazine	- Talk-, Game-, Reality-Shows - Soap Operas
	mikro	- Interview, Reportage, Moderation etc.	- Gesprächsanalysen

Formal-gestalterische Strukturen

Neben der Abklärung von inhaltlichen Fragestellungen befassen sich weitere Studien eher mit formal-gestalterischen Aspekten der Medienrealität. Untersucht werden Dimensionen wie *Verständlichkeit* und *Informationsgehalt* einerseits, aber auch die impliziten handwerklichen Regeln der Medienpraxis andererseits, nach denen die journalistische Aussagenproduktion funktioniert.

Verständlichkeit und Redundanz. Eine wichtige Rolle spielt auch das Konzept der Textverständlichkeit (Heijnk 1997), die Redundanz als Gegenpol zur Informationsdichte oder das Verhältnis von Text und Bild in TV-Nachrichten (Walma van der Molen 2001). Ausgangspunkt war die Überlegung, dass aufgrund von Textmerkmalen wie Satzlänge (Anzahl Worte) oder Wortlänge (Anzahl Silben) die Verständlichkeit eines Textes rezipientenbezogen berechnet und vorhergesagt werden könne. Im Verlauf der Forschungsentwicklung sind unterschiedlichste sog. Verständlichkeitsformeln entwickelt worden (Groeben 1982). Anwendungsorientiert sollen aufgrund dieser Überlegungen schließlich Pressetexte (Heijnk 1997) oder neuerdings auch Internetangebote (Schweiger 1996) leserbezogen optimiert werden können.

Darstellungsformen und Format-Analysen. Gemeint sind hiermit Strukturanalysen von dokumentarischen wie fiktionalen Angeboten des Fernsehens (vgl.

Abb. 9) wie Nachrichten (Kamps / Meckel 1998), politische Magazine (Wegener 2001) oder Wissenschaftsmagazine im TV (Hömberg / Jankers 2000), Talk- (Krüger 1998b; Plake 1999), Game- und Reality Shows (Keppler 1994; Berghaus / Staab 1995; Wegener 1994) oder Soap Operas (Rössler 1988; Themenheft 1990a+b; Jurga 1995). Untersucht werden aber auch Printprodukte wie Zeitungen (Kepplinger 1999), die Boulevardpresse (Djupsund / Carlson 1998; Sparks / Tulloch 2000) oder Nachrichtenmagazine (Landgrebe 1994; Scharf / Stockmann 1998). Es interessiert die Typologisierung aufgrund formal-inhaltlicher Strukturen sowie Herkunft und *Entwicklung von Genres* (McQuail 2001: 331ff.). Im Printbereich wurden zudem journalistische Darstellungsformen (Roloff 1982) wie Nachricht, Interview, Reportage, Kommentar etc. aus linguistischer Perspektive (Pritchard / Berkowitz 1991; Windisch 1993) untersucht.

Programmqualität, Medienleistungen, Benchmarking. Vor dem Hintergrund der Etablierung des Dualen Rundfunks in Deutschland haben sich in jüngster Zeit die Bemühungen zur Erfassung der Qualität von *TV-Programmen* wie bspw. Nachrichten der öffentlich-rechtlichen Anbieter verstärkt. Als Folge hat sich die Wissenschaft intensiver mit der Thematik auseinandergesetzt und Moelle zur Dimensionierung und Operationalisierung entwickelt (McQuail 1992; Schatz / Schulz 1992; Meier / Bonfadelli 1996). Mittlerweile hat sich die Diskussion auf die *Presse* ausgeweitet, und neben der Messung von Qualität geht es zunehmend auch um Fragen der Sicherstellung von Qualität (Wallisch 1995; Wessler u.a. 1997; Haller 2000). Neu sind auch *Internet-Angebote* und *Online-Journalismus* Thema der Forschung (Altmeppen / Bucher / Löffelholz 2000).

Die hier weder vollständig noch systematisch skizzierbaren, weil sich überlappenden Forschungsfelder und darauf bezogenen Fragestellungen illustrieren die breite Beschäftigung der Publizistikwissenschaft mit den Medien und ihren Angeboten. Weil diese zudem einem ständigen Wandel (Holly / Biere 1998) unterliegen, und sich der Druck nach Programminnovationen gerade beim Fernsehen verstärkt hat, gibt dies auch seitens der Publizistikwissenschaft zu ständig neuen oder aktualisierten Analysen der Medieninhalte Anlass.

2.2 Theoretische Perspektiven

2.2.1 Medientheorien

Die Frage nach *theoretischen Perspektiven* bzw. nach *Medientheorien* im Forschungsbereich „Medien" ist nicht leicht zu beantworten. Unklar ist zunächst nämlich, was unter „Medientheorie" überhaupt zu verstehen ist. Eine Durchsicht der neueren Fachliteratur bringt dazu zwei grundsätzlich *verschiedene Denk-*

traditionen an den Tag: a) die der philosophisch-geisteswissenschaftlichen Medienwissenschaft einerseits und b) jene der sozialwissenschaftlich orientierten Publizistikwissenschaft andererseits, die sich freilich teilweise überlappen.

Abb. 10: Medientheorien der Medien- und Publizistikwissenschaft im Vergleich

Medienwissenschaft		Publizistikwissenschaft	
Faulstich (1991)	**Kloock / Spahr (1997)**	**Burkart (1997)**	**McQuail (2001)**
Einzelmedientheorien: Eisenstein (1928), Brecht (1927), Kracauer (1960), Balázs (1924), Bazin (1985), Metz (1968), Knilli (1961) u.a.	Walter Benjamin: Technische Reproduzierbarkeit des Kunstwerks (1936); Marshall McLuhan: Magische Kanäle bzw. Gutenberg-Galaxis; Vilém Flusser: Telematik; Neil Postman: Infotainment – „Wir amüsieren uns zu Tode" (1992); Paul Virilio: Ästhetik der Geschwindigkeit; Friedlich A. Kittler: Die Technizität des Textes; Shannon / Weaver u.a.: Mathematische Medientheorie; Eric Havelock u.a.: Oralität und Literalität	Systemtheorie Materialismus Medienökonomie	Mass Society Theory
Kommunikationstheoretische Medientheorien: Naschold (1969), Merten (1977), Maletzke (1963), Ronneberger (1971), Silbermann (1972), McQuail (1983)			Marxist Theory
		Symbolischer Interaktionismus (G.H. Mead) „Theorie des kommunikativen Handelns" (J. Habermas)	Functionalist Theory Critical Political Economic Theory Mass Media and Development Theory
Gesellschaftliche Medientheorien: Benjamin (1936), Horkheimer / Adorno (1944), Holzer (1969), Enzensberger (1970), Prokop (1971), Negt / Kluge (1972), Dröge (1972)	**Pias u.a. (1999)** Walter Benjamin, Talcott Parsons, Marshall McLuhan, Niklas Luhmann, Eric A. Havelock, Walter Ong, Jacques Derrida, Harold Innis, Paul Virilio, Vilém Flusser, Umberto Eco, Theodor W. Adorno, Günther Anders, Neil Postman, John Fiske, Bertolt Brecht, Hans Magnus Enzensberger, Jean Baudrillard, Jacques Lacan, Norbert Wiener, Claude Shannon / Warren Weaver, Max Bense, Michel Foucault, Jean François Lyotard, Roland Bartes u.a.	Semiotik Konstruktivismus	Media Technological Determinism Information Society
Systemtheoretische Medientheorien: Parsons (1961ff.), Habermas (1980ff.), Luhmann (1972ff.), Schmidt (1990/ 1991)			

Medienwissenschaftliche Medientheorien

Für Kloock / Spahr (1997: 8) sind *„Medientheorien"* Theorien, die eine übergreifende Perspektive einnehmen, indem nicht bestimmte Medienwirkungen, sondern die Effekte der Medien bzw. eines Mediums schlechthin untersucht werden. Die Medien werden dabei als konstitutive Faktoren von Kultur betrachtet. Ähnlich wie Hickethier (1991) oder Pias u.a. (1999) orientieren sie sich an einzelnen *herausragenden Denkern,* die meist geschlossene, nicht weiter anschlussfähige und auch nicht empirisch überprüfbare *Gesamtentwürfe* in Form von *Einzelmedientheorien* entwickelt haben. Dabei tauchen mit Variationen die gleichen Namen auf, neben anderen bspw. *Walter Benjamins* ästhetischer Ansatz, der sich in den 30er Jahren mit den umwälzenden Wirkungen von Photographie und Film auf die Kunst befasst und deren technische Reproduzierbarkeit ermöglichen. Etwa zur gleichen Zeit formulierte *Bertolt Brecht* seine Radiotheorie, auf deren basisdemokratische Ideen in den 70er Jahren *Hans Magnus Enzensberger* mit seinem „Baukasten der Medien" wieder zurückgegriffen hat.

Ebenfalls in die Tradition der kritischen Medientheorien gehört der klassische Aufsatz „Kulturindustrie: Aufklärung als Massenbetrug" von *Max Horkheimer* und *Theodor Adorno* (1947), während Günter Anders „Die Antiquiertheit des Menschen" (1961) eher generell kulturkritisch angelegt ist. Auf dieser Basis haben sich in den 70er Jahren weitere *neomarxistische Denker* in Deutschland kritisch mit den Massenmedien auseinandergesetzt wie z.B. Horst Holzer, Franz Dröge, Dieter Prokop oder Oskar Negt / Alexander Kluge u.a.m.

Neben diesen deutschen Denkern, die in der Tradition des (Neo-)Marxismus stehen, werden aus dem *angelsächsischen Sprachraum* vor allem *Marshall McLuhans* „Magische Kanäle" bzw. „Gutenberg-Galaxis" immer wieder zitiert. Er betrachtet Medien als Körpererweiterungen, welche die menschliche Erfahrung und damit die unsere Weltsicht grundlegend prägen. Mit seinen spektakulären Aussagen wie „The Medium Is the Message" und seinen überraschenden Analysen – bspw. kalte vs. heiße Medien – provozierte er zwar öffentlichkeitswirksame Debatten, wurde aber von der Fachdisziplin weitgehend ignoriert. Auch *Neil Postmans ökologischer Ansatz,* der seit den 80er Jahren vor allem ausserwissenschaftliche Beachtung gefunden hat, nicht zuletzt wegen seiner fernsehkritischen Äußerungen, ist ebenfalls über weite Strecken mediendeterministisch geprägt, indem seine Argumentation auf die Prämisse von McLuhan zurückgreift, dass jede Technologie eine eigene spezifische Art und Weise, die Welt zu sehen, begünstige.

In den 80er und 90er Jahren haben *französischsprachige Denker* sog. postmoderne medienphilosophische Theorien entwickelt, die in der Öffentlichkeit große Beachtung gefunden haben. Zu nennen sind hier v.a. *Paul Virilio* mit seinen Überlegungen zur *Ästhetik der Geschwindigkeit* oder *Jean Baudrillard* zur *Hyperrealität der Medien:* „Wir selbst sind Bildschirme geworden". In diese Tradition gehören auch die Analysen zur *Telematik* von *Vilém Flusser* (vgl. Kloock / Spahr 1997; Pias u.a. 1999).

Publizistikwissenschaftliche Medientheorien

Die oben nur stichwortartig angedeuteten medienwissenschaftlichen Gesamtentwürfe eher medienphilosophischer Art, welche Phänomene wie Beschleunigung, Simulation, Grenzaufhebung zwischen primärer und medialer Realität oder Vernetzung ins Zentrum ihrer Überlegungen stellen, betrachtet man in der sozialwissenschaftlich orientierten Publizistikwissenschaft als eher *unergiebig*, da sie tendenziell *mediendeterministisch* argumentieren, die gesellschaftliche Einbettung der Medien, aber auch den individuellen Medienumgang nur ungenügend reflektieren und *kaum empirisch überprüfbar* sind.

Abb. 11: Vergleichskriterien für Medientheorien (nach McQuail 2001: 89)	
Ursache der Effekte	**Medienzentrisch:** Die Effekte der Medien auf die Gesellschaft und die Kultur werden in den Medien selbst und ihren inhärenten Merkmalen als Kommunikationstechniken verortet.
	Gesellschaftszentrisch: Medien sind von der Gesellschaft abhängig, d.h. in ihnen äußern bzw. spiegeln sich nur Charakteristika der Gesellschaftsstruktur.
Richtung der Effekte	**Zentripetal:** Die Effekte der Medien werden als zentripetal, d.h. sowohl positiv integrierend und Konsens wie Solidarität unterstützend, aber auch negativ als homogenisierend und uniformierend beurteilt.
	Zentrifugal: Die Medien ermöglichen und unterstützen positiv Vielfalt und Freiheit, negativ aber auch Konflikt, Desintegration und Normlosigkeit.
Bewertung der Effekte	**Positiv:** Die Konsequenzen der Medien für die Gesellschaft werden optimistisch eingeschätzt bzw. als funktionale Leistungen beurteilt.
	Negativ: Die Konsequenzen der Medien für die Gesellschaft werden vorab als dysfunktional eingeschätzt und darum pessimistisch bewertet.

Theorievergleich. Zur besseren *Verortung* und zum *Theorievergleich* (vgl. Abb. 11) können Medientheorien in einem ersten Schritt danach befragt werden, wo sie die Ursachen bzw. Anstöße für Veränderungen, Wandel und Wirkungen verorten, nämlich in den Medien selbst oder in der Gesellschaft. Kreuzt man diese beiden Dimensionen, ergeben sich nach Rosengren (1981, S. 249) vier Typen des Zusammenhangs zwischen Kultur / Medien und Gesellschaft:

- *Idealismus:* Medien werden *medienzentrisch* als „Molders or Change Agents" betrachtet, d.h. die Gesellschaft beeinflusst die Medien nicht, aber diese die Gesellschaft und die Kultur umso stärker.

• *Materialismus:* „Media as Lagging Mirrors", d.h. die Medienberichterstattung ist oder soll ein Spiegel der Gesellschaft sein oder in der Medienrealität spiegelt sich die gesellschaftliche Realität. Medien und Kultur werden dabei als von der Gesellschaft abhängig bzw. als Repräsentanten der herrschenden (Macht-)Verhältnissen betrachtet.

• *Interdependenz:* Medien können je nach Thema und Situation sowohl
„Spiegel-Funktionen" als auch „Kontroll-Funktionen" übernehmen, was
empirische Forschung notwendig macht.

• *Autonomie:* Postuliert wird ein relativ geringer Einfluss der Medien auf
die Gesellschaft; umgekehrt gelingt es den Medien aber auch, sich gesellschaftlicher Macht / Kontrolle zu entziehen. Beide Sphären beeinflussen
sich somit eher wenig.

McQuail (2001: 89) unterscheidet Medientheorien zweitens danach, wie sie den
Einfluss der Medien insgesamt auf die Gesellschaft *bewerten,* d.h. ob den Medien in einer *optimistischen Perspektive* eher positive oder in einer *pessimistischen Sichtweise* eher negative Leistungen zugeschrieben werden. Drittens unterscheiden sich Medientheorien danach, ob sie die Effekte der Medien als eher
zentripetal, d.h. positiv hinsichtlich Integration und Solidarität oder negativ
hinsichtlich Uniformität, Dominanz und Kontrolle beurteilen, oder ob sie die
zentrifugalen Effekte wie Freiheit und Vielfalt vs. Normlosigkeit und Desinte-
gration in den Vordergrund stellen (vgl. Abb. 11).

Medientheorien können aufgrund der oben genannten Kriterien selbstverständlich nur sehr grob und idealtypisch beschrieben und verortet werden. Im Unterschied zum medienwissenschaftlichen Verständnis von Kommunikation und
Medien stehen in der *Publizistikwissenschaft* aber mehr die *soziologisch-gesell-
schaftlichen Perspektiven* wie die kritisch-(neo)marxistischen Ansätze einerseits, andererseits die strukturfunktionalistisch-systemtheoretischen Ansätze und
neuerdings die Konzepte zur Informations- bzw. Mediengesellschaft im Zentrum, während den vorab ästhetischen oder nur medientechnologischen Zugän-
gen eine eher geringe theoretische wie praktische Relevanz zugesprochen wird.
Immer jedoch handelt es sich um *Basistheorien,* die „publizistische Phänomene
in besonders großem Umfang erklären" (Saxer 1981: 40), oder die nach Burkart
(1997: 52) „die Grundlage / das Fundament für weiterführende Überlegungen
im Bereich der öffentlichen Kommunikation bzw. der Massenkommunikation"
dar- bzw. bereitstellen.

Die bei Faulstich (1991) als *kommunikationstheoretische Medientheorien* be-
zeichneten älteren Ansätze von Frieder Naschold (1969), Klaus Merten (1977),
Gerhard Maletzke (1963) u.a., aber auch der Symbolische Interaktionismus von
George Herbert Mead und die Theorie des kommunikativen Handelns von Jür-

gen Habermas werden in der Perspektive der Publizistikwissenschaft, analog zur Klassifizierung von Burkart (vgl. Abb. 11), nicht der Makro-, sondern der Mesoebene zugerechnet. Dies gilt auch für die *Semiotik* als allgemeine Zeichentheorie, die Ende der 70er Jahre verschiedentlich als *die* Basistheorie der Publizistikwissenschaft bezeichnet worden ist (bspw. Saxer 1981).

Einzelne Typen von Medientheorien

Nachfolgend sollen, in Anlehnung an die Überlegungen von McQuail (1994: 74ff.), einige *Entwürfe von Medientheorien* in ihren Grundzügen idealtypisch skizziert werden, und zwar sowohl aus der medien- wie der publizistikwissenschaftlichen Tradition.

Massengesellschaft, Massenmedien und Kulturkritik. In der ersten Hälfte des 20. Jh. werden die Auswirkungen der neuen Medien Film, Radio und TV meist als ästhetisch nivellierend, sozial desintegrierend oder gesellschaftlich uniformierend und machterhaltend, d.h. insgesamt kulturkritisch und pessimistisch bezüglich ihres aufklärerischen Potentials bewertet. Dies geschieht vor dem Hintergrund der damaligen gesellschaftlichen Umwälzungen von der ständischen Agrar- zur industriellen Massengesellschaft, die mit Stichworten wie Industrialisierung, Arbeiterproletariat, Urbanisierung und zunehmender Atomisierung und Vereinzelung der Menschen sowie Abnahme der lokalen Verwurzelung und Auflösung der sozialen Bindungen an Familie und Verwandtschaft beschrieben werden. Die Medien werden als Propagandaapparate zur außengeleiteten sozialen Kontrolle der Massen durch die herrschenden Gruppen diagnostiziert, oder aber es sind bestimmte medienspezifische Merkmale selbst, die zur Senkung des kulturellen Niveaus, zur Unterdrückung von Aufklärung und zur mentalen Abhängigkeit führen. Gleichzeitig werden vielfach das Zeitalter der räsonierenden Aufklärung und das Medium Buch als nostalgische Gegenpole beschworen. Walter Benjamin, Max Horkheimer und Theodor W. Adorno oder Günther Anders, aber auch Neil Postman stehen für diese Denktradition.

Marxistische Ansätze und neomarxistische Analysen. Obwohl sich die marxistischen Analysen sowohl hinsichtlich der pessimistischen Bewertung wie auch der zentripetal uniformierenden und kontrollierenden Auswirkungen der Medien von den Theoretikern der Massengesellschaft nur wenig unterscheiden, so sind die marxistischen Analysen doch ungleich stringenter und erfolgen immer aus einer gesellschaftszentrischen Perspektive mit Betonung auf der Machtfrage. Entscheidend ist der Medienbesitz, d.h. wer die Verfügungsgewalt über die Medien hat – die herrschende Klasse – kontrolliert damit auch die kulturelle Produktion und zwar im Sinne der Aufrechterhaltung der herrschenden Ideologie. In den 70er Jahren sind es jüngere neomarxistisch orientierte

Publizistikwissenschafter in Deutschland, welche mit kritischen Medienanalysen die Theoriebildung im Medienbereich weitertreiben, aber auch neue Gegenstände angehen wie die *Alternativmedien* oder neue Fragen bspw. nach der Möglichkeit von *Gegenöffentlichkeit* stellen (vgl. Negt / Kluge). Marxistisches Gedankengut wurde aber nicht nur in Deutschland, sondern u.a. auch in Großbritannien (Graham Murdock, Tony Bennett, Stuart Hall u.a.) oder in den USA (Todd Gitlin, Herbert Schiller u.a.) rezipiert und später in die neueren *politökonomischen Ansätze* integriert (bspw. Murdock / Golding 1995).

Funktionalismus, Konstruktivismus und Systemtheorie. Medien sind in dieser Perspektive auf Kommunikation zum Zweck der gesellschaftlichen Integration spezialisierte Subsysteme der Gesellschaft, die sich als Folge der zunehmenden Komplexität und Spezialisierung der Gesellschaft ausdifferenziert haben. Während in den frühen *strukturfunktionalistischen Ansätzen* der Soziologie (Robert King Merton; Talcott Parsons) die Funktionen von gegebenen (Medien-)Strukturen analysiert wurden (Wright 1964; DeFleur 1970; Saxer 1974), rückten später im *Äquivalenzfunktionalismus* bzw. in der *funktionalstrukturellen Systemtheorie* von Niklas Luhmann (1995) die Probleme bzw. funktionalen Bezugspunkte ins Zentrum, wobei gefragt wird, wie und durch welche Strukturen Bezugsprobleme von Systemen, und zwar auf Dauer gestellt, gelöst werden. In einem weiteren Schritt der Theorieentwicklung wurden zudem Elemente des *operativen Konstruktivismus* integriert (Saxer 1993; Schmidt 1993). Betont wird, dass Systeme und somit auch das System „Massenkommunikation" sich selbst autopoietisch, d.h. aus sich heraus durch Abgrenzung gegen außen, schaffen und Realität systemintern durch Sinngebung erarbeiten.

So ermöglicht nach Luhmann (1995) das Mediensystem der Gesellschaft, sich selbst zu beobachten, indem es öffentlich kommuniziert, wie gesellschaftliche Akteure Realität konstruieren. Der *Selektionscode der Massenmedien* ist dabei die Unterscheidung von „Information" bzw. „Nichtinformation". Die Medien reduzieren also Umweltkomplexität, indem sie ständig bei jedem neuen Ereignis entscheiden müssen, ob sie es als informativ, d.h. aktuell bzw. neu, betrachten sollen oder nicht. In der Kontrolle dieser bzw. ihrer eigenen Selektivität sind die Massenmedien nach Luhmann autonom. Sie halten dadurch die Gesellschaft „wach", indem sie eine ständig erneuerte Bereitschaft erzeugen, mit Überraschungen, ja Störungen zu rechnen.

Während dem Strukturfunktionalismus und der frühen Systemtheorie vorgehalten wird, sie seien unkritisch, blendeten Konflikte und Machtfragen aus, hinterfragten die erbrachten Medienleistungen nicht und vermöchten es in der Verabsolutierung des systemischen Gleichgewichtsstrebens nicht, gesellschaftlichen Wandel zu erklären, sieht sich die moderne konstruktivistisch gewendete Systemtheorie der Frage ausgesetzt, wie operativ geschlossene Systeme überhaupt mit anderen gesellschaftlichen Systemen zu kommunizieren vermögen. Konstatiert wird auch der unverständliche oder gar sinnleere Jargon und das Problem, dass Akteure und Handlungszusammenhänge ausgeblendet werden.

Mediendeterministisch-postmoderne Perspektiven. Es gibt eine starke und lang andauernde Tradition, den gesellschaftlichen und kulturellen Wandel in prägnante *Phasen* zu unterteilen – bspw. orale Gesellschaften, Schriftkulturen, Buchdruck, elektronische Massenmedien, Informationsgesellschaft – und die Entwicklung durch Rückgriff auf auffällige bzw. typische Merkmale der in den jeweiligen Phasen dominanten Kommunikationstechnologien zu erklären. Wichtige frühe Vertreter eines solchen mediendeterministischen Paradigmas sind der Ökonom *Harold A. Innis,* der die sog. *Toronto-Schule* begründete, und in den 60er Jahren auf diesen zurückgreifend *Marshall McLuhan* mit seinen spekulativen Analysen der Konsequenzen der „Gutenberg-Galaxis" bzw. der elektronischen Kulturformen im „Global Village". Aber auch der populäre Medienökologe *Neil Postman* argumentiert über weite Strecken mediendeterministisch, indem er ebenso die Prämisse von McLuhan vertritt, dass jede Technologie eine eigene spezifische Weltsicht, eine bestimmte Perspektive bzw. Art und Weise die Welt zu sehen, begünstige. Beim *Fernsehen* ist dies bspw. nach Postman, dass alles zur oberflächlichen und emotionalisierten Unterhaltung verkomme – Stichwort: Infotainment – und nur noch passiv-ästhetische Reaktionen evoziert würden, im Gegensatz etwa zur *Schrift,* welche die Aufmerksamkeit aktiv auf eine Abfolge logisch abstrakter und komplexer Gedanken lenke. Die Kommunikationstechnologien tendierten dazu, mythisch zu werden. Sie werden als natürlich und einfach hingenommen, was sie gegenüber Veränderungen resistent mache.

Zeichentheoretisch-semiotische Ansätze und Cultural Studies. Die semiotischen Ansätze können als Basistheorien auch der Medien- oder Publizistikwissenschaft gelten, insofern sie sämtliche kulturellen Artefakte des Menschen als Texte mit Zeichencharakter betrachteten. Die *Semiotik* interessiert sich also für Kommunikation mittels Zeichen und untersucht alle kulturellen Vorgänge als Kommunikationsprozesse. Die *Cultural Studies* gehören als interdisziplinärer Ansatz in diesen Zusammenhang, weil diese ebenfalls auf linguistische und semiotische Konzepte zurückgreifen, jedoch der Textbegriff als Basis der alltäglichen Konstruktion von Bedeutung und Produktion von Kultur im Zentrum steht. Stärker als in der Semiotik interessieren gesellschaftsbezogen die kulturellen Konflikte und Fragen der soziokulturellen Machtausübung einerseits, andererseits individuumsbezogen die Prozesse der Aneignung von Kultur bzw. der Rezeption von Medientexten (Fiske 1987; Real 1996; Hepp 1999: 13ff.)

Theorien der Informationsgesellschaft und CyberSociety. Es erstaunt nicht, dass mit dem Aufkommen neuer Medien wie Multimedia oder Internet auch neue sowohl vorab medienzentrische als auch stärker gesellschaftsorientierte theoretische Perspektiven entwickelt worden sind. Begonnen hat dies in einer ersten Phase schon zu Beginn der 70er Jahre mit Entwurf der sog. *postindustriellen Gesellschaft* des amerikanischen Ökonomen *Daniel Bell,* in welcher der Informationssektor, die Informationsberufe und die Produktion von Wissen zu Schlüsselgrößen erklärt wurden. Ergänzt wurden diese eher ökonomischen Überlegungen bspw. durch mediensoziologische Analysen von Richard Münch (1995+97) oder medienpolitische Folgerungen bezüglich Symbolpolitik und Amerikanisierung der Wahlkämpfe von Ulrich Sarcinelli (1998), Otfried Jarren (1998) oder Ulrich Saxer (1998).

Besonders hervorgetan haben sich auch französische Medientheoretiker. Als Ausgangspunkt gilt der Bericht von *Jean-François Lyotard* „Das postmoderne Wissen", in welchem die Lage des Wissens in den informierten Gesellschaften zu Beginn der 80er Jahre untersucht wird. Weitere Vertreter sind *Paul Virilio* mit seinen Analysen zur *Ästhetik der Geschwindigkeit,* nach denen die Beschleunigungsprozesse der visuellen Wahrnehmung dazu führen, dass unser Bewusstsein zum Verschwinden gebracht wird; oder *Jean Beaudrillard,* der eine Grenzaufhebung zwischen primärer und sekundärer Medienwirklichkeit diagnostiziert. Nach ihm ist das Subjekt heute nicht mehr wie in den klassischen marxistischen Analysen entfremdet oder zerrissen. Der geistige Horizont seines sog. *fraktalen Subjekts* beschränkt sich vielmehr nur noch auf den Umgang mit seinen Bildern und Bildschirmen, da die anderen Subjekte offenbar als „sexueller und sozialer Horizont" praktisch verschwunden seien. „Nicht einmal mehr unser Gehirn ist in uns verblieben, sondern flottiert in den unzähligen Hertzschen Wellen und Vernetzungen, die uns umgeben. Das ist keineswegs Science-fiction, sondern bloß die Verallgemeinerung der Theorie McLuhans über die ‚Ausdehnungen des Menschen'" (Baudrillard 1991: 253). – „Übertreibung als Methode" lautet ein Vorwurf, der diesen modisch daherkommenden postmodernen Medientheoretikern gemacht wird.

2.2.2 Medieninhalte

Im Unterschied zu den oben skizzierten Basistheorien beziehen sich die folgenden Ansätze nicht auf die Medien als Ganzes, sondern auf die einzelnen Medieninhalte bzw. Angebote oder Botschaften der Medien. Sie können sich entweder mehr mit der Entstehung von Medienaussagen oder mit der Beziehung der Medieninhalte zur Medienrealität befassen.

Entstehungsbedingungen von Medienaussagen

Auf der Ebene der Medienaussagen befasst sich seit den 40er Jahren die *Gatekeeperforschung* mit der Frage, wie die Medien die Ereignisse auswählen, über die sie berichten. Zur Erklärung dieser Selektionsprozesse sind im Verlaufe der Forschungsentwicklung verschiedenste theoretische Ansätze entwickelt und Wirkfaktoren untersucht worden. Shoemaker / Reese (1996: 54) unterscheiden fünf Einflussbereiche: a) Individuum, b) Medienroutinen, c) (Medien)organisation, d) extramediale und e) ideologische Ebene. Ähnlich spielen nach Donsbach (1987: 112) vier Sphären eine wichtige Rolle: a) Subjektsphäre, b) Professionssphäre, c) Institutionssphäre, d) Gesellschaftssphäre.

Subjektsphäre. In einer ersten Phase stand die Ebene des Individuums bzw. die Subjektsphäre im Zentrum. Es wurde davon ausgegangen, dass subjektive Faktoren wie persönliche Werthaltungen, politische Einstellungen, Berufsrollenverständnis und soziodemographische Unterschiede (bspw. Alter, Geschlecht, soziale Herkunft) für die Gatekeeping-Prozesse von Bedeutung sind.

Professionssphäre. Die Einsicht, dass Journalisten als Rollenträger in Medienorganisationen in ihrem Handeln vielfältigen sozialen und organisationellen Einflüssen ausgesetzt sind, hatte zur Folge, dass sich das Augenmerk von den individuellen Unterschieden abwandte und die Gemeinsamkeiten und strukturellen Ähnlichkeiten im Selektionsprozess stärker ins Zentrum rückten. Neben der Analyse von *Rollenerwartungen* und damit verknüpften *Sanktionen* in der Redaktion erlangte ab den 60er Jahren die *Nachrichtenwerttheorie* einen zunehmenden Stellenwert (Östgaard 1965; Galtung / Ruge 1965). „Nachrichtenfaktoren" sind zentrale Merkmale von Ereignissen wie bspw. Konflikt, Schaden, Negativität, geographische Nähe, Verlauf des Ereignisses etc. (Hagen 1998). Je ausgeprägter und je mehr Faktoren auf ein Ereignis zutreffen, desto größer ist nach der Nachrichtenwerttheorie die Chance, dass die Medien darüber berichten. Neben diesem *Additivitätsprinzip* gibt es zudem das *Komplementaritätsprinzip*: Wenn ein Ereignis einzelne Faktoren nicht aufweist, müssen andere Nachrichtenwerte umso stärker zutreffen. Schließlich gilt, dass wenn aufgrund der Nachrichtenfaktoren ein Ereignis für nachrichtenwürdig befunden wird, die seinen Nachrichtenwert bestimmenden Merkmale in der Berichterstattung besonders hervorgehoben bzw. überbetont werden. Im Verlauf der Entwicklung der Nachrichtenwerttheorie wandte man sich von der Prämisse der quasi objektiv in der Realität vorhandenen Ereignismerkmale ab; die Nachrichtenwerte wurden nun in einer konstruktivistischen Perspektive stärker als Selektionsregeln interpretiert (Schulz 1976; Staab 1990).

Organisations- / Institutionssphäre. Individuelle Präferenzen, Rollenerwartungen und Selektionsregeln sind wiederum in den institutionell-organisatorischen Kontext des jeweiligen Mediums integriert, wobei nach Tuchman (1977 + 1978) *Produktionsroutinen* aufgrund von technischen und organisatorischen Arbeitsabläufen eine wichtige Rolle spielen. Damit sind Faktoren gemeint wie bspw. die vorhandenen ökonomischen Ressourcen oder der verfügbare Raum für die Berichterstattung. Ebenfalls zu beachten sind auf dieser Ebene Aspekte wie die Zuliefersysteme, der Druck von Interessensgruppen, Einfluss der Werbung oder anderer ökonomischer Faktoren.

Gesellschaftssphäre. Medien operieren schließlich immer in einem spezifischen gesellschaftlichen Kontext, wobei Faktoren wie das Ausmaß der vorhandenen Pressefreiheit, medienpolitische Rahmenbedingungen oder die vorherrschende politische Kultur ebenfalls eine Rolle spielen.

Wie es der Name schon andeutet, befassen sich Theorien der Nachrichtenselektion schwerpunktmäßig mit dokumentarischen Medieninhalten. Wieweit sich diese Ansätze auch auf den fiktionalen Bereich übertragen lassen ist unklar. Festzuhalten ist aber, dass selektions- und produktionsbezogene Fragestellungen im fiktionalen Bereich bedeutend weniger untersucht worden sind und darauf bezogene theoretische Perspektiven noch weitgehend fehlen.

Präsentationsmuster: Bias, Frames und Rituale

Im Vergleich zum Gatekeeping-Prozess sind zur Frage, wie die spezifisch journalistische Thematisierung und Präsentation von Ereignissen verstanden und erklärt werden kann, nur wenige theoretische Perspektiven entwickelt worden.

Nachrichten-Bias bzw. instrumentelle Aktualisierung. Die Nachrichten-Bias-Forschung befasst sich mit der Frage, inwiefern Medienrealität als sekundäre Wirklichkeit in vielen Fällen nicht mit der sog. primären Realität übereinstimmt. *Unausgewogenheit oder Verzerrung* (engl.: bias) als Gegensatz zum Konzept „*Objektivität*" wird dabei meist eingeengt auf die Behauptung, dass der Berichterstattung der Journalisten oder Medien zu einem Ereignis eine implizite oder explizite Bewertung unterliege. Erklärt werden solche Bewertungen einerseits durch Rückgriff auf die Werthaltungen der Journalisten oder die (politische) Linie eines Mediums. Kepplinger (1989b) hat mit seiner *Theorie der instrumentellen Aktualisierung* eine Differenzierung der Bias-Forschung geliefert, indem er davon ausgeht, dass Journalisten in vielen Fällen Ereignisse nicht selbst bewerten. Der trotzdem vorhandene Bias in der Berichterstattung über Konflikte kommt nach ihm dadurch zustande, dass einseitig nur solche Quellen – sog. opportune Zeugen – zitiert werden, welche die eigene Position stützen bzw. in ein vorteilhaftes Licht rücken oder die Gegenposition ablehnen bzw. negativ beleuchten. Mittlerweile sind solche Prozesse der instrumentellen Aktualisierung auch empirisch untersucht worden (Weiss 1985+1989; Hagen 1992).

Frame- bzw. Schema-Theorie. Diese neueren Ansätze (Entman 1993; Scheufele 1999; Reese / Gandy / Grant 2001) sind im Vergleich zum Bias-Ansatz offener formuliert und dementsprechend ist ihr Anwendungsbereich breiter. Zentraler Ausgangspunkt ist die Prämisse, dass Journalisten über ein Ereignis oder Thema immer aus einer bestimmten Perspektive berichten. Je nach dem verwendeten bzw. zugrunde liegendem Frame oder Schema werden gewisse Informationen in den Vordergrund gerückt und zugespitzt, während andere Aspekte weggelassen werden bzw. im Hintergrund bleiben. Gamson / Modigliani (1989) beispielsweise sprechen von sog. „Packages" als durchgehende Argumentationslinien in kontroversen thematischen Diskursen wie der Kernenergie. In verschiedenen qualitativen Inhaltsanalysen sind solche Prozesse des Framings bzw. der Rahmung von Realität untersucht worden (Entman 1991; Dunwoody 1992; Liebes 1992). Methodisch wird freilich oft zu wenig klar, welche Kriterien in einem Text erfüllt sein müssen, um von einem Frame zu sprechen. Neben der inhaltlichen Perspektive des Framings gibt es auch Wissenschafter, welche sog. Media-Frames oder Media-Logics untersuchen. Darunter werden eher die formale Strukturen von Medienberichten verstanden. Peters (1994) unterscheidet in der Wissenschaftsberichterstattung bspw. zwischen Popularisierungs-, Orientierungs-, Kontroverse- und Skandal-Frames. Brosius / Eps (1993) haben sich darüber hinaus am Beispiel der Berichterstattung über die Anschläge gegen Ausländer und Asylsuchenden in Deutschland mit der Frage befasst, inwiefern bestimmte Schlüsselereignisse die journalistischen Selektionskriterien und den Framing-Prozess verändern können.

Ritualistische Perspektive und Narrativität. In Fortführung der Idee, dass Nachrichten und Medienberichte aufgrund formaler Muster konstruiert sind und dramaturgischen Regeln gehorchen, untersuchte bspw. Fürsich (1994) Fernsehnachrichten aufgrund einer Ritual-Perspektive (Real 1996: 41ff.). Auch Hickethier (1997 I 1998) versucht in seiner qualitativen Analyse, die Strukturen von TV-Nachrichten im Rahmen einer Narrationstheorie zu analysieren. Im Zentrum steht die Überlegung, dass auch dokumentarischen Textsorten wie den Nachrichten dramaturgische Prinzipien unterliegen und sie sich darum an Erzählstrukturen orientieren.

Inhaltsstrukturen: Realismus vs. Konstruktivismus

Zusammenfassend betrachtet zeigen die vorliegenden empirischen Analysen der Strukturen der Medieninhalte, aber auch die zu ihrer Erklärung formulierten theoretischen Perspektiven, dass die Massenmedien in der Regel die Wirklichkeit nicht repräsentieren, sondern eine eigene Medienwirklichkeit nach spezifischen Kriterien konstruieren. Darauf können nach Schulz (1989: 139) auf der

Meta-Ebene zwei verschiedene Antworten gegeben werden, die zwei grundsätzlich verschiedenen erkenntnistheoretischen Positionen entsprechen, die er als „kopernikanische" bzw. „ptolemäische" Standpunkte charakterisiert.

Realismus: Spiegelung, Abbild und Transfer. Nach dem „ptolemäischen" oder realistischen Paradigma ist die primäre Wirklichkeit prinzipiell erkennbar, d.h. es kann darüber mehr oder weniger objektiv berichtet werden. Die Massenmedien werden als „passive" oder „neutrale" Informationskanäle begriffen, deren Aufgabe es ist, die Realität möglichst unbeeinflusst, objektiv und wirklichkeitsgetreu abzubilden. Die Medien werden somit als Spiegel (engl. mirror) der Wirklichkeit begriffen (Bentele 1993: 156ff.). *Methodisch* gesehen versucht man die Abbildungs-Frage durch Inhaltsanalysen zu beantworten, deren Befunde mit sog. „Real-World"-Indikatoren verglichen werden. Untersuchungen (vgl. 2.1.2) gibt es zu verschiedensten Themen wie Gewalt, Kriminalität, Darstellungen von Frauen, Minoritäten, Politiker-Images, Technik-Berichterstattung, politische Demonstrationen etc. (vgl. Kap. 2.1.2).

Konstruktivismus, Prägung und Kontrolle. Nach dem „kopernikanischen" Paradigma können Medien und Realität gar nicht sauber getrennt werden, weil Medien als Beobachter immer schon integraler Bestandteil der Gesellschaft sind. Nur schon durch ihre blosse Anwesenheit verändern sie durch Prozesse der Rückkoppelung die Realität (Lang / Lang 1953: McArthur Day Studie). Es gibt somit keine prinzipielle Trennung zwischen sekundärer Medienwirklichkeit und primärer Realität. Vielmehr gibt es unterschiedlichste gesellschaftliche Instanzen, die ihre je eigene Weltsicht konstruieren und kommunizieren sowie auch das Publikum zu beeinflussen (engl.: molder) versuchen. Es macht darum prinzipiell keinen Sinn, die Medienrealität mit Indikatoren einer sog. primären Wirklichkeit zu vergleichen. Möglich ist nur, die hinter der Medienrealität stehenden und diese konstituierenden Konstruktionsprinzipien aufzudecken.

Wirkungsperspektive

Die Selektion von Medieninhalten und die journalistische Konstruktion von Medienrealität interessiert die Publizistikwissenschaft nicht zuletzt darum, weil davon ausgegangen wird, dass die Medienbotschaften bei den Rezipienten zu bestimmten Wirkungen führen. Im Folgenden soll die Frage nach den Medienwirkungen aber nur insoweit kurz skizziert werden, als dabei je nach theoretischer Perspektive (Bonfadelli 2001; Brettschneider 2000) andere Facetten der Medieninhalte von Bedeutung sind: In der Agenda-Setting- oder Kultivierungs-Theorie ist beispielsweise die *Frequenz*, mit der über ein Thema wie Gewalt berichtet wird, für allfällige Medienwirkungen entscheidend, während in der Schweigespiralen-Theorie zusätzlich die *Konsonanz* der Berichterstattung sowie deren Sichtbarkeit als *Öffentlichkeitseffekt* eine Rolle spielen. Bei den verschiedenen Konsistenz-Theorien sind wiederum die Bewertungen als Bias ausschlaggebend. Medienframes dagegen können mehr oder weniger mit den kognitiven Schemata bei den Rezipienten übereinstimmen, d.h. der Rezeptionsprozess wird als aktiv und schema-gesteuert verstanden und analysiert.

2.3 Methoden: Analyseinstrumente

In der Publizistik- bzw. Medienwissenschaft sind seit den 50er Jahren eine Vielzahl bewährter sowohl standardisierter und quantifizierender (Schrott / Lanou 1994; Merten 1995; Früh 2001) als auch qualitativer Instrumente (Hijmans 1996) zur Analyse von Medieninhalten entwickelt worden.

2.3.1 Quantifizierende Instrumente der Inhaltsanalyse

Klassische Inhaltsanalyse. Der große Stellenwert der *quantitativen Inhaltsanalyse* in der Publizistikwissenschaft ist nach wie vor unbestritten. Nur diese Methode erlaubt *verlässliche* und *quantifizierende* Aussagen über *große Textmengen,* welche für die Massenmedien typisch sind. Dazu sind repräsentative Stichproben notwendig, die sowohl den Vergleich zwischen verschiedenen Medien oder Medienangeboten als auch Trendaussagen im Zeitverlauf ermöglichen. Die Verlässlichkeit wird methodisch garantiert durch das *standardisierte* Vorgehen, indem *systematisch* bei allen Untersuchungseinheiten (bspw. ganze Zeitungsausgaben, einzelne Artikel, Bilder, Akteure, Wertungen) aufgrund eines expliziertem *Kategorienrasters* auf die gleiche Weise bestimmte Merkmale erhoben und als Themenfrequenzen oder Wertungstendenzen ausgewertet werden. Trendmäßig macht sich einerseits eine verstärkte Anwendung elektronischer Inhaltsanalysen (Galliker / Pousaz 2000) bemerkbar, andererseits wird in der angewandten Forschung die öffentlichkeitsrelevante Medienberichterstattung bspw. in Deutschland, aber zunehmend auch in der Schweiz systematisch in Form eines sog. Media-Monitorings (Brettschneider 2000) überwacht.

Die *Zuverlässigkeit bzw. Reliabilität* von quantitativen Inhaltsanalysen geht zum Teil zu Lasten einer eingeschränkten *Gültigkeit bzw. Validität.* Beschränkt sich doch die Analyse einerseits nur auf *manifeste Inhalte,* andererseits wird die Häufigkeit des Auftretens von Themen, Akteuren oder Wertungen meist mit deren Bedeutung gleichgesetzt. Kritisiert wird aus einer ideologiekritischen Perspektive, dass den *Abwesenheiten* – Worüber wird nicht berichtet? – und den *Latenzen* – Was wird zwischen den Zeilen gesagt? – sowie den *Singularitäten* als wichtigen Einzelfällen in der traditionellen Inhaltsanalyse zu wenig Bedeutung beigemessen werde. Ebenfalls werde der *Kontext* der Aussagenentstehung sowie der Aussagenrezeption vernachlässigt, was die Gültigkeit und Relevanz vieler Inhaltsanalysen beschränken würde (Ritsert 1973; Baacke 1977). **Weitere Instrumente.** Neben der klassischen Inhaltsanalyse sind in der Publizistikwissenschaft weitere standardisierte und eher quantifizierende Instrumente entwickelt worden, etwa im Bereich der Analyse und Evaluation von Medienleistungen und Medienqualität.

2.3.2 Qualitative Verfahren der Textanalyse

Trotz Dominanz der Methode der quantifizierenden Inhaltsanalyse wurde diese immer wieder in verschiedener Hinsicht kritisiert (Rust 1980). Schon 1952 wies bspw. Siegfried Kracauer auf Beschränkungen hin, die durch Überbetonung eines rein quantifizierenden Vorgehens entstehen, das den Kontext vernachlässige, der für die Generierung komplexer Bedeutungsmuster wichtig sei.

In den 70er Jahren waren es *neomarxistische Medienwissenschafter,* welche die qualitative Inhaltsanalyse als Instrument der *Ideologiekritik* weiterentwickelt haben wie bspw. Ritsert (1972) oder der Reader „Produktanalysen" von Prokop (1977). Im Unterschied zur Beachtung von „Frequenzen" in der quantifizierenden Inhaltsanalyse muss nach den Postulaten der ideologiekritischen Textanalyse neben der Betonung des Kontexts (1) als übergreifendes Sinnmuster auch auf Latenzen (2), Singularitäten (3) und Präsenzen (4) geachtet werden.

Etwa gleichzeitig werden sowohl *linguistisch-semiotische* Perspektiven (Fühlau 1981) als auch *formal-gestalterische Bild- / Filmanalysen* in der Publizistikwissenschaft stärker rezipiert. Aber erst in den 80er und 90er Jahren haben sich im Gefolge der sog. *Cultural Studies* unterschiedlichste qualitative Ansätze der Textanalyse auch in der Mainstream-Forschung stärker durchgesetzt: Ritual-, Frame-, Diskursanalysen (Manning / Cullum-Swan 1994).

Angesichts der Vielfalt an theoretischen Perspektiven und angewandten Instrumenten ist ein konsistenter Überblick kaum möglich. Die verschiedenen *qualitativen Verfahren der Textanalyse* können je nach der unterliegenden eher theoretischen oder methodologischen Perspektive unterschiedlich gruppiert werden und überschneiden sich zum Teil auch mehr oder weniger stark (vgl. Berger 1995; Real 1996; Hijmans 1996; Deacon u.a. 1999), wie Abb. 12 illustriert.

Quasi quer zu den ersten drei Rastern in Abb. 12 gruppieren Deacon u.a. (1999) die qualitativen Instrumente nicht nach ihrer theoretischen Ausrichtung, sondern nach den je spezifischen Untersuchungsobjekten in 1) „Analyzing Text", 2) „Interpreting Images", 3) „Attending to Talk / Taking Talk Apart", d.h. in Text-, Bild- und Gesprächsanalysen. – Nachfolgend soll in einem ersten Schritt kurz skizziert werden, worin die Zielsetzungen und Vorgehensweisen einzelner dieser qualitativen Zugriffe auf Medieninhalte bestehen. Detaillierter wird dann in den folgenden Kapiteln dieses Bandes auf eine Auswahl einzelner Instrumente (vgl. mcs the media and communication studies site 2001) eingegangen.

Abb. 12: Typologien qualitativer Ansätze zur Analyse von Medientexten			
Hijmans 1996	**Berger 1995**	**Real 1996**	**Deacon u.a. 1999**
Semiotische Analyse	Semiotische Interpretation	Rezeptionsanalyse	Texte analysieren
Narrative Analyse	Psychoanalytische Interpretation	Textuelle Analyse	
Diskursanalyse	Marxistische Interpretation	Produktion / Hegemonie	Gespräche verstehen
Rhetorische Analyse	Soziologische Interpretation		
	Feministische Interpretation	Gender Analyse	
Interpretative Analyse	Ästhetische Interpretation	Postmoderne Ästhetik	Bilder interpretieren
	Mythologische Interpretation	Historisch-ethische Analyse	

Semiotische Analyse. Die Semiotik hat sich als eigene wissenschaftliche Disziplin auf der Basis der Werke von Charles Sanders Peirce (1839-1914) und Ferdinand de Saussure (1857-1913) anfangs des 20. Jh. etabliert. Semiotik, die allgemeine Theorie der Zeichen und Zeichensysteme, grenzt sich insofern von der Linguistik ab, als dass sie nicht nur sprachliche Zeichen – Laute und Schrift – untersucht, sondern alles, was sich irgendwie auf ein Objekt bezieht und eine „Bedeutung" hat. Die Semiotik interessiert sich also für Kommunikation mittels Zeichen und untersucht alle kulturellen Vorgänge als Kommunikationsprozesse. Seit den 70er Jahren werden vermehrt auch Inhalte der Massenmedien aus semiotischer Perspektive betrachtet (Nöth 2000). Insbesondere zur *Analyse von (bewegten) Bildern* eignen sich semiotische Ansätze. Aber auch *Werbebotschaften* und die *Konstruktion von Gender* in den Massenmedien (van Zoonen 1994) sind geeignete Untersuchungsgegenstände, gerade weil viele Botschaften durch Zeichen, Metaphern, Symbole, Slogans und / oder bloße Andeutungen vermittelt werden. Es ist das Ziel von semiotischen Analysen, solche latenten Bedeutungen – *Konnotationen* – und gegenseitige Verweise von Texten auf- und untereinander – *Intertextualität* – aufzudecken.

Diskurs- und Gesprächsanalyse. Während in der Semiotik die latenten Bedeutungen von Zeichen zentral sind, stehen die manifesten linguistischen Charakteristika von Texten in den Diskursanalysen (van Dijk 1983+1991a+b; Jäger 1993; Fairclough 1995; Bell / Garrett 1998) im Zentrum. Der Begriff „Diskurs" wird allerdings sehr unterschiedlich gebraucht und dementsprechend vielfältig sind die Formen der Diskursanalyse. Untersucht wird aber meist, *wie* Medienaussagen aufgebaut sind, d.h. bspw. welche Metaphern, rhetorischen Strategien (Windisch 1993) und Argumentationsmuster benutzt werden. Aufgedeckt werden soll vor allem in der *politischen Sprache,* mit welchen sprachlichen und sonstigen propagandistischen Mitteln Kommunikatoren versuchen, welche Botschaften mit welchen ideologischen Inhalten welchen Zielgruppen möglichst effektiv zu kommunizieren. Im Unterschied dazu befassen sich *Gesprächs- oder Dialoganalysen* mit den spezifischen Redekonstellationen und Gesprächsverläufen von Fernseh- und Radiogesprächen (Burger 1991).

Cultural Studies Perspektive. Obwohl die Cultural Studies sich seit den 70er Jahren mit der Analyse von populärkulturellen Medieninhalten befassen (Fiske 1987; Real 1996), haben sie im deutschsprachigen Raum in den Sozialwissenschaften erst vereinzelt Resonanz gefunden (Holly / Püschel 1993; Hepp 1999). *Kultur* wird in den Cultural Studies als „practice of everyday living" gesehen. Alle Errungenschaften der menschlichen Gesellschaft, seien es Waren des alltäglichen Gebrauchs, Fernsehsendungen wie die Soap Opera „Dallas" oder reine Symbole, können als Text verstanden werden, der gelesen und interpretiert werden kann und etwas aussagt über die Ideale, Sehnsüchte, Ängste, Rollenbilder oder Machtverhältnisse einer Gesellschaft oder Gruppe. In methodischer Hinsicht finden dabei unterschiedliche Verfahren Anwendung, so auch semiotische Instrumente oder die Diskursanalyse. Entscheidend ist, dass ein Text aus der Sicht der Cultural Studies *nicht unabhängig vom Rezipienten* verstanden werden kann. Texte sind dementsprechend *polysemisch* und es ist die Aufgabe der Cultural Studies die spezifischen Leseweisen – dominant-hegemonial vs. ausgehandelt vs. oppositionell – herauszuarbeiten, welche Texte suggerieren. Von Bedeutung sind immer auch Fragen nach den konkreten *Machtverhältnissen,* welche durch ideologische Texte gestützt oder untergraben werden.

Gender Perspektive. Der Impuls, Medieninhalte unter einer Geschlechterperspektive zu analysieren, ging von der Frauenbewegung der 1970er Jahre aus, die in der medialen Stereotypisierung von Frauen und der Fixierung auf traditionelle Leitbilder ein Hindernis für ihre Gleichstellung in der Gesellschaft sah.

Seitdem hat sich die sozialwissenschaftliche Frauenforschung erweitert, und der in einer ersten Phase aktuelle Gleichheitsansatz wurde in den 80er Jahren durch den sog. Differenzansatz ergänzt (Fröhlich / Holtz-Bacha 1995; Klaus 1998). Solche Fragen werden nicht nur mittels der quantitativen Inhaltsanalyse angegangen. Untersucht wird vermehrt auch mittels qualitativer semiotischer Analyseinstrumente, aber auch im Rahmen der „Cultural Studies" - Perspektive, wie im Alltag und in den Medien „Geschlecht" bzw. „Geschlechterunterschiede" tagtäglich neu geschaffen werden.

2.3.3 Ein Raster der Analyseinstrumente

Die oben skizzierten Analyseinstrumente der Medieninhaltsforschung sollen abschließend in einem Raster verortet werden, der zugleich auch die Grobstruktur für den weiteren Aufbau dieses Lehrbuchs liefert (vgl. Abb. 13), aber selbstverständlich nicht beansprucht, erschöpfend zu sein. Es handelt sich vielmehr um eine bewusst selektive Auswahl von Verfahren, die in der Publizistik-, aber auch in der Medienwissenschaft gebräuchlich sind.

In einem ersten Teil werden die *standardisierend-quantifizierenden Instrumente der Medieninhaltsforschung* vorgestellt. Sie können unterteilt werden nach ihrer hauptsächlichen Ausrichtung in Verfahren, 1) die eher deskriptiv angelegt sind, indem die Aufmerksamkeit den Themen-, Raum, Zeit-, Akteurs- und Gestaltungsstrukturen der Medieninhalte gilt. Diese sollen festgestellt und in ihren Strukturen im *intermedialen Vergleich* hinsichtlich Ähnlichkeit oder Unterschieden oder im *Zeitverlauf* bezüglich Stabilität oder Wandel beschrieben werden. 2) In Abgrenzung dazu gibt es Inhaltsanalyseinstrumente wie die Input-Output-Analysen, die Nachrichtenfaktorenforschung oder Verständlichkeitsanalysen, die stärker *erklärend* angelegt sind, entweder in Bezug auf die Kommunikatoren oder auf die Rezipienten. 3) Schließlich gibt es noch Instrumente, deren Hauptzielsetzung in der *Evaluation* von Medieninhalten besteht, entweder in einer eher medienpraktischen Absicht wie bei den sog. „Media Performance"-Analysen oder eher in kritischer Ausrichtung wie bspw. bei der Bias-Forschung oder bei Vergleichen zwischen primärer und sekundärer Medienrealität. – In der konkreten Forschung ist es allerdings oft der Fall, dass alle drei Momente, wenngleich in unterschiedlicher Gewichtung, eine Rolle spielen können.

Ein zweiter Teil ist den *qualitativen Verfahren der Textanalyse* (vgl. Titscher u.a. 1998) gewidmet, besteht doch ein erklärtes Ziel der vorliegenden Einführung darin, diese Verfahren auch für den Bereich der Publizistikwissenschaft fruchtbar zu machen. Allerdings ist deren Gruppierung bzw. Typologisierung schwieriger (vgl. Abb. 12), insbesondere auch darum, weil es sich eher um

Analyseperspektiven und weniger um einzelne klar abgegrenzte Analyseinstrumente handelt, wobei 1) die *Frame-Theorie* als publizistikwissenschaftliche Perspektive am homogensten ist. 2) Den verschiedenen Formen der *Diskursanalyse* aus der Perspektive der Linguistik, aber auch den *Textanalysen* bspw. aus einer Gender-Perspektive unterliegt meist eine ideologiekritische Absicht. 3) Besonders viele der in qualitativen Textanalysen wie der Semiotik, der Diskursanalyse oder den Cultural Studies verwendeten Instrumente stammen aus der *Linguistik*, wobei Rhetorik und Gesprächsanalysen einen prominenten Platz einnehmen. 4) Schließlich bilden die Textanalysen aus der Cultural Studies - Tradition eine weitere Perspektive, wobei hier sowohl linguistische als auch semiotische und ideologiekritische Elemente benutzt werden.

Abb. 13: Raster der Analyseinstrumente	
Inhalte zählen und bewerten – standardisierte quantifizierende Instrumente	
deskriptiv	Themen-, Zeit-, Akteurs- und Gestaltungsstrukturen
erklärend	Nachrichtenfaktoren, Verständlichkeit
evaluierend	Medien Bias Forschung, Realitätsvergleich, Media Performance
Texte verstehen – qualitative Perspektiven der Textanalyse	
Publizistikwissenschaft	Frame- / Schema-Theorie
Ideologiekritik	Rhetorik, Diskursanalyse, Gender Studies
Linguistik	Mediensprache, Dialog-, Gesprächs- und Diskursanalysen
Semiotik	Bildanalysen, Werbung, Gender Studies
Cultural Studies	Rituale, Narrativität, Rezeptionsanalysen
Rezeption und Effekte von Medientexten eruieren	
Publizistikwissenschaft	Input-Output Analysen, Medienresonanz, Rezeptionsanalysen

Ein dritter Teil schließlich beinhaltet inhaltsbezogene Instrumente, welche die *Rezeption und Effekte von Medieninhalten und Medientexten* zu eruieren versuchen. Behandelt werden Input-Output-Analysen bzw. Resonanzanalysen, aber auch Rezeptionsanalysen.

Literatur

Medientheorien: Übersichten

Bennett, Tony (1982): Theories of the Media, Theories of Society. In: Gurevitch, Michael / Bennett, Tony / Curran, James / Woolacott, Janet (Hg.): Culture, Society and the Media. London, S. 30-55.

Bentele, Günter / Rühl, Manfred (Hg.) (1993): Theorien öffentlicher Kommunikation. München.

Burkart, Roland (1997): Publizistikwissenschaftliche Basistheorien: Eine Annäherung aus drei Perspektiven. In: Bonfadelli, Heinz / Rathgeb, Jürg (Hg.): Publizistikwissenschaftliche Basistheorien und ihre Praxistauglichkeit. IPMZ: Zürich, S. 51-66.

Curran, James / Gurevitch, Michael / Woolacott, Janet (1982): The Study of the Media. Theoretical Approaches. In: Gurevitch, Michael / Bennett, Tony / Curran, James / Woolacott, Janet (Hg.): Culture, Society and the Media. London, S. 11-29.

Faulstich, Werner (1991): Medientheorien. Einführung und Überblick. Göttingen.

Hickethier, Werner (1991): Überlegungen zur Konstruktion einer Fernsehtheorie. In: Hickethier, Werner / Schneider, Imela (Hg.): Fernsehtheorien. Berlin, 15-27.

Kloock, Daniela / Spahr, Angela (1997): Medientheorien. Eine Einführung. München.

Kübler, Hans-Dieter (2000): Mediale Kommunikation. Tübingen.

McQuail, Denis (2001): Mass Communication Theory. Kap. „Theory of Media and Theory of Society". London u.a., S. 60-90.

Pias, Klaus u.a. (1999): Kursbuch Medienkultur. Die maßgeblichen Theorien von Brecht bis Baudrillard. Stuttgart.

Rosengren, Karl Eric: Mass Media and Social Change: Some Current Approaches. In: Katz, Elihu / Szecskö, Tamas (Hg.): Mass Media and Social Change. Beverly Hills 1981, S. 247-263.

Saxer, Ulrich (1999): Medienwissenschaft I: Grundlagen. In: Leonhard, Joachim-Felix u.a. (Hg.): Medienwissenschaft. Ein Handbuch zur Entwicklung der Medien und Kommunikationsformen. Berlin / New York, S. 1-14.

Schulz, Winfried (1989): Massenmedien und Realität. Die „ptolemäische" und die „kopernikanische" Auffassung. In: Kaase, Max / Schulz, Winfried (Hg.): Massenkommunikation. Theorien, Methoden, Befunde. Sonderheft der Kölner Zeitschrift für Soziologie und Sozialpsychologie. Opladen, S. 135-149.

Shoemaker, Pamela / Reese, Stephen D. (1996): Mediating the Message. Theories of Influences on Mass Media Content. White Plains, NY.

Massengesellschaft und Kulturkritik

Anders, Günter (1961): Die Antiquiertheit des Menschen. München.

Bourdieu, Pierre (1998): Über das Fernsehen. Frankfurt a.M..

Postman, Neil (1985): Wir amüsieren uns zu Tode. Urteilsbildung im Zeitalter der Unterhaltungsindustrie. Frankfurt a.M..

Marxistische und neomarxistische Perspektiven

Horkheimer, Max / Adorno, Theodor W. (1947): Dialektik der Aufklärung. Amsterdam.

Gitlin, Todd (1978): Media Sociology: The Dominant Paradigm. In: Theory and Society, 6, S. 205-253.

Murdock, Graham / Golding, Peter (1995): For a Political Economy of Mass Communication. In: Boyd-Barrett / Newbold, Chris (Hg.): Approaches to Media. A Reader. London / New York, S. 201-215.

Hall, Stuart (1982): The Rediscovery of „Ideology": Return of the Repressed in Media Studies. In: Gurevitch, Michael / Bennett, Tony / Curran, James / Woolacott, Janet (Hg.): Culture, Society and the Media. London, S. 56-90.

Schiller, Herbert (1995): The International Commercialization of Broadcasting. In: Boyd-Barrett / Newbold, Chris (Hg.): Approaches to Media. A Reader. London / New York, S. 193-200.

Strukturfunktionalismus und Systemtheorie

Luhmann, Niklas (1995): Die Realität der Massenmedien. Opladen.

Saxer, Ulrich (1974): Funktionen der Massenmedien in der modernen Gesellschaft. In: Kurzrock, Rupert (Hg.): Medienforschung. Berlin, S. 22-33.

Saxer, Ulrich (1993): Fortschritt als Rückschritt? Konstruktivismus als Epistemologie einer Medientheorie. In: Bentele, Günter / Rühl, Manfred (Hg.): Theorien öffentlicher Kommunikation. München, S. 65-73.

Schmidt, Siegfried (1993): Kommunikation – Kognition – Wirklichkeit. In: Bentele, Günter / Rühl, Manfred (Hg.): Theorien öffentlicher Kommunikation. München, S. 105-117.

Wright, Charles R. (1964): Functional Analysis of Mass Communication. In: Dexter, L.A. / White, D.H. (Hg.): People, Society and Mass Communication. Glencoe / London, S. 91-109.

Mediendeterministisch-postmoderne Ansätze

Baudrillard, Jean (1991): Videowelt und fraktales Subjekt. In: Aisthesis. Wahrnehmung heute oder Perspektiven einer anderen Ästhetik. Leipzig, S. 252-264.

Lyotard, François (1986): Das postmoderne Wissen. Ein Bericht. Wien.
McLuhan, Marshall (1962): The Gutenberg Galaxy. Toronto.
McLuhan, Marshall (1964): Understanding Media. New York.
Virilio, Paul (1992): Rasender Stillstand. München / Wien.

Zeichentheoretisch-semiotische Ansätze und Cultural Studies

Fiske, John (1987): Television Culture. London / New York.
Hepp, Andreas (1999): Cultural Studies und Medienanalyse. Eine Einführung. Opladen / Wiesbaden.
Real, Michael (1996): Exploring Media Culture. A Guide. Thousand Oaks / London / New Delhi.
Saxer, Ulrich (1981): Thesen zum Verhältnis von Semiotik und Publizistikwissenschaft. In: Bentele, Günter (Hg.): Semiotik und Massenmedien. München, S. 39-49.

Theorien der Informationsgesellschaft und Cyber-Society

Bell, Daniel (1989): Die nachindustrielle Gesellschaft. Frankfurt a.M. / New York.
Jarren, Otfried (1998): Medien, Mediensystem und politische Öffentlichkeit im Wandel. In: Sarcinelli, Ulrich (Hg.): Politikvermittlung und Demokratie in der Mediengesellschaft. Wiesbaden, S. 74-94.
Münch, Richard (1995): Dynamik der Kommunikationsgesellschaft. Frankfurt.
Sarcinelli, Ulrich (1998): Politikvermittlung und Demokratie: Zum Wandel der politischen Kommunikationskultur. In: ders. (Hg.): Politikvermittlung und Demokratie in der Mediengesellschaft. Wiesbaden, S. 11-23.
Saxer, Ulrich (1998): Mediengesellschaft: Verständnisse und Missverständnisse. In: Sarcinelli, Ulrich (Hg.): Politikvermittlung und Demokratie in der Mediengesellschaft. Wiesbaden, S. 52-73.

Medientheoretische Fragestellungen und Anwendungen

Assmann, Aleida / Assmann, Jan: Das Gestern im Heute. Medien und soziales Gedächtnis. In: Merten, Klaus / Schmidt, Siegfried / Weischenberg, Siegfried (Hg.): Die Wirklichkeit der Medien. Opladen 1994, S. 115-140.
Becker, Lee B. / Schönbach, Klaus (Hg.): Audience Responses to Media Gratifications. Hillsdale N.J. 1989.
Bonfadelli, Heinz / Meier, Werner A.: Kleinstaatliche Strukturprobleme einer europäischen Medienlandschaft. Das Beispiel Schweiz. In: Jarren, Otfried (Hg.): Medienwandel – Gesellschaftswandel? 10 Jahre dualer Rundfunk in Deutschland. Berlin 1994, S. 69-90.

Cohen, Akiba A. (1976): Radio vs. TV: The Effect of the Medium. In: Journal of Communication, 26, S. 29-35.

Dobal, Raoul / Werner, Andreas (1997): Das World Wide Web aus funktionalistischer Sicht. In: Ludes, Peter / Werner, Andreas (Hg.): Multimedia-Kommunikation. Opladen, S. 105-122.

Doelker, Christian (1998): Multimedia ist Multicode. In: Pfammatter, René (Hg.): Multi Media Mania. Reflexionen zu Aspekten neuer Medien. Konstanz, S. 37-44.

Holly, Werner / Biere, Bernd Ulrich (Hg.) (1998): Medien im Wandel. Opladen / Wiesbaden.

Katz, Elihu / Haas, Hadassah (1995): Kultur und Kommunikation im heutigen Israel: eine Wiederholungsstudie nach 20 Jahren. In: Franzmann, Bodo u.a. (Hg.): Auf den Schulten von Gutenberg. Berlin / München, S. 196-201.

Lang, Kurt / Lang, Gladys (1973): McArthur Day in Chicago: Die Einseitigkeit des Fernsehens und ihre Wirkungen. In: Aufermann, Jörg / Bohrmann, Hans / Sülzer, Rolf (Hg.): Gesellschaftliche Kommunikation und Information 2. Frankfurt a.m., S. 498-525.

Lazarsfeld, Paul / Merton, Robert (1973): Massenkommunikation, Publikumsgeschmack und organisiertes Sozialverhalten. In: Aufermann, Jörg / Bohrmann, Hans / Sülzer, Rolf (Hg.): Gesellschaftliche Kommunikation und Information 2. Frankfurt a.m., S. 447-470.

Merten, Klaus (1994): Evolution der Kommunikation. In: Merten, Klaus / Schmidt, Siegfried / Weischenberg, Siegfried (Hg.): Die Wirklichkeit der Medien. Opladen, S. 141-187.

Münker, Stefan / Roesler, Alexander (Hg.) (1997): Mythos Internet. Frankfurt a.M..

Reeves, Byron / Nass, Clifford (1996): The Media Equation. How People Treat Television, and New Media Like Real People and Places. Stanford / Cambridge.

Saxer, Ulrich (1975): Das Buch in der Medienkonkurrenz. In: Göpfert, H.G. u.a. (Hg.): Lesen und Leben. Frankfurt a.M., S. 206-243.

Schrape, Klaus (1996): Wie wird sich die künftige Medien- und Kommunikationslandschaft entwickeln? Prognos: Basel.

Sturm, Hertha (1989): Wissensvermittlung und Rezipient: Die Defizite des Fernsehens. In: Bertelsmann-Stiftung (Hg.): Wissensvermittlung, Medien und Gesellschaft. Gütersloh, S. 47-76.

Sturm, Hertha (1987): Das „Wie" der Präsentation. Methoden und Ergebnisse zu Wirkungen der formalen medienspezifischen Angebotsweisen. In: Grewe-Partsch, Marianne / Groebel, Jo (Hg.): Mensch und Medien. München u.a., S. 33-41.

Walma van der Molen, Juliette / van der Voort, Tom (1998): Children's Recall of the News: TV News Stories Compared with Three Print Versions. In: ETR&D, 46(1), S. 39-52.

Werner, Andreas (1997): Rahmenbedingungen der Multimediaentwicklung. In: Ludes, Peter / Werner, Andreas (Hg.): Multimedia-Kommunikation. Opladen, S. 123-137.

Medieninhalte: theoretische Perspektiven

Bonfadelli, Heinz (2001): Medienwirkungsforschung I: Grundlagen und theoretische Perspektiven. Konstanz.

Bentele, Günter (1993): Wie wirklich ist die Medienwirklichkeit? Einige Anmerkungen zum Konstruktivismus und Realismus in der Kommunikationswissenschaft. In: Bentele, Günter / Rühl, Manfred (Hg.): Theorien öffentlicher Kommunikation. München, S.152-171.

Entman, Robert M. (1993): Framing: Toward Clarification of a Fractured Paradigm. In: Journal of Communication, 43(4), S. 51-58.

Donsbach, Wolfgang (1987): Journalismusforschung in der Bundesrepublik: Offene Fragen trotz „Forschungsboom". In: Wilke, Jürgen (Hg.): Zwischenbilanz der Journalistenausbildung. München, S. 105-142.

Dunwoody, Sharon (1992): The Media and Public Perceptions of Risk: How Journalists Frame Risk Stories. In: Bromley, Daniel / Segerson, Kathleen (Hg.): The Social Response to Environmental Risk. Boston / Dordrecht / London, S. 75-100.

Fürsich, Elfriede (1994): Fernsehnachrichten als Ritual. Ein neuer Ansatz zur Interpretation. In: Publizistik, 39(1), S. 27-57.

Galtung, Johan / Ruge, Mari Holmboe (1965): The Structure of Foreign News. The Presentation of the Congo, Cuba and Cyprus Crises in Four Norwegian Newspapers. In: Journal of Peace Research, 2, S. 64-91.

Gamson, William / Modigliani, Andre (1989): Media Discourse and Public Opinion on Nuclear Power: A Constructionist Approach. In: American Journal of Sociology, 95(1), S. 1-37.

Hagen, Lutz (1992): Die opportunen Zeugen. Konstruktionsmechanismen von Bias in der Zeitungsberichterstattung über die Volkszählungsdiskussion. In: Publizistik, 37(4), S. 444-460.

Hickethier, Knut (1998): Narrative Navigation durchs Weltgeschehen. Erzählstrukturen in Fernsehnachrichten. In: Kamps, Klaus / Meckel, Myriam (Hg.): Fernsehnachrichten. Prozesse, Strukturen, Funktionen. Opladen / Wiesbaden, S. 185-202.

Hickethier, Knut (1997): Das Erzählen der Welt in den Fernsehnachrichten. Überlegungen zu einer Narrationstheorie der Nachricht. In: Rundfunk und Fernsehen, 45, S. 5-18.

Kepplinger, Hans Mathias (1989b): Instrumentelle Aktualisierung. Grundlagen einer Theorie publizistischer Konflikte. In: Kaase, Max / Schulz, Winfried (Hg.): Massenkommunikation. Opladen, S. 199-220.

Liebes, Tamar (1992): Our War / Their War: Comparing the Intifadah and the Gulf War on U.S. and Israel Television. In: Critical Studies of Mass Communication, 9, S. 44-55.

Östgaard, Einar (1965): Factors Influencing the Flow of the News. In: Journal of Peace Research, 2, S. 39-63.

Peters, Hans Peter (1994): Wissenschaftliche Experten in der öffentlichen Kommunikation über Technik, Umwelt und Risiken. In: Sonderheft „Öffentlichkeit, öffentliche Meinung, soziale Bewegungen" der Kölner Zeitschrift für Soziologie und Sozialpsychologie, 34, S. 162-190.

Real, Michael (1996): Exploring Media Culture. A Guide. Thousand Oaks / London / New Delhi.

Reese, Stephen D. / Gandy, Oscar H. / Grant, August E. (Hg.) (2001): Framing Public Life. Perspectives on Media and Our Understanding of the Social World. Mahwah, N.J. 2001.

Scheufele, Dietram (1999): Framing as a Theory of Media Effects. In: Journal of Communication, 49(1), S. 103-122.

Schulz, Winfried (1989): Massenmedien und Realität. Die „ptolemäische" und die „kopernikanische" Auffassung. In: Kaase, Max / Schulz, Winfried (Hg.): Massenkommunikation. Theorien, Methoden, Befunde. Sonderheft der Kölner Zeitschrift für Soziologie und Sozialpsychologie. Opladen, S. 135-149.

Schulz, Winfried (1976): Die Konstruktion von Realität in den Nachrichtenmedien. Freiburg / München.

Shoemaker, Pamela / Reese, Stephen D. (1996): Mediating the Message. Theories of Influences on Mass Media Content. White Plains, New York.

Staab, Joachim (1990): Nachrichtenwert-Theorie. Formale Struktur und empirischer Gehalt. München.

Tuchman, Gaye (1978a): Making News. A Study in the Construction of Reality. NY.

Tuchman, Gaye (1977): The Exception Proves the Rule. The Study of Routine News Practice. In: Hirsch, P. / Miller, P. / Kline, G.F. (Hg.): Strategies for Communication Research. Beverly Hills, CA, S. 43-62.

Weiss, Hans-Jürgen (1989): Öffentliche Streitfragen und massenmediale Argumentationsstrukturen. Ein Ansatz zur Analyse der inhaltlichen Dimension im

Agenda-Setting Prozess. In: Kaase, Max / Schulz, Winfried (Hg.): Massen-kommunikation. Opladen, S. 473-489.

Weiss, Hans-Jürgen (1985): Die Tendenz der Berichterstattung und Kommen-tierung der Tagespresse zur Neuordnung des Rundfunkwesens in der Bun-desrepublik Deutschland. Ergebnisse einer quantitativen Inhaltsanalyse. In: Media Perspektiven, (12), S. 845-866.

Inhaltsanalyse vs. Textanalyse allgemein

Baacke, Dieter (1977): Produktanalysen und Rezipienten, oder: kritische Me-dien-Analyse, bis heute für sich geblieben. In: Prokop, Dieter (Hg.): Mas-senkommunikationsforschung 3: Produktanalysen. Frankfurt a.M., S. 9-31.

Bell, Allan / Garrett, Peter (Hg.) (1998): Approaches to Media Discourse. Oxford / Maldon, Mass.

Berger, Arthur Asa (1995): Essentials of Mass Communication Theory. Kap. „The Artwork (or Text)". Thousand Oaks / London / New Delhi, S. 27-51.

Best, Stefanie (2000): Der Intra-Extra-Media-Vergleich – ein wenig genutztes Analyseinstrument und seine methodischen Anforderungen. Ein Beitrag zur Nachrichtenwert-Theorie. In: Publizistik, 45(1), S. 51-69.

Brettschneider, Frank (2000): Kontinuierliche Inhaltsanalysen. In: Medien Tenor, Forschungsbericht, Nr. 100, 15. September.

Deacon, David / Pickering, Michael / Golding, Peter / Murdock, Graham (1999): Researching Communications. A Practical Guide to Methods in Me-dia and Cultural Studies. London / New York.

Früh, Werner (2001^5): Inhaltsanalyse. Theorie und Praxis. Konstanz.

Fühlau, Ingunde (1981): Inhaltsanalyse versus Linguistik. In: Analyse & Kritik, 3(1), S. 23-46.

Galliker, Mark / Pousaz, Oliver (2000): Der Realitätsbezug der Printmedien. Zur Wahrnehmung der Schweiz in der New York Times, in der Washington Post und im Daily Telegraph (1993-1999). In: Medienpsychologie, 12(2), S. 117-140.

Hijmans, Ellen (1996): Review Essay. The Logic of Qualitative Media Content Analysis: A Typology. In: Communications 21(1), S. 93-108.

Kracauer, Siegfried (1952): The Challenge of Quantitative Content Analysis. In: Public Opinion Quarterly, 16, 631-642.

Manning, Peter K. / Cullum-Swan, Betsy (1994): Narrative, Content, and Semi-otic Analysis. In: Denzin, N.K. / Lincoln, Y.S. (Hg.): Handbook of Qualita-tive Research. Sage: Thousand Oaks / London / New Delhi, S. 463-477.

mcs the media and communication studies site (2001): Analysis of Media Texts. Auf: www.aber.ac.uk/media/Sections/textan.html (6.5.2002)

Merten, Klaus (1995): Inhaltsanalyse. Einführung in Theorie, Methode und Praxis. Opladen.

Prokop, Dieter (Hg.): Massenkommunikationsforschung 3: Produktanalysen. Frankfurt a.m..

Real, Michael (1996): Exploring Media Culture. A Guide. Thousand Oaks / London / New Delhi.

Ritsert, Jürgen (1972): Inhaltsanalyse und Ideologiekritik. Frankfurt a.m..

Rust, Holger (1980): Qualitative Inhaltsanalyse – begriffslose Willkür oder wissenschaftliche Methode? Ein theoretischer Entwurf. In: Publizistik, 25, S. 5-23.

Schrott, Peter, R. / Lanoue, David J. (1994): Trends and Perspectives in Content Analysis. In: Borg, Ingwer / Mohler, Peter (Hg.): Trends and Perspectives in Empirical Social Research. Berlin / New York, S. 327-334.

Titscher, Stefan / Wodak, Ruth / Meyer, Michael / Vetter, Eva (Hg.) (1998): Methoden der Textanalyse. Leitfaden und Überblick. Wiesbaden.

Einzelne Medieninhaltsanalysen

Albrecht, Milton C. (1956): Does Literature Reflect Common Values? In: American Journal of Sociology, 21, S. 722-729.

Althoff, Martina (1999): Die Wirklichkeit der Medien und die Berichterstattung über Kriminalität. In: Leviathan, 27(4), S. 479-499.

Altmeppen, Klaus-Dieter / Bucher, Hans-Jürgen / Löffelholz, Martin (2000) (Hg.): Online-Journalismus. Perspektiven für Wissenschaft und Praxis. Wiesbaden.

Antunes, George E. / Hurley, Patricia A. (1977): The Representation of Criminal Events in Houston's Two Daily Newspapers. In: Journalism Quarterly, 54, S. 756-760.

Arnheim, Rudolf (1960): The World of the Daytime Serial. In: Schramm, Wilbur (Hg.): Mass Communications. Urbana / Chicago / London, S. 392-411.

Berelson, Bernard / Salter, Patricia (1946): Majority and Minority Americans: An Analysis of Magazine Fiction. In: Public Opinion Quarterly, 10, S. 168-190.

Berghaus, Margot / Staab, Joachim Friedrich (1995): Fernseh-Shows auf deutschen Bildschirmen. Eine Inhaltsanalyse aus Zuschauersicht. München.

Bonfadelli, Heinz / Leonarz, Martina / Süss, Daniel (2001): Medieninhalte. In: Jarren, Otfried / Bonfadelli, Heinz (Hg.): Einführung in die Publizistikwissenschaft. Im Druck. Bern, Stuttgart, Wien.

Bonfadelli, Heinz (1995): Formen der Gewalt im Alltag und in den Medien. In: Amman, Daniel / Doelker, Christian (Hg.): Tatort Brutalo. Gewaltdarstellungen und ihr Publikum. Zürich, S. 40-56.

Borchers, Cornelia / Kühn, Christiane (1991): „Morbus Mohl". Das Thema „Gesundheit" in den Medien. Eine Auswahlbibliographie. Berlin.

Bosch, Eva Maria (1988): Exkurs: Alter in der fiktiven Fernsehrealität – Eine Analyse der Konstruktion von Altersdarstellungen und ihrer Rezeption durch ältere Menschen. In: Eckhardt, J. / Horn, I.: Ältere Menschen und Medien. Eine Studie der ARD/ZDF-Medienkommission. Frankfurt a.M., S. 131-149.

Bosshart, Louis (1993): AIDS: Reden über "Reden über AIDS". In: Bonfadelli, Heinz / Meier, Werner A. (Hg.): Krieg, AIDS, Katastrophen... Gegenwartsprobleme als Herausforderung der Publizistikwissenschaft. Konstanz, S. 95-107.

Brosius, Hans-Bernd / Eps, Peter (1993): Verändern Schlüsselereignisse journalistische Selektionskriterien? Framing am Beispiel der Berichterstattung über die Anschläge gegen Ausländer und Asylanten. In: Rundfunk und Fernsehen, 41(4), S. 512-530.

Brosius, Hans-Bernd / Esser, Frank (1995): Eskalation durch Berichterstattung? Massenmedien und fremdenfeindliche Gewalt. Opladen.

Brosius, Hans-Bernd / Rössler, Patrick (1999): Die soziale Realität in einfacher Pornographie und Softsex-Filmen. Ein Beitrag zur Pornographie-Diskussion. In: Rundfunk und Fernsehen, 47(1), S. 25-42.

Brosius, Hans-Bernd / Staab, Joachim Friedrich (1990): Emanzipation durch Werbung? Die Darstellung von Frauen und Männern in der Anzeigenwerbung des „stern" von 1969-1988. In: Publizistik, 35(3), S. 292-303.

Bruns, Thomas / Marcinkowski, Frank (1996): Konvergenz Revisited. Neue Befunde zu einer älteren Diskussion. In: Rundfunk und Fernsehen, 44, S. 461-478.

Bruns, Thomas / Marcinkowski, Frank (1997): Politische Information im Fernsehen. Eine Längsschnittstudie zur Veränderung der Politikvermittlung in Nachrichten- und politischen Informationssendungen. Opladen.

Buchmann, Marlis / Eisner, Manuel (1999): Freizeit als Element des Lebensstiles und Mittel kultureller Distinktion, 1900 – 1996. In: Honegger, Claudia / Hradil, Stefan / Traxler, Franz (Hg.): Grenzenlose Gesellschaft? Opladen, S. 590-608.

Chory-Assad, Rebecca M. / Tamborini, Ron (2001): Television Doctors: An Analysis of Physicians in Fictional and Non-Fictional Television Programs. In: Journal of Broadcasting & Electronic Media, 45(3), S. 499-521.

Cohen, Shari (1975): A Comparison of Crime Coverage in Detroit and Atlanta Newspapers. In: JQ, 52, S. 726-730.

Cornelissen, Waltraud / Küsters, Kirsten (1990): Zur Rolle der Frau in den Nachrichtensendungen. In: Frauenforschung, 8, S. 108-119.

Davis, Richard / Kubey, Robert (1982): Growing Old on Television. In: Pearl, David / Bouthilet, Lorraine / Lazar, Joyce (Hg.): Television and Behavior. Ten Years of Scientific Progress and Implications for the Eighties. Rockville, Maryland, S. 201-208.

Dayan, Daniel / Katz, Elihu (1992): Media Events: The Live Broadcasting of History. London.

Derwein, Christof (1995): Wie wird Kriminalität in der Presse dargestellt, ist die Darstellung wirklichkeitsfremd, und gibt es Entsprechungen im Vorstellungsfeld der Bevölkerung. Diss. Univ. Frankfurt a.M..

Dickinson, Roger (1990): Beyond the Moral Panic: Aids, the Mass Media and Mass Communication Research. In: Communications, 15(1-2), S. 21-35.

Djupsund, Göran / Carlson, Tom (1998): Trivial Stories and Fancy Pictures? Tabloidization Tendencies in Finnish and Swedish Regional and National Newspapers 1982-1997. In: Nordicom Review, (1), S. 101-113.

Dunwoody, Sharon (1992): The Media and Public Perceptions of Risk: How Journalists Frame Risk Stories. In: Bromley, Daniel / Segerson, Kathleen (Hg.): The Social Response to Environmental Risk. Boston / Dordrecht / London, S. 75-100.

Eckhardt, Josef / Horn, Imme (1995): Fremde Kulturen im Fernsehen. Ergebnisse einer qualitativen ARD/ZDF-Grundlagenstudie. In: Media Perspektiven, 1, S. 2-10.

Entman, Robert M. (1991): Framing U.S. Coverage of International News: Contrasts in Narratives of the KAL and Iran Air Incidents. In: Journal of Communication, 41(4), S. 6-27.

Fröhlich, Romy (1998): Tatort Nachbarschaft: Frauen und Männer als Opfer und Täter in der lokalen Gewaltberichterstattung. In: Publizistik, 43, S. 376-394.

Fröhlich, Romy / Holtz-Bacha, Christina (1995): Frauen und Medien. Eine Synopse der deutschen Forschung. Opladen.

Funk, Peter / Weiss Hans-Jürgen (1995): Ausländer als Medienproblem.? Thematisierungseffekte der Medienberichterstattung über Ausländer, Asyl und Rechtsextremismus in Deutschland. In: Media Perspektiven, (1), S. 21-29.

Galtung, Johan / Ruge, Mari Holmboe (1965): The Structure of Foreign News. The Presentation of the Congo, Cuba and Cyprus Crises in Four Norwegian Newspapers. In: Journal of Peace Research, 2, S. 64-91.

Gerbner, George (2000): Die Kultivierungsperspektive: Medienwirkungen im Zeitalter von Monopolisierung und Globalisierung. In: Schorr, Angela (Hg.): Publikums- und Wirkungsforschung. Ein Reader. Wiesbaden, S. 101-121.

Gerbner, George u.a. (1979): The Demonstration of Power: Violence Profile N. 10. In: Journal of Communication 29(3), S. 177-196.

Gerbner, George / Gross, Larry (1976): Living With Television: The Violence Profile. In: Journal of Communication, 26(2), S. 173-199.

Gitlin, Todd (1980): The Whole World Is Watching. Berkely.

Glasgow University Media Group (1976): Bad News. London.

Glasgow University Media Group (1980): More Bad News. London.

Glasgow Media Group (Hg.) (1998): The Circuit of Mass Communication. Media Strategies, Representation and Audience Reception in the AIDS Crisis. London u.a.

Graber, Doris A. (1979): Is Crime News Coverage Excessive? In: Journal of Communication, 29, S. 81-92.

Greenberg, Bradley S. (1994): Content Trends in Media Sex. In: Zillmann, Dolf / Bryant, Jennings / Huston, Aletha (Hg.): Media, Children, and the Family. Social Scientific, Psychodynamic, and Clinical Perspectives. Hillsdale, N.J. / Hove, UK, S. 165-182.

Greenberg, Bradley S. (1986): Minorities and the Mass Media. In: Bryant, Jennings / Zillmann, Dolf (Hg.): Perspectives on Media Effects. Hillsdale, N.J. S. 165-188.

Greenberg, Bradley S. / Brand, Jeffrey E. (1994): Minorities and the Mass Media: 1970 to 1990s. In: Bryant, Jennings/Zillmann, Dolf (Hg.): Media Effects. Advances in Theory and Research. Hillsdale, N.J., S. 273-314.

Greenberg, Bradley S. / Busselle, Rick W. (1996): Soap Operas and Sexual Activity: A Decade Later. In: Journal of Communication, 46(4), S. 153-161.

Groebel, Jo (1994): Medien, Gewalt und Fremdenfeindlichkeit. In: Winkler, Beate (Hg.): Was heißt hier denn fremd? Thema Ausländerfeindlichkeit: Macht und Verantwortung der Medien. Ein Medienhandbuch. München, S. 16-25.

Groebel, Jo / Gleich, Uli (1993): Gewaltprofil des deutschen Fernsehprogramms. Opladen.

Görke, Alexander / Kohring, Matthias / Ruhrmann, Georg (2000): Gentechnologie in der Presse. Eine internationale Langzeitanalyse von 1973 bis 1999. In: Publizistik 45(1), S. 20-37.

Groeben, Norbert (1982): Leserpsychologie: Textverständnis – Textverständlichkeit. Münster.

Gunter, Barry: Media Research Methods. Measuring Audiences, Reactions and Impact. Kap.: „Overview of Media Research Methodologies: Media Output". London / Thousand Oaks / New Delhi 2000.

Hagen, Lutz (1998): Die Beachtung Deutschlands in ausländischen Medien als Funktion des Nachrichtenfaktors Nähe. Eine Analyse von Zeitungs- und Fernsehnachrichten. In: Publizistik, 43(3), S. 143-157.

Haller, Michael (2000): Informationsleistung. TÜV für Regionalblätter. In: message, (4), S. 44-48.

Haller, Michael (1987): Wie wissenschaftlich ist Wissenschaftsjournalismus? In: Publizistik, 32(3), S. 305-319.

Hallin, Daniel C. (1997): The Media and War. In: Corner, John / Schlesinger, Philip / Silverstone, Roger (Hg.): International Media Research. A Critical Survey. London / New York, S. 206-231.

Halloran, James / Elliott, Philip / Murdock, Graham (1973): Politische Demonstration und gesellschaftliche Kommunikation. In: Aufermann, Jörg / Bohrmann, Hans / Sülzer, Rolf (Hg.): Gesellschaftliche Kommunikation und Information. Band 2. Frankfurt a.M., S. 633-651.

Halloran, James D. / Elliott, Philip / Murdock, Graham (1970): Demonstrations and Communication. A Case Study. Harmondsworth.

Handel, Ulrike: Tatort Hannover. Ausländer und Deutsche in der Kriminalitätsberichterstattung im Vergleich. In: Quandt, Siegfried / Gast. Wolfgang (Hg.): Deutschland im Dialog der Kulturen. Konstanz 1998, S. 135-148.

Heijnk, Stefan (1997): Textoptimierung für Printmedien. Theorie und Praxis journalistischer Textproduktion. Opladen.

Hemmer, Katrin (1993): Mediale Rezeption weiblicher Provokation: die Behandlung des Frauenstreiks vom 14. Juni 1991 in der Berner Presse. Bern.

Hömberg, Walter / Jankers, Melanie (2000): Wissenschaftsmagazine im Fernsehen. Exemplarische Analysen öffentlich-rechtlicher und privater Wissenschaftssendungen. In: Media Perspektiven, (12), S. 574-580.

Hömberg, Walter / Schlemmer, Sabine (1995): Fremde als Objekt. Asylberichterstattung in deutschen Tageszeitungen. In: Media Perspektiven, (1), S. 11-20.

Imhof, Kurt / Schulz, Peter (Hg.) (1995): Medien und Krieg – Krieg in den Medien. Zürich.

Jurga, Martin (Hg.) (1995): Lindenstrasse. Opladen.

Jürgens, Hans Wilhelm (1994): Untersuchung zum Bild der älteren Menschen in den elektronischen Medien. Kiel.

Kamps, Klaus (1998): Nachrichtengeographie. Themen, Strukturen, Darstellung: ein Vergleich. In: Kamps, Klaus / Meckel, Myriam (Hg.): Fernsehnachrichten. Prozesse, Strukturen, Funktionen. Opladen / Wiesbaden, S. 275-294.

Kamps, Klaus / Meckel, Myriam (Hg.) (1998): Fernsehnachrichten. Prozesse, Strukturen, Funktionen. Opladen / Wiesbaden.

Keppler, Angela (1994): Wirklicher als die Wirklichkeit? Das neue Realitätsprinzip der Fernsehunterhaltung. Frankfurt a.M.

Kepplinger, Hans Mathias (1999): Zeitungsberichterstattung im Wandel. In: Wilke, Jürgen (Hg.): Mediengeschichte der Bundesrepublik Deutschland. Köln / Weimar / Wien, S. 195-210.

Kepplinger, Hans Mathias (1993): Technik-Kritik in den Medien. In: Bonfadelli, Heinz / Meier, Werner A. (Hg.): Krieg, AIDS, Katastrophen... Gegenwartsprobleme als Herausforderung der Publizistikwissenschaft. Konstanz, S. 193-211.

Kepplinger, Hans Mathias (1991): Aufklärung oder Irreführung? Die Darstellung von Technikfolgen in der Presse 1965-1986. In: Krüger, Jens / Russ-Mohl, Stephan (Hg.): Risikokommunikation. Technikakzeptanz, Medien und Kommunikationsrisiken. Berlin, S. 109-143.

Kepplinger, Hans Mathias (1983): German Media and the Supply in 1978 and 1979. In: Smith, N. / Theberge, L.J. (Hg.): Energy Coverage – Media Panic: An International Perspective. New York, S. 22-49.

Killias, Martin (1983): Massenmedien und Kriminalitätsfurcht. Abschied von einer plausiblen Hypothese. Schweiz. Zeitschrift für Soziologie, 9, S. 419-436.

Kinsella, James (1989): Covering the Plague. AIDS and the American Media. New Brunswick / London.

Klaus, Elisabeth (1998): Kommunikationswissenschaftliche Geschlechterforschung. Zur Bedeutung der Frauen in den Massenmedien und im Journalismus. Opladen.

Kliment, Tibor (1995): Showdown für die Medien? Zum Wechselverhältnis zwischen Protestgewalt und Medienberichterstattung. In: Friedrichson, Mike / Vowe, Gerhard (Hg.): Gewaltdarstellungen in den Medien. Opladen, S. 258-291.

Kohring, Matthias / Görke, Alexander / Ruhrmann, Georg (1996): Konflikte, Kriege, Katastrophen. Zur Funktion internationaler Krisenkommunikation. In: Meckel, Miriam / Kriener, Markus / Rullmann, Anja (Hg.): Internationale Kommunikation. Opladen, S. 283-298.

Kristiansen, Connie M. / Harding, Christina M. (1984): Mobilization of Health Behavior by the Press in Britain. In: Journalism Quarterly, 61, S. 364-370, 398.

Krüger, Udo-Michael (1998a): Zwischen Konkurrenz und Konvergenz. Fernsehnachrichten öffentlich-rechtlicher und privater Rundfunkanbieter. In: Kamps, Klaus / Meckel, Miriam (Hg.): Fernsehnachrichten. Prozesse, Strukturen, Funktionen. Opladen, S. 65-84.

Krüger, Udo Michael (1998b): Thementrends in Talkshows der 90er Jahre. In: Media Perspektiven, (12), S. 608-624.

Krüger, Udo-Michael (1996): Boulevardisierung der Information im Privatfernsehen. In: Media Perspektiven, (7), S. 362-374.

Krüger, Udo Michael (1994): Gewalt in Informationssendungen und Reality-TV. Quantitative und qualitative Unterschiede im öffentlich-rechtlichen und privaten Fernsehen. In: Media Perspektiven, (1), S. 72-85.

Küchenhoff, Erich (1975): Die Darstellung der Frau und die Behandlung von Frauenfragen im Fernsehen. Stuttgart.

Kunczik, Michael (1994): Gewalt und Medien. Köln / Weimar / Wien.

Küpfer, Renato (1994): „...darunter zwei Asylbewerber." Eine quantitative Inhaltsanalyse von Schweizer Tageszeitungen zur Asylthematik. Nationale Schweizerische UNESCO Kommission: Bern.

Lamneck, Siegfried (1990): Kriminalitätsberichterstattung in den Massenmedien als Problem. In: Monatsschrift für Kriminologie und Strafrechtsreform, 73, S. 163-176.

Landgrebe, Klaus Peter (1994): Nachrichtenmagazine - ihr Stil, ihr Erfolg : in Europa und den USA. München.

Lang, Kurt / Lang, Gladys (1973): Mac Arthur Day in Chicago: Die Einseitigkeit des Fernsehens und ihre Wirkungen. In: Aufermann, Jörg / Bohrmann, Hans / Sülzer, Rolf (Hg.): Gesellschaftliche Kommunikation und Information. Band 2. Frankfurt a.M., S. 498-525.

Leinfellner, Christine (1983): Das Bild der Frau im TV. Salzburg.

Leonarz, Martina / Schanne, Michael (1999): Gentechnologie als Medienthema. In: Bonfadelli, Heinz (Hg.): Gentechnologie im Spannungsfeld von Politik, Medien und Öffentlichkeit. IPMZ: Zürich, S. 63-97.

Liebes, Tamar (1992): Our War / Their War: Comparing the Intifadah and the Gulf War on U.S. and Israel Television. In: Critical Studies of Mass Communication, 9, S. 44-55.

Löffelholz, Martin (Hg.) (1993): Krieg als Medienereignis: Grundlagen und Perspektiven der Krisenkommunikation. Opladen.

Lotz, Roy Edward (1991): Crime and the American Press. New York.

Mackenthun, Gerald (1990): Massenmedien und AIDS – Berichterstattung. In: Rosenbrock, Rolf / Salmen, Andreas (Hg.): AIDS-Prävention. Berlin, S. 77-84.

McLeod, Douglas / Detenber, Benjamin (1999): Framing Effects of Television News Coverage of Social Protest. In: Journal of Communication, 49(3), S. 3-23.

McQuail, Denis (2001): Mass Communication Theory. London u.a.

McQuail, Denis (1992): Media Performance. Mass Communication and the Public Interest. London.

Meckel, Miriam / Kamps, Klaus / Rössler, Patrick / Gephart, Werner (1999): Medien-Mythos. Wiesbaden.

Meier, Werner A. (1993): Berichterstattung über Umweltrisiken. Eine Meta-Analyse publizistikwissenschaftlicher Forschung. In: Bonfadelli, Heinz / Meier, Werner A. (Hg.): Krieg, AIDS, Katastrophen ... Gegenwartsprobleme als Herausforderung der Publizistikwissenschaft. Konstanz, S. 213-238.

Meier, Werner A. / Bonfadelli, Heinz (1994): Medienleistungen. In: ZOOM K&M, (3), S. 45-53.

Meier, Werner A. / Schanne, Michael (Hg.) (1996): Gesellschaftliche Risiken in den Medien. Zur Rolle des Journalismus bei der Wahrnehmung und Bewältigung gesellschaftlicher Risiken. Zürich.

Mikos, Lothar u.a. (2000): Im Auge der Kamera. Das Fernsehereignis Big Brother. Berlin.

Miller, David (Hg.) (1998): The Circuit of Mass Communication. Media Strategies, Representation and Audience Reception in the AIDS Crisis. London.

National Television Violence Study (1995). Executive Summary 1994 – 1995. Studio City, CA.

National Television Violence Study (1997). Vol. 2. Executive Summary. Santa Barbara, CA.

Nyffeler, Bettina (1994): Frauen und Männer im Wahlkampf: eine geschlechtsspezifische Medienanalyse. Bern.

Nyffeler, Bettina (2001): Eidgenössische Wahlen 1999: Medien, Politik und Geschlecht. Bern.

Oberauer, Claudia (1989): Infektion der kollektiven Phantasie. AIDS in journalistischen Texten. In: Medien Journal, 15(4), S. 124-134.

Olien, Clarice / Tichenor, Phillip / Donohue, George (1989): Media Coverage and Social Movements. In: Salmon, Charles (Hg.): Information Campaigns. Balancing Social Values and Social Change. Newbury Park / London / New Delhi, S. 139-163.

O'Keefe, Garrett / Reid-Nash, Kathaleen (1987): Crime News and Real World Blues. In: Communication Research, 14(2), S. 147-163.

Östgaard, Einar (1965): Factors Influencing the Flow of the News. In: Journal of Peace Research, 2, S. 39-63.

Peters, Hans Peter (1994): Wissenschaftliche Experten in der öffentlichen Kommunikation über Technik, Umwelt und Risiken. In: Sonderheft „Öffentlichkeit, öffentliche Meinung, soziale Bewegungen" der Kölner Zeitschrift für Soziologie und Sozialpsychologie, 34, , S. 162-190.

Peters, Hans Peter (1991): Durch Risikokommunikation zur Technikakzeptanz? Die Konstruktion von Risiko„wirklichkeiten" durch Experten, Gegenexperten und Öffentlichkeit. In: Krüger, Jens / Russ-Mohl, Stephan (Hg.): Risikokommunikation. Technikakzeptanz, Medien und Kommunikationsrisiken. Berlin, S. 11-66.

Plake, Klaus: Talkshows (1999). Die Industrialisierung der Kommunikation. Darmstadt.

Poindexter, Paula M. / Stroman, Carolyn A. (1981): Blacks and Television: A Review of the Research Literature. In: Journal of Broadcasting, 25, S. 103-122.

Pritchard, David / Berkowitz, Dan (1991): How Reader's Letters May Influence Editors and News Emphasis: A Content Analysis of 10 Newspapers, 1948 – 1978. Journalism Quarterly, 68(3), S. 388-395.

Rakow, Lana / Kranich, Kimberlie (1991): Woman as Sign in Television News. In: Journal of Communication, 41(1), S. 8-23.

Rössler, Patrick (1988): Dallas und Schwarzwaldklinik: eine Programmstudie über Seifenopern im deutschen Fernsehen. München.

Roloff, Eckart Klaus (1982): Journalistische Textgattungen. München.

Rosengren, Karl Erik (Hg.) (1994): Media Effects and Beyond. Culture, Socialization and Lifestyles. London.

Rosengren, Karl Erik (1989): Medienkultur: Forschungsansatz und Ergebnisse eines schwedischen Langzeitprojekts. In: Media Perspektiven, 6, S. 356-371.

Ruhrmann, Georg (1992): Risikokommunikation. In: Publizistik, 37(1), S. 5-24.

Ruhrmann, Georg / Kollmer, Jochen (1987): Ausländerberichterstattung in der Kommune. Inhaltsanalyse Bielefelder Tageszeitungen unter besonderer Berücksichtigung ausländerfeindlicher Alltagstheorien. Opladen.

Russ-Mohl, Stephan (1992): Am eigenen Schopfe ... Qualitätssicherung im Journalismus – Grundfragen, Ansätze, Näherungsversuche. In: Publizistik, 37(1), S. 83-96.

Saxer, Ulrich u.a. (1986): Massenmedien und Kernenergie. Journalistische Berichterstattung über ein komplexes, zur Entscheidung anstehendes, polarisiertes Thema. Bern / Stuttgart.

Scarbath, Horst / Gorschenk, Margareta / Grell, Petra (1994): Sexualität und Geschlechtsrollenklischees im Privatfernsehen. Inhaltsanalytische Fallstudien. Berlin.

Scharf, Winfried / Mühlenfeld, Hans-Ulrich / Stockmann, Ralf (1999): Zur Kriminalitätsberichterstattung in der Presse. In: Publizistik, 44(4), S. 445-462.

Scharf, Winfried / Stockmann, Ralf (1998): „Der Spiegel" und „Focus". Eine vergleichende Inhaltsanalyse 1993-1996. In: Publizistik, 43(1), S. 1-21.

Schatz, Heribert / Schulz, Winfried (1992): Qualität von Fernsehprogrammen. Kriterien und Methoden zur Beurteilung von Programmqualität im dualen Fernsehsystem. In: Media Perspektiven, (11), S. 690-712.

Schenk, Michael (1998): Das vergessene Publikum. In: Medienwissenschaft Schweiz, (1+2), S. 71-82.

Schmerl, Christiane (Hg.) (1985): In die Presse geraten. Darstellung von Frauen in der Presse. Köln / Wien.

Schmerl, Christiane (1980): Frauenfeindliche Werbung. Sexismus als heimlicher Lehrplan. Berlin.

Schulz, Winfried (1983): Nachrichtengeographie. Untersuchungen über die Struktur der internationalen Berichterstattung. In: Rühl, Manfred / Stuiber, H.W. (Hg.): Kommunikationspolitik in Forschung und Anwendung. Festschrift für Franz Ronneberger. Düsseldorf, S. 281-291.

Schulz, Winfried (1976): Die Konstruktion von Realität in den Nachrichtenmedien. Freiburg / München.

Schweiger, Wolfgang (1996): Gebrauchstexte im Hypertext- und Papierformat. Ein Vergleich der Nutzerfreundlichkeit. In: Publizistik, 41(3), S. 327-345.

Sheley, Joseph F. / Ashkins, Cindy D. 1981.: Crime, Crime News, and Crime Views. In: Public Opinion Quarterly, 45, S. 492-506.

Shoemaker, Pamela (1984): Media Treatment of Deviant Political Groups. In: Journalism Quarterly, 61, S. 66-75.

Shoemaker, Pamela / Reese, Stephen D. (1996): Mediating the Message. Theories of Influences on Mass Media Content. White Plains, NY.

Signorielli, Nancy / Morgan, Michael (Hg.) (1990): Cultivation Analysis. Newbury Park, CA / London.

Singer, Eleanor (1990): A Question of Accuracy: How Journalists and Scientists Report Research on Hazards. In: Journal of Communication, 40, S. 102-116.

Singer, Eleanor / Endreny, Phyllis (1987): Reporting Hazards: Their Benefits and Costs. In: Journal of Communication 37(3), S. 24-40.

Sparks, Collin / Tulloch, John (2000): Tabloid Tales. Global Debates over Media Standards. Lanham u.a..

Staab, Joachim (1990): Nachrichtenwert-Theorie. Formale Struktur und empirischer Gehalt. München.

Stallings, Robert A. (1990): Media Discourse and the Social Construction of Risk. In: Social Problems, 37(1), S. 80-95.

Stevenson, Robert L. / Shaw, Donald L. (1984): Foreign News and the World Information Order. Ames, Iowa.

Taylor, Charles R. / Bang, Hae-Kyong (1997): Portrayals of Latinos in Magazine Advertising. In: Journalism and Mass Communication Quarterly, 74(2), S. 285-303.

Thierbach, Dieter (1988): Medizinische Themen in Tages- und Wochenzeitungen. In: Fischer, Heinz-Dietrich (Hg.): Handbuch der Medizinkommunikation. Informationstransfer und Publizistik im Gesundheitswesen. Köln.

Tschopp, Cosima (1989): Die Nationalratswahlberichterstattung in der Deutschschweizer Tagespresse: eine inhaltsanalytische Betrachtung der Jahre 1989 und 1987 unter besonderer Würdigung der Kandidatinnen. Zürich.

Themenheft (1999): Die Grauen Panter auf dem Sprung. Zielgruppe 50+: einkommensstark, lebensfroh, aber verkannt. In: tendenz, (IV).

Themenheft (1990a): Soap Opera. In: Communication Research Trends, 10(1).

Themenheft (1990b): More on Soaps. In: Communication Research Trends, 10(2).

Tuchman, Gaye (1978b): The Symbolic Annihilation of Woman by the Mass Media. In: Tuchman, Gaye / Kaplan, Daniels / Benét, James (Hg.): Heart & Home. Images of Woman in the Mass Media. New York, S. 3-38.

Ulze, Harald: Frauenzeitschriften und Frauenrollen (1977). Berlin.

UNESCO (1984): Foreign News in the Media: International Reporting in 29 Countries. Paris.

Van Dijk, Teun A. (1991a): Racism and the Press. London / NY.

Van Dijk, Teun A. (1991b): The Interdisciplinary Study of New as Discourse. In: Jensen, Klaus Bruhn / Jankowski, Nicholas (Hg.): A Handbook of Qualitative Methodologies for Mass Communication Research. London / New York.

Van Dijk, Teun A. (1983): Discourse Analysis: Its Development and Application to the Structure of News. In: Journal of Communication, 33(2), S. 20-43.

Van Zoonen, Liesbet (1994): Feminist Media Studies. London u.a.

Velte, Jutta (1995): Die Darstellung von Frauen in den Medien. In: Fröhlich, Romy/Holtz-Bacha, Christina (Hg.): Frauen und Medien – Eine Synopse der deutschen Forschung. Opladen, S. 181-241.

Wallack, Lawrence (1988): Stimulating Accurate Health Information in the Media: Barriers to Change. In: Media Information Australia, 49, S. 13-16.

Wallisch, Gianluca (1995): Journalistische Qualität. Definitionen – Modelle – Kritik. Konstanz.

Walma van der Molden, Juliette H. (2001): Assessing Text-Picture Correspondence in Television News: The Development of a New Coding Scheme. In: Journal of Broadcasting & Electronic Media, 45(3), S. 483-498.

Wegener, Claudia (2001): Informationsvermittlung im Zeitalter der Unterhaltung. Eine Langzeitanalyse politischer Fernsehmagazine. Wiesbaden.

Wegener, Claudia (1994): Reality-TV: Fernsehen zwischen Emotion und Information. Opladen.

Weiderer, Monika (1993): Das Frauen- und Männerbild im Deutschen Fernsehen. Eine inhaltsanalytische Untersuchung der Programme von ARD, ZDF und RTLplus. Regensburg.

Weiss, Hans-Jürgen (1985): Die Tendenz der Berichterstattung und Kommentierung der Tagespresse zur Neuordnung des Rundfunkwesens in der Bundesrepublik Deutschland. Ergebnisse einer quantitativen Inhaltsanalyse. In: Media Perspektiven, (12), S. 845-866.

Weiss, Hans-Jürgen u.a. (1995): Gewalt von Rechts – (k)ein Medienthema? Zur Fernsehberichterstattung über Rechtsextremismus, Ausländer und Asyl in Deutschland. Opladen.

Weiss, Ralph (1996): Zwischen Anstiftung und Aufklärung. Zur Rolle der Medien gegenüber Rechtsextremismus – ein Forschungsüberblick. In: Jungk, Sabine (Hg.): Zwischen Skandal und Routine? Rechtsextremismus in Film und Fernsehen. Marburg, S. 176-198.

Werner, Petra / Rinsdorf, Lars (1998): Ausgeblendet? Frauenbild und Frauenthemen im nordrhein-westfälischen Lokalfunk. Opladen.

Weßler, Hartmut u.a. (Hg.) (1997): Perspektiven der Medienkritik. Die gesellschaftliche Auseinandersetzung mit öffentlicher Kommunikation in der Mediengesellschaft. Opladen.

Wigand, Rolf (1994): Health Information Dissemination in the Information Age: Media, Messages and Roles. In: Communications, 19(2-3), S. 209-221.

Wilkins, Lee / Patterson, Philip (1987): Risk Analysis and the Construction of News. In: Journal of Communication, 37(3), S. 80-92.

Windisch, Uli (1993): Der verbale K.O.: die konfliktäre Kommunikation am Beispiel von Leserbriefen. Zürich.

Winterhoff-Spurk, Peter (1994): Gewalt in Fernsehnachrichten. In: Jäckel, Michael / Winterhoff-Spurk, Peter (Hg.): Politik und Medien. Analysen zur Entwicklung der politischen Kommunikation. Berlin, S. 55-69.

Winterhoff-Spurk, Peter / Heidinger, Veronika / Schwab, Frank (1994): Reality TV. Formate und Inhalte eines neues Programmgenres. Saarbrücken.

Wittwen, Andreas (1995): Infotainment. Fernsehnachrichten zwischen Information und Unterhaltung. Bern u.a.

Wyss, Vinzenz (1994): Was leisten Zielgruppenmedien für Alte? Eine Inhaltsanalyse der deutschschweizerischen Zielgruppenmedien für Senioren. Lizentiatsarbeit an der Universität Zürich.

3. Inhaltsanalyse

3.1 Basiskonzepte

Die standardisierte und quantifizierende Inhaltsanalyse ist die nach wie vor am häufigsten verwendete Methode zur Analyse von Medienbotschaften in der Publizistikwissenschaft (Brosius / Koschel 2001: 156). – In einem ersten Schritt sollen *Grundsatzfragen* und damit zusammenhängende *Basiskonzepte* der Inhaltsanalyse geklärt werden: Definition: Was versteht man unter der Methode der Inhaltsanalyse? Welche typischen Charakteristika prägen diese Methode? Welche Zielsetzungen verfolgt die Inhaltsanalyse, und welchen Qualitätskriterien muss sie genügen, um als wissenschaftlich gelten zu können?

3.1.1 Definitionen

Definitionen. In den beiden verbreitetsten Lehrbüchern der deutschsprachigen Publizistikwissenschaft wird das Instrument der Inhaltsanalyse (engl.: content analysis) folgendermaßen definiert. Nach *Werner Früh* (2001: 25) ist die Inhaltsanalyse eine empirische Methode zur systematischen, intersubjektiv nachvollziehbaren Beschreibung inhaltlicher und formaler Merkmale von Mitteilungen. Und nach *Klaus Merten* (1995:59) handelt es sich um eine Methode zur Erhebung sozialer Wirklichkeit, bei der von Merkmalen eines manifesten Textes auf Merkmale eines nicht manifesten Kontextes geschlossen wird.

Während für Früh die *Deskription* von Medieninhalten nach wissenschaftlichen Kriterien wie *Systematik* und *Intersubjektivität* im Zentrum steht, was für einen Grossteil der Inhaltsanalysen durchaus zutrifft, betont Merten stärker den *erklärenden Anspruch* bzw. die theoretische Verankerung der inhaltsanalytischen Methode. Nach beiden Definitionen ist die Inhaltsanalyse jedoch zunächst eine *Methode zur Erhebung empirischer Daten.* Im Unterschied zur Befragung oder Beobachtung ist ihr *Gegenstand die materialisierte Kommunikation* in Form von Texten, Sendungen oder aufgezeichneten bzw. transkribierten Gesprächen.

Charakteristika. Die Inhaltsanalyse ist als Methode 1) *nicht reaktiv,* d.h. beeinflusst ihren Untersuchungsgegenstand nicht. 2) Sie benötigt zudem *kein vorstrukturiertes Material.* Dokumente bzw. Texte können also auch im Nachhinein untersucht werden. 3) Die Inhaltsanalyse ist zudem *effizient,* insofern sie besonders zur Analyse von *großen Datenmengen* geeignet ist. 4) Die Inhaltsanalyse sollte schließlich *gegenstandsgerecht* und *flexibel* konzipiert werden, d.h. als Instrument sowohl zur Beantwortung der entsprechenden Fragestellung als auch in Bezug auf die untersuchten Texte geeignet sein.

Bei allen wissenschaftlichen Methoden geht es im Unterschied zu den mehr subjektiven und impressionistischen Alltagserfahrungen darum, die soziale Wirklichkeit durch Begriffe zu interpretieren, wobei die Zielsetzung nicht darin besteht, die Wirklichkeit möglichst „wirklichkeitsgetreu" bzw. „wahr" abzubilden; vielmehr geht es darum, ein möglichst brauchbares und gegenstandsgerechtes Instrument zur Beantwortung einer gewählten Fragestellung zu entwickeln: Kriterium der *Validität.*

3.1.2 Zielsetzung und Qualitätskriterien

Zielsetzung. Das deskriptive *Ziel* der Inhaltsanalyse besteht in der Reduktion der Komplexität und Vielfalt der Menge der vorliegenden Information, insofern an den untersuchten Texten nur *wenige, aber hypothesenrelevante Merkmale* betrachtet werden: Die Methode ist somit einerseits *selektiv* und erfolgt andererseits immer aus einer bestimmten *Perspektive,* nämlich jener der Fragestellung. Im Unterschied zu Früh betont Merten nicht nur die an einer Fragestellung orientierte *Deskription,* sondern ebenfalls die *Inferenz* als Zielsetzung der Inhaltsanalyse. Sie soll Schlussfolgerungen erlauben, und zwar vom manifesten Text 1) auf den *Kommunikator* zurück, 2) auf den *Rezipienten* und 3) auf den *Kontext,* wie folgende Beispiele verdeutlichen:

Text → Kommunikator. a) Inhaltsstrukturen: Sind Forumszeitungen in ihrem Meinungsspektrum vielfältiger als parteipolitisch gebundene Zeitungen? b) Autorenanalysen: Unterscheiden sich Bestseller von weniger erfolgreichen Büchern aufgrund von stilistisch-semantischen Aspekten? c) Formale Strukturen: Was sind die Merkmale von preisgekrönten Werbespots?

Text → Rezipient. a) Kann der Verständlichkeitsgrad von Texten aufgrund von Textmerkmalen bestimmt werden? b) Sind zielgruppenorientierte Frauenzeitschriften konservativer bezüglich ihrer Werte? c) Welche Merkmale machen Texte bzw. Inserate publikumsattraktiv (Inhaltsanalyse und Copy-Tests) ?

Text → Kontext. a) Verändern sich Wertehaltungen in Kontaktanzeigen, bspw. bezüglich Religiosität, im Zeitverlauf? b) Wie hat sich die Frauendarstellung in den Medien entwickelt? c) Unterscheidet sich die Lokalberichterstattung von Zeitungen in Monopol- im Vergleich zu solchen in Wettbewerbssituationen?

Qualitätskriterien. Schließlich gelten für die Inhaltsanalyse wie für jede wissenschaftliche Methode bestimmte *Qualitätsstandards:* 1) *Systematik:* Die Erfassung der Realität soll klar strukturiert und invariat, d.h. bei allen Untersuchungsobjekten auf die gleiche Weise erfolgen. 2) *Objektivität:* Das Verfahren bzw. Vorgehen soll explizit und offengelegt, d.h. nachvollziehbar und damit *intersubjektiv* sein. 3) Beachtet wird darum nur der *manifeste* Inhalt von Texten; d.h. es soll kein sog. „Zwischen-den-Zeilen-Lesen" stattfinden (Berelson 1952).

3.1.3 Typen von Inhaltsanalysen

Es gibt verschiedene können Typen von Inhaltsanalysen, die sich aufgrund unterschiedlicher *Zielsetzungen* voneinander unterscheiden:

Themenfrequenzanalyse. Sie ist die einfachste Form der Inhaltsanalyse. Es wird nur die Häufigkeit des Vorkommens von Themen oder Akteuren, bspw. als Trendanalyse im Zeitverlauf, erhoben. Bei Anwendung auf Bewertungen oder andere kognitive Objekte wird auch von *Symbolanalyse* gesprochen. Bei diesen Analysen wird die *Häufigkeit* des Vorkommens von Themen oder Symbolen meist mit ihrer *Wichtigkeit* gleichgesetzt, was teilweise problematisch sein kann. Zuweilen wird darum nicht auf die Artikelhäufigkeit, sondern auf den Artikelumfang bzw. die Fläche zurückgegriffen, oder es werden die sog. *Seitenaufhänger* bzw. „großen" Artikel separat analysiert.

Bewertungsanalyse. Es wird die Richtung der Einstellungen zu bzw. die Bewertung von Themen und Akteuren – positiv vs. neutral vs. negativ – erhoben, wobei teilweise auch nach der *Intensität der Bewertung* und nach den *bewertenden Quellen* – Journalisten vs. im Text erwähnte Akteure – unterschieden wird. Werden Zusammenhänge zwischen Themen, Akteuren oder Werten untersucht, spricht man auch von *Kontingenzanalyse.* Kritisiert wird, dass vielfach nicht zwischen den Bewertungen der Journalisten selbst und der u.U. neutralen Berichterstattung über die Bewertungen von gesellschaftlichen Akteuren und Betroffenen wie Politikern unterschieden wird. Auch werden zum Teil nur Artikel mit wertender Tendenz den Analysen zugrunde gelegt.

Argumentenanalyse. Als Weiterentwicklung der Bewertungsanalyse werden zudem die Strukturen und Gewichtungen von Argumentationen über kontroverse Themen erfasst; Untersuchungseinheit ist dabei nicht die Bewertung insgesamt, sondern das einzelne Argument im Bewertungszusammenhang.

Elektronische Inhaltsanalyse. Meist handelt es sich um sog. Themenfrequenz- bzw. Symbolanalysen, wobei die Codierung als Zuordnung der Themen zu den Kategorien des Codebuchs nicht von Codierern, sondern mittels eines Compu-

ters aufgrund von vorgegebenen Themenlisten erfolgt. Entscheidend ist die
Qualität – Umfang und Differenziertheit – des verwendeten Wörterbuchs. Kritisiert wird, dass die Codierung nicht semantisch erfolgt, d.h. die Untersuchungseinheit nicht das Thema oder eine anders definierte semantische Einheit, sondern nur der jeweilige gleichleitende Wortstamm ist. Die Verbreitung des PC,
neue textorientierte Software sowie das Vorhandensein von immer mehr Medientexten in elektronischer Form (bspw. auf dem Internet) haben die Einsatz-
möglichkeiten der *computergestützten Inhaltsanalyse* stark erweitert (Bos / Züll
1996; Galliker / Pousaz 2000; Brosius 2001: 194ff.; Wirth / Lauf 2001: 303ff.).

3.1.4 Exkurs: Stichworte zur Geschichte der Inhaltsanalyse

Nachfolgend sollen in Form von Stichworten die wichtigsten Stationen der
Entwicklung der Methode der Inhaltsanalyse zuerst im amerikanischen Kontext
und dann im deutschen Sprachraum skizziert werden (vgl. Krippendorf 1980:
13ff.; Rosengren 1981; Merten 1995: 35ff.; Früh 2001: 11ff.).

Internationale Entwicklung:

1900 bis 1940	Erste quantifizierende Themenanalysen von Zeitungstexten zu Beginn des Jahrhunderts unter dem Eindruck des starken Wachstums der Massenmedien.
	Harold D. Lasswell als Vater der Inhaltsanalyse beschäftigte sich mit Symbolen und Stereotypen in der politischen Propaganda.
	Ab 1939 war er Leiter der im II. Weltkrieg von der Regierung geschaf-fenen Abteilung zur Analyse von Propaganda. Hier erfolgte die Ent-wicklung der Inhaltsanalyse zur eigenständigen Methode.
1941	Konferenz an der University of Chicago über Massenmedien; erst-mals wurde die IA aus verschiedenen Perspektiven diskutiert.
1952	Erstes umfassendes Lehrbuch der Inhaltsanalyse: „Content Analysis in Communication Research" von Bernard Berelson aufgrund seiner Dissertation bei Harold Lasswell (1941).
1955	2. Allerton-House-Konferenz über Probleme der Inhaltsanalyse in Monticello, Illinois, veranstaltet von Charles Osgood. Themen: Bewer-tungs-, Kontingenz-, Verständlichkeitsanalysen. Publikation: Ithiel de Sola Pool (Hg.): „Trends in Content Analysis" (1959).
1962	Erstmals wird der EDV-Einsatz in der Inhaltsanalyse diskutiert. Pio-nier: „General Inquirer" – Programm von Philip Stone.
1967	3. IA-Konferenz an der Annenberg School of Communication in Phi-ladelphia. Standardwerk: Gerbner, George u.a. „The Analysis of Com-

munication Content. Development in Scientific Theories and Computer Techniques" (1969).

1974   4. Int. Konferenz über Inhaltsanalyse in Pisa. Bereits erste Anwendungen von maschineller bzw. elektronischer Inhaltsanalyse bspw. durch den Hamburger Alexander Deichsel. Es scheint möglich, die Fehlerquelle „Codierer" auszuschalten, Validitätsproblematik.

80er   Erste Programmpakete zur Textanalyse für den PC wie NUD*IST, Jahre aber auch verstärkt qualitative Textanalysen.

Entwicklung in Deutschland:

60er   Erste Rezeption der amerikanischen Texte zur Inhaltsanalyse:
Jahre   Alphons Silbermann (1962); Bibliographie von Gernot Wersig (1968).

1970   Erste Monographie von Hansjörg Bessler: „Aussagenanalyse"; Berücksichtigung der Inhaltsanalyse in der „Einführung in die Methoden der empirischen Soziologie" (Mayntz / Holm / Hübner 1973).

1973   Jürgen Friedrichs: „Methoden der empirischen Sozialforschung" als rororo TB mit einem Kapitel über Inhaltsanalyse.

1975   Alexander Deichsel: „Elektronische Inhaltsanalyse – Zur quantitativen Beobachtung sprachlichen Handelns".

1978   Neue Monographie zur Inhaltsanalyse von Ralf Lisch / Jürgen Kriz: „Grundlagen und Modelle der Inhaltsanalyse" als rororo TB.

1981   Neue Standardwerke: Werner Früh (1981) und Klaus Merten (1983).

2000   Tagung der Fachgruppe „Methoden der Publizistikwissenschaft" der DGPuK: Inhaltsanalyse: Innovative Anwendungen, Gütekriterien, Standardisierung- und Systematisierungsansätze (Wirth /Lauf 2001).

3.2 Methodische Umsetzung

Nachdem im ersten Teil die theoretischen Basiskonzepte dargelegt worden sind, soll nachfolgend konkreter auf Fragen der methodischen Umsetzung bzw. praktischen Anwendung bei der Inhaltsanalyse eingegangen werden. Zur Veranschaulichung wird von zwei klassischen Beispielen ausgegangen.

3.2.1 Berelson / Salter (1946): Rassendiskriminierung

Berhard Berelson und Patricia Salter untersuchten 1946 in ihrer viel zitierten Studie „Majority and Minority Americans" die Darstellung von verschiedenen gesellschaftlichen Gruppen in Geschichten populärer US-Magazine.

Hintergrund. Ausgangspunkt der Untersuchung ist ein konkretes *soziales Problem,* nämlich die Diskriminierung von gesellschaftlichen Minoritäten als *Ist-Zustand* in den USA. Dem kann als *Soll-Zustand* die gesellschaftliche Chancengleichheit aller Gruppen ohne Diskriminierung gegenübergestellt werden.
Modell bzw. theoretische Perspektive. Berelson und Salter gehen davon aus, dass die meisten Menschen keine direkte Erfahrung mit Minoritäten haben, sich aber trotzdem Stereotype herausbilden. Es stellt sich darum folgende *Forschungsfrage:* „Inwiefern spielt das medial vermittelte Wissen eine Rolle?" Als theoretische Perspektive dient das folgende einfache *Kommunikationsmodell:*

Kommunikator →	Inhalt →	Rezeption →	Lernen →	Verhalten
Wie	Strukturen	Wie werden		Einfluss des
entstehen	der	Medienbotschaften		Wissens auf
Medieninhalte?	Inhalte	verstanden und gelernt?		das Verhalten

Abb. 14: Modell bzw. theoretischer Bezugsrahmen der Berelson / Salter - Studie

Forschungsfragen. In der vorliegenden Studie wird nur ein Element des Modells – Strukturen der Medieninhalte – empirisch mittels einer Inhaltsanalyse untersucht, wobei folgende Fragen im engeren Sinn beantwortet werden sollen:

• Werden gewisse soziale Gruppen als wichtiger dargestellt?
• Welches Bild wird von den Beziehungen zwischen den Gruppen gezeigt?
• Welche Ziele verfolgen die Gruppen?

Untersuchungsanlage, Methode, Stichprobe. Als Methode der Datenerhebung dient die standardisierte und quantifizierende *Inhaltsanalyse;* vom Design bzw. der Untersuchungsanlage her handelt es sich um eine *Querschnittstudie* zu einem bestimmten Zeitpunkt, wobei als Stichprobe insgesamt 198 fiktionale Geschichten (engl.: magazine stories) analysiert wurden, die zwischen 1937 und 1943 in den wichtigen wöchentlich und monatlich erscheinenden Zeitschriften der USA veröffentlicht wurden.
Analyseeinheiten. Auf drei Ebenen wurde untersucht, und zwar jeweils Merkmale a) bezüglich der ganzen Geschichte, b) auf der Ebene der einzelnen Person und c) bezüglich der von den Personen angestrebten Ziele.

Bei den Untersuchungseinheiten „Person" bzw. „Ziele der Person" wurden folgende *Dimensionen* bezüglich folgender *Kategorien* untersucht bzw. codiert:

- Rasse: Americans, Anglo-Saxon & Nordic, other descent (Negroes, Jews)
- Rolle: Haupt- vs. Nebenrolle; Held vs. Feigling
- Geschlecht: Mann vs. Frau
- Status: Haupt- vs. Nebenfigur
- Werte bzw. Ziele der Person: sog. „Heart" vs. „Head" Goals
- Bewertung / Akzeptanz der Person in der Geschichte: positiv vs. negativ

Befunde. Berelson / Salter (1946) fassen ihre Befunde wie folgt zusammen: 1) There are many more Americans in the Stories than in the Population. 2) The Americans appeared more often in the major roles. 3) The characters were differentiated by their approval in the stories, with the others (Negroes, Jews) the least approved of all. 4) Fewer explanations were forthcoming of the Americans' high status position. 5) The Americans had more desirable occupations than the other groups. 6) On the whole, courtship and marriage were intragroup. 7) The Americans pursued „heart" goals more than the other two groups. – Zusammenfassend belegen die Befunde, dass es tatsächlich vielfältige Diskriminierungen aufgrund der stereotypen Darstellung der untersuchten Personen bzw. ihrer Rassenzugehörigkeit in den fiktionalen Erzählungen in Magazin gibt.

Interpretation und Folgerungen. Wie lassen sich diese Befunde interpretieren und welche Folgerungen legen sie nahe? Eine Frage, die sich immer stellt, wenn man von Vergleichen zwischen primärer Wirklichkeit und sekundärer Medienrealität ausgeht, lautet: Was wären denn „adäquate" bzw. wünschenswerte Medieninhalte? Müssten die hier untersuchten gesellschaftlichen Gruppen in den Erzählungen etwa so häufig vorkommen, wie sie auch in der Realität anzutreffen sind – Spiegelungsfunktion der Medien –, oder müssten die Minoritäten gar überrepräsentiert – Kontroll- bzw. Sozialisationsfunktion – werden? Wieso kommt es überhaupt zu diesen stereotypen Darstellungen? Liegen ihnen bestimmte Schreibroutinen zugrunde, oder orientieren sich die Autoren an bestimmten Vorstellungen von Konformität? Unklar ist weiter auch die Funktion solcher Stereotype: Sollen sie die Identifikation mit den Hauptfiguren verstärken? Und wie werden solche Erzählungen überhaupt von der Leserschaft rezipiert? Welche Gratifikationen – bspw. Eskapismus oder Projektionen – suchen Leserinnen und Leser zu befriedigen und mit welchen Folgen in Form von Medienwirkungen?

Selbstverständlich kann die Mehrheit dieser Fragen mit der Methode der Inhaltsanalyse allein nicht beantwortet werden, d.h. diese müsste durch Befragung der Kommunikatoren sowie der Rezipienten ergänzt werden. Wie schon darge-

legt, besteht der Hauptgrund darin, dass Medieninhalte eng mit ihren Entste-
hungs- und Rezeptionskontexten verknüpft sind, die leider in vielen klassischen
Inhaltsanalysen ausgeklammert werden, was zu recht kritisiert wird.

3.2.2 Knoche / Schulz (1969): Folgen des Lokalmonopols

Hintergrund. Der Ausgangspunkt dieser Studie ist die in Deutschland Ende der
60er und zu Beginn der 70er Jahre kontrovers geführte medienpolitische Diskussion um die Folgen und Bewertung der zunehmenden Lokalmonopole von
Zeitungen im Printbereich.

Fragestellung und Hypothesen. Die inhaltsanalytische Studie geht von der
Frage aus, ob die Pressekonzentration, welche sich in der Herausbildung von
Lokalmonopolen äußert, nicht zu einer Verringerung der Meinungsvielfalt füh-
re? Im engeren Sinn formulieren die Autoren dazu drei alternative Basishy-
pothesen und damit zusammenhängende Erklärungen:

- Es besteht eine Tendenz zum Missbrauch bei lokalen Pressemono-
  polen mit der Konsequenz der Einschränkung der Meinungsfreiheit.
- Konzentrationstendenzen haben nicht nur negative, sondern auch
  positive Folgen.
- Es ergeben sich keine negativen Folgen.

Begriffe. Diesen Hypothesen liegen zwei Basisbegriffe zugrunde, die vorab geklärt werden müssen: a) Im Lokalbereich können prinzipiell zwei unterschiedliche *Kommunikationssituationen* bestehen: Monopol- vs. Wettbewerbssitua-
tion. b) *Meinungsvielfalt* in der Berichterstattung äußert sich auf verschiedenen
Ebenen, wobei folgende Indikatoren als relevant erachtet werden: Anzahl der
Kommentare, Art der Themen, Aktualität und Tendenz der Berichterstattung.
c) Die beiden Schlüsselkonzepte sind in erklärender Hinsicht folgendermaßen
miteinander verknüpft: Kommunikationssituation → Meinungsvielfalt.

Modell. Die Autoren begründen ihre Hypothesen, indem sie auf drei unterschiedliche Prozesse verweisen: a) *Ansporneffekt:* Konkurrenz stimuliert Ehr-
geiz; b) *Kontrolleffekt:* Zeitungen orientieren sich wechselseitig aneinander; c)
Unabhängigkeitseffekt: wird garantiert durch äußere bzw. innere Pressefreiheit.

Untersuchungsanlage, Methode, Stichprobe. Die Studie basiert auf der In-
haltsanalyse der Berichterstattung von drei Stichtagen, wobei Zeitungen in
Wettbewerbs- mit solchen in Monopolsituationen verglichen werden. Was die
Stichprobe anbelangt, so wurden je 33 Zeitungen in Wettbewerbs- mit 33 in
Monopolstellung vergleichen, wobei diese als sog. „matched pairs" bezüglich
Bundesland, Ortgröße und Auflage egalisiert wurden.

Analyseeinheiten und Kategorienraster waren a) die ganze Zeitung (Umfang in Seiten), b) der einzelne Artikel (Anzahl der Kommentare), c) das Thema des Artikels (betrifft den öffentlichen Bereich mit kommunalpolitischer Relevanz vs. privater Bereich wie Wetter, Urlaub, Tipps), d) der Lokalbezug des Artikels (konkret, genau, spezifisch vs. allgemein, d.h. Überregionales mit Lokalbezug), e) Aktualität des Beitrags (primär: plötzliches Ereignis, höchstens drei Tage zurück vs. sekundär: periodisches Ereignis oder mehr als drei Tage zurück vs. zeitlos: allgemeine Betrachtung ohne Zeitbezug) und d) die erwähnte Person. Die *Intercoder-Reliabilität* lag zwischen 0.69 für den Lokalbezug und 0.84 für die Anzahl Kommentare und Anzahl Themen mit einem Mittelwert von 0.74.

Befunde. 1) Wettbewerbszeitungen bieten einen umfangreicheren Lokalteil an als Monopolzeitungen. 2) Es gibt aber keine signifikanten Unterschiede bezüglich der Anzahl Kommentare. 3) Es bestehen keine Unterschiede sowohl nach Themen (öffentlich vs. privat) 4) als auch nach dem Grad des Lokalbezugs. 5) Monopolzeitungen kommentieren aktueller als Wettbewerbszeitungen. 6) Wettbewerbszeitungen äußern häufiger ein klares Lob bzw. eine klare Kritik als Monopolzeitungen. 7) In den Monopolzeitungen werden die Namen der kritisierten Personen weniger häufig genannt als die Wettbewerbszeitungen.

Fragen und Kritik. Unklar ist zunächst, ob den festgestellten Zusammenhängen ein kausaler Charakter zugesprochen werden kann, oder ob allenfalls weitere nicht kontrollierte Drittfaktoren eine Rolle spielen könnten; immerhin wurde durch die Schichtung nach Auflage der Faktor „wirtschaftliche Stärke" neutralisiert. Was die *Validität* des Untersuchungsinstruments anbelangt, kann gefragt werden, wie sich ein allfälliger Machtmissbrauch des Lokalmonopols im Text äußern könnte, und ob die gemessenen Indikatoren tatsächlich fruchtbar sind bezüglich dieser Fragestellung.

Zusammenfassend sollten die beiden Beispiele verdeutlichen, welche Schritte bei der Planung und Durchführung einer quantifizierenden Inhaltsanalyse von Bedeutung sind, und welchen Stellenwert den Konzepten „Operationalisierung", „Untersuchungseinheit" und „Kategorienraster" im Zusammenhang mit der jeweiligen Fragestellung zukommt. – Nachfolgend soll nun genauer auf diese zentralen Konzepte eingegangen werden.

3.2.3 Operationalisierung

Unter „Operationalisierung" wird der Vorgang der Umsetzung von Fragestellungen, Begriffen und Hypothesen in eine konkrete Untersuchung verstanden, d.h. die für die Inhaltsanalyse relevanten *Dimensionen* müssen so in *Analyseeinheiten* und *Kategorienraster* mit verschiedenen Kategorien umgesetzt werden, dass sie messbar bzw. codierbar sind. – Weil es in vielen Inhaltsanalysen darum geht, den Umfang der Medienberichterstattung über ein Thema festzustellen, soll am Beispiel des Themas „Umweltschutz" (Früh 1998) gezeigt werden, wie eine solche Operationalisierung konkret durchgeführt wird:

Beispiel. *Problem:* „Hat das Thema ‚Umweltschutz' in der Presseberichterstattung zwischen 1970 und 1990 an Bedeutung zugenommen?" Um diese Frage beantworten zu können, ist eine *Bedeutungsexplikation* der in der Fragestellung enthaltenen Begriffe vorzunehmen, und zwar wie folgt: Was versteht man unter „Umweltschutz", „Presseberichterstattung", „Bedeutungszunahme"? Die Operationalisierung dieser drei Begriffe könnte wie folgt aussehen: 1) *„Presseberichterstattung":* Welche Zeitungen sind zu berücksichtigen? Welcher Zeitraum ist zu wählen, bspw. je zwei künstliche Wochen im Frühling und Herbst? 2) *„Bedeutungszunahme"* wird über eine Frequenzanalyse gemessen, u.U. ergänzt durch den quantitativen Umfang (Fläche) der Berichterstattung, gemessen zu drei Zeitpunkten (1970, 1980, 1990). 3) *„Umweltschutz":* Gemessen wird auf Artikelebene (Analyseeinheit), d.h. es werden alle Artikel nur im politischen Teil der Zeitungen danach abgesucht, ob sie *explizit* den Begriff „Umweltschutz" enthalten. Das Thema „Umweltschutz" könnte auch mit einem Kategorienschema differenzierter operationalisiert werden, indem folgende Themen codiert und dann zusammengenommen als „Umweltschutz" verstanden werden:

Kategorien-raster für „Umwelt-schutz":	1. Abfall-Management, Umweltgefährdungen durch Abfälle
	2. Naturkatastrophen
	3. Gefährliche Stoffe am Arbeitsplatz
	4. Radioaktivität, Nuklearenergie, KKW Unfälle
	5. Gewässer- / Meer-Verschmutzung
	6. Luftverschmutzung
	7. Boden- / Wasserverschmutzung

Dies würde dann Hypothesen zulassen wie: a) Im Zeitverlauf kommt es zu thematischen Verschiebungen in der Umweltberichterstattung; b) im Ländervergleich bestehen unterschiedliche Schwerpunkte in der Berichterstattung; c) nicht alle Medien haben die gleiche Optik etc..

3.2.4 Analyseebenen und Untersuchungseinheiten

Analyseebenen. Die Beschreibung von Medienbotschaften bzw. Texten oder Sendungen ist auf unterschiedlichen Analyseebenen möglich, wobei in einer konkreten Inhaltsanalyse u.U. mehrere Ebenen betrachtet werden, diese aber analytisch voneinander klar zu trennen sind. Wichtig ist auf jeden Fall, dass sowohl in der Phase der Datenerhebung als auch bei der Datenanalyse immer klar ist, von welchen Analyseebenen (engl.: levels) bzw. Einheiten (engl.: units) die Rede ist. Prinzipiell kann zwischen *drei Ebenen* unterschieden werden:

Syntaktische Ebene:	• Silben pro Wort: Wortlänge • Wörter pro Satz: Satzlänge • Artikellänge in Spaltenzeilen, mm^2 • Satzstrukturen • Verständlichkeit • Titel - Lead - Text - Bild • Gestaltungsmerkmale wie Bild, Kasten, Farbe
Semantische Ebene:	• Themen und Themenstrukturen • Akteure • Bewertungen • Argumente
Pragmatische Ebene:	• direkte Rede / Zitate • Handlungsanleitungen → Wirkungsabsichten

Untersuchungseinheiten. Darunter werden jene kleinsten Einheiten im Text bzw. in der Medienbotschaft verstanden, worauf sich die Messung bzw. Anwendung des Kategorienrasters bezieht, wobei klar definiert sein muss, auf welcher Analyseebene die jeweilige Untersuchungseinheit situiert ist. Beispielsweise können in einer Inhaltsanalyse von Zeitungen verschiedene formale bzw. inhaltliche Untersuchungseinheiten auf je anderen Ebenen definiert werden:

Formal:	• ganze Ausgabe:	Redaktionsteil vs. Werbung in Seiten
	• ganzer Artikel:	Fläche in mm^2
	• einzelne Sätze:	Anzahl Worte
	• einzelne Elemente:	Lead (ja / nein), Bilder (Anzahl)
Inhaltlich:	• Themen im Artikel	
	• Personen bzw. Personengruppen	
	• Argumente	
	• Wertungen	

Kategorienschema. Jede entsprechend den zugrunde liegenden Hypothesen zu messende *Dimension* muss in einem *Kategorienschema* (engl.: coding frame) *operationalisiert* werden. Das Konzept der *Validität* bezieht sich dabei auf die Frage, ob mit dem Kategorienschema tatsächlich das gemessen wird, was gemäß der Hypothese auch gemessen werden soll. Dem Codierer muss klar sein, wie ein Text gemäß dem Kategorienschema zu codieren ist. Dies geschieht durch *explizite*, möglichst genaue Anweisungen und konkrete Beispiele in Form eines *Codebuches*. Das Codebuch muss in Auseinandersetzung mit dem konkreten Material erarbeitet werden und seine *Reliabilität* sollte in einem *Pretest* überprüft werden. Eine hohe Reliabilität bedeutet, dass verschiedene Codierer, welche mit dem gleichen Codebuch die gleichen Texte codieren, zu den gleichen Resultaten gelangen (Reliabilitätsprüfung: vgl. Früh 2001: 177ff..).

Für inhaltsanalytische Kategoriensysteme gelten *fünf Qualitätskriterien*, welche ihre Validität und Reliabilität gewährleisten sollen (Merten 1995: 98/99): 1) *Relevanz:* Die Kategorien sollen für die Beantwortung der Fragen *relevant* und *theoretisch abgeleitet* sein (Validität). 2) *Unabhängigkeit:* Die Kategorien sollen voneinander unabhängig sein. 3) *Vollständigkeit:* Die einzelnen kategorialen Ausprägungen des Kategorienschemas sollen alle nur möglichen Fälle abdecken. 4) *Eindimensionalität:* Es soll nur ein Aspekt gemessen werden, d.h. ein einheitliches Klassifikationsprinzip jeder Dimension unterliegen. 5) *Eindeutigkeit bzw. Trennschärfe:* Jeder codierte Fall soll *eindeutig* und *nur einer* Kategorie zugeordnet werden können (wechselseitige Exklusivität). Als Alternative sind Mehrfachcodierungen möglich.

Konkrete Beispiele sollen diese Prinzipien näher erläutern. Nauck (1974) verwendete das folgende thematische Kategoriensystem zur Klassifikation von Jugendliteratur, wobei sich das Raster auf die Untersuchungseinheit „Jugendbuch" bezog, d.h. jedes untersuchte Jugendbuch wurde einem und nur einem Typ zugeordnet:

1. Familiäre Beziehungen	8. Geschichtliche Ereignisse
2. Verbrechen, Kriminalität	9. Übernatürliches
3. Natur und Tiere	10. Unterhaltung und Freizeit
4. Militär und Krieg	11. Rasse und Nationalität
5. Liebe, Erotik	12. Erziehung und Schule
6. Geschäfts-, Arbeitswelt	13. Wissenschaft, Wissenschaftler
7. Regierung und öffentliche Angelegenheiten	und Industrie
	14. Literatur und Kunst
	15. Religion und Kirche

Es stellen sich dazu folgende Fragen: 1) Wieso gibt es keine *Residualkategorie* wie „übrige Bücher", d.h. ist das Raster wirklich erschöpfend? 2) *Eindimensionalität:* Ist das Klassifikationsprinzip tatsächlich „einheitlich", d.h. liegt ihm nur eine Dimension zugrunde oder spielen nicht sowohl Gattungsaspekte (fiktional vs. dokumentarisch) als auch Themen (Übernatürliches vs. Natur und Tiere) eine Rolle? 3) *Trennschärfe:* Gibt es nicht Zuordnungsprobleme bspw. bezüglich der Kategorien „Übernatürliches" vs. „Religion" oder „geschichtliche Ereignisse" vs. „Krieg"?

Bei Themenrastern stellt sich oft auch das Problem, dass ein Nachrichtenbeitrag bspw. zur „Kulturpolitik" nach mehreren Gesichtspunkten gleichzeitig kategorisiert werden kann. Eine Möglichkeit zur Lösung des Problems besteht darin, das Raster durch Unterteilung von „Politik" in „Außen-", „Wirtschafts-", „Kulturpolitik" etc. zu differenzieren. Als Alternativ dazu kann mit *Mehrfachcodierungen* gearbeitet werden, indem pro Beitrag ein Hauptthema und bis zu drei weitere Nebenthemen codiert werden. Eine dritte Variante besteht darin, dass für jede Kategorie gefragt wird, ob sie vorkommt oder nicht – sog. Dummy Variablen –, d.h. es wird codiert, ob im Nachrichtenbeitrag politische, wirtschaftliche, kulturelle, soziale oder andere Aspekte angesprochen werden:

Zwei Raster zur Kategorisierung des Themas „Politik":

Krüger (1996)	Scherer u.a. (1997)
1. Politik	1. Internationale Politik
2. Wirtschaft	2. Verteidigung, Krieg
3. Gesellschaft	3. Wirtschaft, Finanzen
4. Kultur, Wissenschaft	4. Sozialwesen, Gesellschaft
5. Umwelt, Natur	5. Kultur, Wissenschaft, Technik
6. Freizeit, Sport	6. Gesundheitsweisen
7. Unterhaltung, Medien	7. Umwelt und Energie
8. Alltag	8. allgemeine Innenpolitik
9. Boulevard & Sonstiges	9. Handeln politischer Institutionen

3.2.5 Durchführung einer Inhaltsanalyse

Die Konzeption und Durchführung einer konkreten Inhaltsanalyse besteht aus folgenden Schritten, die im Voraus zu planen sind, nicht zuletzt auch in Bezug auf ihren zeitlichen bzw. finanziellen Aufwand:

1. Fragestellung und Hypothesen. Die durch die Inhaltsanalyse zu beantwortenden Fragen müssen explizit formuliert sowie Hypothesen aufgrund von zugrunde liegenden theoretischen Annahmen spezifiziert werden.

2. Untersuchungsanlage. Handelt es sich um eine deskriptive oder erklärende Studie? Wird nur zu einem Zeitpunkt (Querschnittstudie) oder über einen Zeitraum (Längsschnittstudie) gemessen? Wird nur ein Thema (mono- vs. multithematisch) bzw. nur ein Medium (intra- vs. intermedial) berücksichtigt? Wird die Medienrealität mit Außenkriterien (Alltagsrealität) verglichen?

3. Dimensionen und Kategorien. Für die praktische Durchführung der Inhaltsanalyse wird ein Codebuch erstellt, das alle zu messenden Dimensionen mit den entsprechenden Kategorienschemata und den notwendigen Codieranweisungen enthält. Die Auflistung der Kategorien allein genügt dabei nicht. Diese müssen möglichst präzise umschrieben und mit Beispielen aus dem Untersuchungsmaterial für die Codierer verschaulicht werden.

4. Codebuch und Codeblätter. Dazu gehören weiter die Codeblätter, d.h. standardisierte Formulare, in die für jede codierte Untersuchungseinheit die korrespondierenden symbolischen Codes (Zahlenwerte) eingetragen werden. Dies kann auch direkt mit einer Datenmaske am PC gemacht werden. Für jede Untersuchungseinheit ergibt sich so gemäß der Anzahl zu codierender Dimensionen eine oder mehrere Datenzeilen. Nach Beendigung der Codierphase wird diese Datenmatrix in den Computer eingegeben und mittels Statistiksoftware (bspw. SPSS) weiter verarbeitet und graphisch aufbereitet.

5. Pretest und Modifikationen. Der Erfolg der Inhaltsanalyse hängt davon ab, wie gut die operationalisierten Kategorienschemata auf den zu untersuchenden Textkorpus passen. Zur Entwicklung der Kategorien bedarf es dementsprechend möglichst guter Kenntnisse des Datenmaterials. Das fertige Codebuch sollte wiederum von mehreren Codierern in einem *Pretest* an einem Teil der Daten auf *Inter-Coder-Reliabilität* hin überprüft werden: Die Übereinstimmung soll möglichst hoch sein. Aufgrund des Pretests wird das Codebuch überarbeitet und entsprechende Unklarheiten durch zusätzliche Codieranweisungen behoben.

6. Grundgesamtheit. Je nach Zielsetzung der Studie muss die Grundgesamtheit festgelegt werden: Auf *welchen Zeitraum* sollen sich die Resultate beziehen, bspw. Querschnitt- vs. Längsschnittstudie? Bei publizistischen Fragestellungen muss auch abgeklärt werden, *welche Medien* zu untersuchen sind.

7. Stichprobe. Meist ist es nicht möglich, eine Vollerhebung zu machen, d.h. eine Auswahl drängt sich auf, die je nach Zielsetzung der Studie *repräsentativ* zu sein hat. *Repräsentativität* heißt, dass alle Elemente der Grundgesamtheit die gleiche Chance haben, in die Stichprobe aufgenommen zu werden. Es gibt verschiedene Verfahren, um dies zu garantieren, etwa durch die systematische Auswahl jedes bspw. x-ten Beitrags oder Artikels. Meistens ist es auch notwendig, eine Auswahl an Tagen innerhalb eines Jahres zu ziehen. Durch Bildung sog. *künstlicher Wochen* und / oder durch Berücksichtigung einer Auswahl an Medien, bspw. *gewichtet* entsprechend ihrer Reichweite bzw. Auflage – Schulz-Stichprobe – , können mögliche Verzerrungen vermieden werden.

8. Datenerhebung. Größere Inhaltsanalysen basieren auf der Arbeit von verschiedenen Codierern, die vor Beginn der Datenerhebung zu schulen sind.

9. Auswertung und Interpretation. Bevor die in elektronischer Form aufbereiteten Daten ausgewertet und interpretiert werden können, müssen sie auf Fehler hin durchgesehen (engl.: data clearing) und korrigiert werden. Die Auswertung der Daten und Darstellung der Befunde geschieht mittels gängiger Statistiksoftware. Die so erhaltenen Resultate müssen auf die zugrunde liegenden Fragestellungen und Hypothesen hin zurückbezogen und interpretiert werden.

3.2.6 Checkliste: Qualitätskontrolle

Zum Abschluss soll eine *Checkliste relevanter Fragen* von Früh (1998: 186-87) wiedergegeben werden, die nach der Konzipierung einer Inhaltsanalyse, aber noch bevor die Texte codiert werden, an das Instrument gestellt werden sollten. Die Antworten orientieren sich am Beispiel „Umweltschutz" (vgl. Kap. 3.2.3):

Abb. 15: Checkliste für die Qualitätskontrolle von Inhaltsanalysen (Früh 1998)

Fragen:		Antworten:
1.	Was soll erfasst werden?	Die Bedeutungszunahme des Themas „Umweltschutz" in der Presseberichterstattung von 1970 bis 1980.
2.	Ist die verwendete *Stichprobe* repräsentativ für den untersuchten Zeitraum und den Untersuchungsgegenstand „Presseberichterstattung"?	Ja, Repräsentationsschluss mit hinreichender Sicherheit möglich.
3.	Welche Indikatoren werden verwendet? Logik der Beweisführung?	Häufigkeit des Wortes „Umweltschutz" im Nachrichtenteil der Printmedien in diesem Zeitraum.
4.	Ist dieser Indikator „Worthäufigkeit" *valide?*	Falls stichhaltige Validitätskriterien genannt werden: akzeptiert. Falls keine Validitätskriterien ausgeführt werden, dann nach subjektiver Einschätzung. Ja, die Wortfrequenz kann als gültiger Indikator für die Bedeutungszunahme des Themas akzeptiert werden. Oder ggf.: nein.
5.	Wie gut sind die *zentralen Konstrukte* der Untersuchung definiert und dokumentiert? Gibt es ungeklärte Überschneidungen im Bedeutungsgehalt der Kategorien (Trennschärfe)? Sind die Kategorien alle auf derselben Abstraktionsebene angesiedelt? Folgen alle Unterkategorien einer Hauptkategorie demselben Klassifikationsschema? Bildet die Summe der Unterkategorien den Bedeutungsgehalt der Hauptkategorie vollständig ab? Sind die Codiereinheiten eindeutig festgelegt?	Überprüfung direkt am Material, z.B. im Rahmen des Pretests.

6.	Welche Ergebnisse liefert die Inhalts-analyse?	Jährlich zunehmende Vorkommenshäufigkeit des Wortes „Umweltschutz" in der Presseberichterstattung.
7.	Wie verlässlich sind diese Ergebnisse?	Reliabilität ist gut und durch Reliabilitätskoeffizient belegt; Test wurde durchgeführt.
8.	Sind die jährlichen Unterschiede statistisch signifikant, oder handelt es sich um zufällige Streuungen?	Ja, die Befunde sind signifikant, also interpretierbar.
9.	Was wird aus den inhaltsanalytischen Ergebnissen interpretiert: Inferenz?	Bedeutungszunahme des Themas „Umweltschutz" als Folge der Veränderung von Werten in der Gesellschaft. Ist diese Logik genügend schlüssig, da keine Bevölkerungsmeinungen erhoben wurden? Oder ist Umweltschutz nur ein Modethema?

3.3 Einzelne Applikationen

Im Folgenden sollen abschließend einzelne Applikationen der Inhaltsanalyse, die für die Publizistikwissenschaft typisch sind, näher dargestellt werden, wobei auf häufig verwendete *Analysedimensionen*, aber auch auf *Skalen und Indexe* näher eingegangen wird. Vor allem sollen diese jedoch in einer Typologie möglicher *Untersuchungsanlagen* verortet werden.

3.3.1 Inhaltsanalytische Untersuchungsanlagen

Holsti (1969), und später Merten (1995) auf ähnliche Weise, unterscheiden bezüglich der *Zielsetzungen* von Inhaltsanalysen drei verschiedene *Untersuchungsanlagen* (Abb. 16): 1) Deskriptive Inhaltsanalysen, 2) Inhaltsanalysen, welche Rückschlüsse auf den Kommunikator bzw. Urheber der Medienbotschaften zu ziehen versuchen, und 3) Inhaltsanalysen, welche aufgrund der analysierten Medienbotschaften Folgerungen in Bezug auf das Publikum ziehen.

Deskription und Strukturvergleich. Mittels des Instruments der Inhaltsanalyse sollen die syntaktischen und semantischen Merkmale bzw. Strukturen von Medienbotschaften erfasst und beschrieben werden, beispielsweise im Zeitverlauf (Trendanalysen), als Vergleich von unterschiedlichen Mediensystemen bzw. -anbietern oder evaluativ in Bezug auf einen Soll-Wert als Standard.

Rückschluss auf den Kommunikator. Auf der Basis von Inhaltsanalysen sollen Rückschlüsse auf Merkmale und Strategien von Kommunikatoren (Journalisten oder Mediensysteme: Bias-Forschung) bzw. des kulturellen Kontextes (Medien als Indikatoren des kulturellen Wandels) gezogen werden.

Abb. 16: Typologie von Untersuchungsanlagen (nach Holsti 1969: 26)			
Analyseebene	Vergleichsarten	Fragen	Forschungsprobleme
1. Zielsetzung: Deskription der Charakteristika / Strukturen von Medieninhalten			
Semantik: Zeichen ↔ Referenz **Syntax:** Zeichen ↔ Zeichen	Botschaften der Quelle A (Variablen X bzw. Y): 1. im Zeitverlauf 2. nach Situationen 3. nach Publika 4. Vergleich von X und Y	Was?	- Trendanalyse von Inhalten - Zusammenhang zwischen Quellencharakteristika und Merkmalen ihrer Botschaften - Evaluation von Botschaften in Bezug auf Soll-Werte
	Botschaften der Quelle A im Vergleich zu solchen der Quelle B	Wie?	- Persuasionstechniken - Stilanalysen
	Vergleich von Botschaften mit einem Soll-Wert: 1. A priori 2. Inhalt 3. Außenkriterium	An wen?	- Zusammenhang zwischen Zielgruppen und den für sie produzierten Botschaften - Deskription von Kommunikationsmustern
2. Zielsetzung: Rückschlüsse auf Kommunikatoren			
Pragmatik: Zeichen → Sender	Vergleich von Botschaften mit Merkmalen des Kommunikators: 1. Direkt 2. Indirekt	Warum?	- Rückschluss auf (psychologische) Merkmale - Rückschluss auf Merkmale der Kultur und kulturellen Wandel
		Wer?	- Rückschluss auf Urheber
3. Zielsetzung: Schlussfolgerungen in Bezug auf Publikum und Effekte			
Pragmatik: Zeichen → Publika	Vergleich von Botschaften des Kommunikators mit Kommunikation oder Verhalten des Publikums	Mit welcher Wirkung?	- Verständlichkeitsforschung - Analyse des Info-Flusses - Analyse der Wirkungen von / der Reaktion auf Botschaften

Folgerungen auf Publika und Effekte. Aufgrund von Merkmalen der Medienbotschaften wird auf Reaktionen des Publikums geschlossen, indem bspw. aus Textmerkmalen deren Lesbarkeit (Readability) oder deren Resonanz beim Publikum (Nachrichtenfaktorforschung) abgeleitet wird.

3.3.2 Publizistikwissenschaftliche Analysedimensionen

In publizistikwissenschaftlichen Inhaltsanalysen werden bestimmte Dimensionen immer wieder verwendet wie Artikelfläche bzw. Sendungsdauer, Thema, Akteure, Quellen, Ort des Ereignisses, Zeit (Aktualität), Aufmachung bzw. Ge-

staltung etc.. Gleichzeitig fehlen jedoch nach wie vor *standardisierte* Kategorienraster. Nachfolgend werden einige Beispiele aus der Forschung skizziert.

Themenstrukturen. Die häufigste Form der Inhaltsanalyse sind semantische
Themenanalysen in unterschiedlichsten Varianten wie bspw. im *Intermediavergleich* oder im *Zeitverlauf.*

Beispiel 1: Entwicklung der *Themenstruktur im Zeitverlauf* bei der schweizerischen Boulevardzeitung „Blick" von 1959/60 bis 1978/79 (N = 2500 Artikel)
nach den Themenbereichen „Politik" (Ausland + Inland), „Wirtschaft", „Kultur", „Sport" und „Privates". Hauptbefund: Zu konstatieren ist ein Rückgang der
sog. „seriösen" Themen zu Gunsten des Sports. Quelle: Saxer u.a. 1979.

Beispiel 2: *Themenstruktur im Intermediavergleich.* Untersucht wurden die
Themen „Politik", „Wirtschaft", „Sport", „Kultur", „Service" und „Anderes" in
einer repräsentativen Stichprobe schweizerischer Zeitungstypen (Boulevard-,
Elite-, Forum-, Regional-, Wochen- und Gratispresse; N = 13'206 Artikel).
Hauptbefunde: a) 50%-Anteil von Politik & Wirtschaft in der Elitepresse, 30%
in Forumszeitungen, knapp 10% in der Boulevardpresse. b) Leichter Rückgang
im Zeitverlauf (1975 vs. 1991); dies wird als Bedeutungsverlust von Politik &
Wirtschaft interpretiert. Quelle: Saxer 1992.

Beispiel 3: *Themenstruktur im Mediensystemvergleich: Ost- / Westpresse.* Untersucht wurde neben anderen Dimensionen die Darstellung von Politik in je 12
Ausgaben des Jahres 1994 in je zehn ost- und westdeutschen Tageszeitungen
(N = 7'072 Artikel) nach den Themen „internationale Politik", „Verteidigung &
Krieg", „Wirtschaft & Finanzen", „Sozialwesen & Gesellschaft", „Kultur, Wissenschaft und Technik", „Gesundheitswesen", „Umwelt & Energie", „allgemeine Innenpolitik" und „Handeln politischer Institutionen". Hauptbefunde: a) Ostzeitungen sind nach wie vor geringer im Umfang bei gleicher Artikellänge und
gleichen Ressortanteilen. b) Die Unterschiede nach Themen und geographi-
schen Bezügen sind nur graduell. c) Der Umfang des Meinungsteils ist geringer,
und es gibt weniger wertende Bezüge bei den Ostzeitungen. Fazit: In Redaktionen aus den neuen Bundesländern gelten inzwischen weitgehend die gleichen
Selektionskriterien wie im Westen. Quelle: Scherer u.a. 1997.

Beispiel 4: *Angebotsstruktur im Fernsehsystemvergleich: Öffentlich-rechtliche
vs. private Anbieter.* Untersucht wurde das Programmangebot in der Primetime
von 18 bis 23 Uhr von ARD, ZDF, RTL, SAT.1, Pro7, VOX, RTL2, Kabel 1
1998 und 1999, und zwar das Gesamtangebot nach a) Spielhandlungen (fiktionale Unterhaltung), b) Shows und Spiele (nonfiktionale Unterhaltung) und c)
fernsehpublizistische Realitätsvermittlung, wobei der letztere Bereich weiter
nach c1) Information und Meinungsbildung, c2) Information und Bildung, c3)

Information und Beratung (Lebensweltthemen), c4) Information und Unterhaltung (Human Touch Themen) unterteilt wurde. Hauptbefunde: 1) Die deutschen TV-Vollprogramme sind immer noch in erster Linie „Heimkino" (Filme und Serien). 2) Das Fernsehen verliert allmählich seine Funktion als Medium der politischen Information. Quelle: Trebbe / Weiß 2000.

Beispiel 5: *Struktur der Berichterstattung zu einem Thema.* Untersucht wurde, wie die Presse in der Schweiz über das kontroverse Thema „Kernenergie" im Zeitverlauf berichtete (N = 6'000, 1976-80. Hauptbefund: Nur wenige, d.h. 10 Themen dominieren zwei Drittel der Berichterstattung. Quelle: Saxer u.a. 1986.

Akteurstrukturen. Oft werden Themenanalysen ergänzt durch die Analyse der in den untersuchten Texten erwähnten Akteure, wie die folgenden Beispiele illustrieren. Nicht immer klar ist freilich, ob sich die Codierungen nur auf explizit genannte Personen (Namen) beziehen, oder ob die Nennung einzelner Personen als Repräsentanten für Kollektive bzw. Organisationen codiert werden. Öffentliche Personen verkörpern zudem vielfach mehrere Rollen bzw. stehen für verschiedene Organisationen; bspw. kann ein Politiker für eine Partei stehen bzw. als Parlamentarier sprechen.

Beispiel 1: In einer schweizerischen Presseanalyse wurden folgende Fragestellungen untersucht: Über welche Akteure wird berichtet? Und: Welche Akteure kommen selbst zu Wort bzw. werden zitiert? Kategorienraster: „Regierung", „Parlament", „Parteien", „Wirtschaft", „Wissenschaft", „Souverän", „übrige". Hauptbefund: a) In der politischen Berichterstattung dominiert die Exekutive; b) im Zeitverlauf (1975 vs. 1991) hat sich aber die Bedeutung der Exekutive zugunsten der Legislative verringert. Quelle: Saxer 1992, S. 78ff..

Beispiel 2: Welche Frauen bzw. Männer welcher Parteien werden in den Printmedien und bei Radio oder TV DRS wie oft erwähnt? Quelle: Eidgenössische Kommission für Frauenfragen 1995.

Beispiel 3: Wie groß ist der Anteil der Frauen bzw. Männer in der Anzeigenwerbung des „Stern"? In welchen Rollen und Aktivitäten werden Frauen bzw. Männer dargestellt? Äußert sich der Wertewandel in Veränderungen der dargestellten Rollen und Aktivitäten? Quelle: Brosius / Staab 1990.

Beispiel 4: Welche Rollenmerkmale haben Hauptpersonen in TV-Serien? Dimensionen: Sex, Alter, Nationalität, Beruf, Prestige, Familienrolle. Quellen: Tuchman 1978; Butsch 1992.

Quellenstrukturen. Codiert werden die Quellen bzw. Urheber von Medientexten. Der Vergleich zwischen *Journalisten* und *Agenturen* als Eigen- bzw. Fremdleistung wird oft als Indikator für publizistische Qualität verwendet.

Frage: Wer ist der Urheber des Artikels? Kategorienraster: „Agentur", „Kürzel", „Redakteur mit vollem Namen", „Korrespondent". Hauptbefunde: a) Zwei Drittel bis drei Viertel der Artikel in einer Zeitung sind Agenturmeldungen. b) Viele Agenturmeldungen, aber mit einem geringeren Flächenanteil, stehen weniger gezeichneten, aber größeren Artikeln gegenüber. Quelle: Saxer 1992.

Raumstrukturen. Gefragt wird sowohl nach dem Ort, wo ein Ereignis stattgefunden hat, über das berichtet wird, aber auch bspw. nach der Herkunft der Akteure, die in das Ereignis involviert sind. Ereignisort und Herkunft des Akteurs können sich unterscheiden, wie die Analyse der schweizerischen Außenpolitikberichterstattung in Presse und Fernsehen zeigt. Quelle: Bonfadelli 2000.

Beispiel 1: In der Schweiz wurden lokale Radio- und Fernsehstationen hinsichtlich ihres *Lokalbezugs* untersucht. Fragestellung: Wo finden die Ereignisse statt, über die berichtet wird? Kategorienraster: Am Senderstandort, in der Senderregion (Konzessionsgebiet), im übrigen Kanton, in der Schweiz, im Ausland.

Beispiel 2: Welchen Bezug bzw. welche Bedeutung hat ein Ereignis, über das berichtet wird? Kategorienraster: „lokale", „regionale", „nationale", „internationale" Relevanz im Rahmen einer Studie über Nachrichtenfaktoren.

Beispiel 3: In welcher „Arena", verstanden als *sozialer Kommunikationsraum,* wird ein Ereignis diskutiert, bspw. in politischer, ökonomischer, juristischer oder wissenschaftlicher Hinsicht.

Zeitstrukturen. Die Frage nach dem Zeitpunkt, an dem das Ereignis stattfand, kann als Indikator für die *Aktualität* der Berichterstattung verstanden werden.

Beispiel 1: Untersucht wurde die *Aktualität als Zeitbezug* der Berichterstattung der schweizerischen Tageszeitungen im Vergleich. Kategorienraster: „Ereignis passiert am Vortag", „liegt zwei Tage zurück", „drei und mehr Tage zurück", „keine Zeitangabe". Als Kriterium für die Codierung diente die sog. Dateline im Artikel. Quelle: Saxer 1992.

Beispiel 2: Der Zeitbezug kann zudem als *reflexives Moment* verstanden werden, indem gefragt wird, wie stark in der Berichterstattung Zukunfts- bzw. Vergangenheitsbezüge thematisiert werden. Kategorienraster: a) explizite Bezugnahme auf „die Vergangenheit" bzw. „auf die Zukunft", b) explizite Thematisierung von Veränderung und Wandel. Hauptresultat: In einer Studie zum Rückgang des sog. „*Ereignis zentrierten" Journalismus* in der Presse der USA zwischen 1894 und 1994 wurde aufgrund der expliziten zeitlichen Referenzen in der Berichterstattung ein signifikanter Anstieg von Vergangenheitsbezügen festgestellt, und zwar bei gleichzeitigem Anstieg der Thematisierung von Wandel. Quelle: Barnhurst / Mutz 1997.

Formstrukturen. Im Unterschied zu mediensoziologischen Studien spielen in publizistikwissenschaftlichen Inhaltsanalysen formal-gestalterische Aspekte eine wichtige Rolle. Untersucht werden a) die *Platzierung* eines Artikels nach Rubriken, b) die publizistische *Darstellungsform*, c) formale Elemente der Aufmachung wie *Titelgröße*, *Visualisierung* durch Bilder (Grittmann 2001), *Kästen* etc..

Beispiel 1: Fragestellung: In welchen *Rubriken* wird hauptsächlich über Kunst, Wissenschaft oder Umwelt berichtet? Als Analyseeinheit diente der Kontext des Artikels. Kategorienraster: „Ausland", „Inland", „Wirtschaft", „Lokales", „Kultur", „Wissenschaft", „übrige Rubriken".

Beispiel 2: Welche *Darstellungsformen* bzw. *publizistischen Genres* prägen die Zeitungsberichterstattung? Analyseeinheit: ganzer Artikel. Kategorienraster: „Meldung", „Bericht", „Kommentar", „Reportage", „Interview", „Portrait", „Leserbrief". Hauptbefund: Im Pressejournalismus dominieren nach der Häufigkeit die sog. Kurzformen, d.h. Meldungen; betrachtet man allerdings die Fläche bzw. den Umfang der Beiträge, dann entfallen zwei Drittel bis drei Viertel der Berichterstattung auf die längeren Formen (Berichte).

Beispiel 3: Welche *formal-gestalterischen Elemente* werden im Journalismus benutzt? Analyseeinheit: ganzer Artikel. Das erste Kategorienraster umfasst das Vorkommen von formalen Elementen wie Aufmacher, Untertitel, Obertitel, Lead, Zwischentitel, Kästen, Farbe und Bilder; das zweite Kategorienraster bezieht sich auf Aspekte wie Titel, Lead, Text, Bild, wobei die Flächenanteile in Prozent bezogen auf den Artikelumfang gemessen wurden. Befunde: In der Boulevardpresse übersteigen die Elemente „Titel", „Lead" und „Bild" oft den reinen Textanteil. Quelle: Saxer u.a. 1979.

Beispiel 4: Wie hat sich die *Selektion und Inszenierung von Information* in politischen Magazinen der öffentlich-rechtlichen Anbieter seit der Einführung des dualen Rundfunksystems verändert? Analyseeinheit: einzelner Magazin-Beitrag bzw. Personen. Stichprobe: 1985/86, 1991/92, 1997/98; N = 390 Beiträge. Kategorienraster: Länge des Beitrags, Thema, journalistische Form, Politik-, Ortsbezug, Personalisierung, Rezipientenbezug, Verwendung von Musik, Spannungsaufbau, Exklusivität, Videoanimation, Grafiken, Gewalt, Schaden u.a.m.. Hauptbefunde: Die Inhalte und Strukturen der politischen Magazine der öffentlich-rechtlichen Anbieter haben sich an die der privaten Anbieter angeglichen. Diese Gesamtentwicklung äußert sich in einer größeren Dynamik, verbunden mit einer größeren Vielfalt auf der inhaltlichen Ebene sowie in einer stärkeren Visualisierung mit Tendenzen einer Homogenisierung der journalistischen Darstellungsformen. Quelle: Wegener 2001.

3.3.3 Skalen: Beispiel „Biasforschung"

Im Unterschied zur Methode der Befragung wird in der Inhaltsanalyse relativ selten über das nominale Messniveau, d.h. die Codierung einzelner Kategorien, hinausgegangen. Im Unterschied dazu haben *Skalen* mindestens dann ein *Ordinalniveau*, wenn die einzelnen Skalenwerte der Reihe nach geordnet werden können, bspw. nach dem Grad ihrer Ausprägung oder Intensität.

Ordinale Sexismus-Skala. Pingree u.a. (1976) operationalisierten das Ausmaß an Frauenfeindlichkeit in der Werbung von Zeitschriften mittels einer ordinalen Skala, wobei sie verbal zwischen fünf verschieden intensiven Ausprägungen unterscheiden:

1. Woman is a two-dimensional, non-thinking decoration
2. Woman's place is in the home or in womanly occupations
3. Woman may be professional, but first place is home
4. Women and men must be equal
5. Women and men as individuals

Untersucht und validiert wurde die Skala an Anzeigen, die in „Playboy", „Time", „Newsweek" und „Ms." erschienen. Unklar bleibt, auf welche Analyseeinheit – Person oder ganzes Inserat – und unter Bezugnahme auf welchen Kontext – Text, Bild oder beides – die Codierung basierte, bzw. welche Elemente in einer Anzeige vorhanden sein müssen, um als „Level 5" codiert werden zu können. Die Reliabilität dieser Skala dürfte dementsprechend eher tief sein.

Bias-Forschung. Häufig werden Skalen metrischer Art in der sog. *Bias-Forschung* verwendet. Diese befasst sich mit der Analyse von Verzerrungen und Unausgewogenheit in der Medienberichterstattung und hat eine lange Tradition in der Inhaltsanalyse. Grundsätzlich sind vier theoretische Modelle zu unterscheiden:

• *Pluralismus-Modell:* Die traditionelle Bias-Forschung geht von einer pluralistischen Gesellschaft aus, in der verschiedenste potentiell gleichwertige Interessengruppen in der Öffentlichkeit über ihre Anliegen kommunizieren. Die Funktion der Medien wird als neutraler Spiegel verstanden: Von ihnen wird eine „objektive", d.h. ausgewogene Berichterstattung verlangt, bspw. durch Trennung von Nachrichten und Kommentar und ausgewogener Wiedergabe des Meinungsspektrums. Die wichtigste Form von journalistischer Verzerrung bzw. Bias besteht in der Bewertung von Ereignissen und Akteuren aufgrund der politischen Einstellungen der Journalisten als Parteilichkeit. Mittels Inhaltsanalyse kann aber der Bias aufgedeckt werden, indem die Berichterstattung mit der realen Welt verglichen wird. Beispiele: Inhaltsanalyse der „Nicaragua"-Berichterstattung des Schweizer Radio DRS oder der Technik- bzw. Risiko-Berichterstattung (Kepplinger 1988 + 1993).

- *Hegemonie-Modell:* Es basiert auf der Prämisse, dass die heutigen westlichen Gesellschaften Klassengesellschaften mit einer dominierenden Klasse und ihrer entsprechenden Ideologie sind. Behauptet wird, dass Medien ideologische Apparate seien und den herrschenden Interessen dienten. Die Inhaltsanalyse als Ideologiekritik soll latente Ideologien aufdecken. Vertreter sind bspw. Dieter Prokop, Glasgow Media Group, Todd Gitlin, Noam Chomsky u.a..

- *Konstruktivistische Perspektive:* Medien seien ein Teil der Gesellschaft und konstruierten als aktive Interpreten wie andere Instanzen auch eine spezifische Medienrealität. Journalisten könnten Realität gar nicht „objektiv" wiedergeben, weil es keine wertfreien Maßstäbe gäbe. Mittels der Methode der Inhaltsanalyse können darum höchstens die Konstruktionsprinzipien von Bias erforscht werden, etwa in Form von Korrelationen zwischen bewertenden Statements der Journalisten einerseits und der Wiedergabe von bewertenden Statements anderer Akteure andererseits. Bias entsteht so durch Quellenselektion als Phänomen des sog. opportunen Zeugen (Hagen 1992).

In methodischer Hinsicht kann Bias mittels der sog. *einfachen Bewertungsanalyse* festgestellt werden. Auf der Ebene des Artikels wird festgehalten, ob die Untersuchungseinheit dafür (+), dagegen (-) oder neutral (o) ist, bzw. zusätzlich kann die Intensität der Bewertung festgehalten werden, indem die Stärke der Tendenz eines Artikels gemessen wird: sehr dafür (+2), dafür (+1), neutral (0), dagegen (-1), sehr dagegen (-2). Wird als Untersuchungseinheit die einzelne Bewertung festgehalten, kann zusätzlich „*Wer wertet?*" codiert werden, Ist es der Journalist selbst oder wird die Bewertung eines Akteurs durch den Journalisten bloss zitiert? Beispiel: Kepplinger (1988 + 1991).

Im Unterschied zur einfachen Bewertungsanalyse ist bei der sog. *Argumentenanalyse* nicht der ganze Artikel oder die Bewertung die Untersuchungseinheit, sondern das einzelne Argument. Weiter kann unterschieden werden zwischen dem sog. „*Datum*" (bspw. „Arbeitslosigkeit vermeiden") als positives bzw. negatives Argument und der „*Konklusion*" (bspw. der Beitritt zum EWR ist für die Schweiz notwendig). Weiter wird festgehalten: Wer äußert das Argument? Und wie wird es geäußert, d.h. als direktes Ereignis, Zitat einer externen Quelle oder durch den Journalisten selbst. Beispiele für Argumentenanalysen: Weiß (1985+86) oder Saxer / Tschopp (1995).

Beispiel 1: „Nicaragua"-Berichterstattung. *Fragestellung:* Kepplinger (1988) untersuchte in der Schweiz die Berichterstattung von Radio DRS 1 im Vergleich zur eher konservativen Elitezeitung „NZZ" und zur liberalen Forumszeitung „Tagesanzeiger" über Nicaragua und Reykjavik bezüglich Ausgewogenheit. *Design:* Codiert wurden sowohl Beitragsmerkmale (Medium, Umfang, Platzierung, Stilform, Gesamttendenz) als auch *einzelne wertende Aussagen*, und zwar bezüglich Urheber (Journalisten vs. andere), Kategorie (59 zentrale Ereignisse bzw. Themen) und Ausprägung (+2, +1, -1, -2). Als explizite Wertung galten Sachverhalte, die mit werthaltigen Begriffen umschrieben wurden, als implizite Wertung galt, wenn auf wertbesetzte Sachverhalte (z.b. Aggressivität, Schaden, Nutzen) hingewiesen wurde. *Befunde:* Schweizer Radio DRS 1 berichtete mit anti-amerikanischer Tendenz im Vergleich zur NZZ (pro-amerikanisch) und zum Tagesanzeiger (neutral). Es bestanden zudem Unterschiede in den Wertungen aufgrund der Quellen und Ereignisse. *Probleme:* Die nichtwertenden Aussagen (80% - 90%) wurden nicht erfasst; implizite Wertungen werden häufig durch die aktuelle Ereignislage bestimmt; die Definition der Wertungen hängt sehr stark von den Codierern ab (Reliabilität?); positive und negative Wertungen werden nur in einen Zahlenwert verrechnet.

Beispiel 2: *Technik-Berichterstattung.* Kepplinger (1991) untersuchte die Darstellung der Kernenergie im Rahmen der Technik-Berichterstattung zwischen 1965 und 1986 in vier Qualitätszeitungen (FAZ, SZ, Welt, FR) und drei Wochenblättern (Zeit, Spiegel, Stern). Erfasst wurden im politischen Teil aufgrund einer Stichprobe von Ausgaben total 7909 wertende Aussagen über Energietechniken, wobei 6046 die Kernenergie betrafen. *Befunde:* Umweltgruppen bzw. Unternehmer blieben in ihrer negativen bzw. positiven Bewertung stabil. Politiker und Journalisten wurden in ihrem Urteil mit der Zeit kritischer. Nach Kepplinger folgten die Politiker dem durch die Journalisten induzierten Meinungswandel. Von der Wissenschaft war in der kritischen Zwischenphase wenig zu hören.

Beispiel 3: Hagen (1992) untersuchte aufgrund von 777 Artikeln die sog. *„Volkszählungsdiskussion"* in allen Zeitungsteilen von 5 Zeitungen wie „Welt" (konservativ-rechts), „FAZ" (gemäßigt konservativ), „SZ" (links-liberal), „FR" (progressiv-links) mit 4'357 Argumenten als Untersuchungseinheit zwischen dem 1.1. und 30.6.1987. *Methode:* Argumente sind Bewertungen von einzelnen Aspekten der Diskussion zur Volkszählung, wobei jedes Argument eindimensional ist, d.h. eine einzelne *Proposition* enthält wie bspw. „Gewährleistung des Datenschutzes" oder „Rechtmäßigkeit der Volkszählung". *Richtung:* Ist das Argument für oder gegen die Volkszählung (Skala: +2 bis −2). *Quelle:* Stammt das Argument vom Journalisten oder von einem anderen Kommunikator?

Befunde: Die Richtung der Argumente der Journalisten (= Zeitungslinie) korrelierte mit den zitierten Argumenten der übrigen Kommunikatoren. Die Konstruktionsprinzipien von Bias waren: 1) Argumente werden bevorzugt veröffentlicht, wenn ihre Richtung der redaktionellen Linie der Zeitung entsprach. 2) Argumente bestimmter Kommunikatoren, die auf der Linie der Zeitung liegen, wurden als sog. opportune Zeugen bevorzugt zitiert, und zwar unabhängig von der Richtung der einzelnen Argumente.

3.3.4 Indexe: Beispiel „Verständlichkeitsforschung"

Im Unterschied zu einer eindimensionalen Skala besteht ein *Index* aus einer Kombination einzelner Dimensionen, wobei dies entweder aufgrund theoretischer Überlegungen oder auf empirischer Basis mittels der Methode der Faktorenanalyse geschehen kann, welche Zusammenhänge zwischen verschiedenen Dimensionen aufzudecken vermag. Solche Indexe werden bspw. in der *Verständlichkeitsforschung* verwendet.

Fragestellung. Kann die *Lesbarkeit von Informationstexten* via Inhaltsanalyse aufgrund von verschiedenen Kriterien relativ einfach gemessen und in einem *Index,* d.h. mit einem einfachen Zahlenwert wiedergegeben werden?

Ansätze. Schon in den 20er Jahren gab es in den USA Versuche, verschiedenste Textmerkmale mit dem Textverständnis von LeserInnen zu korrelieren und die Resultate in *Lesbarkeitsformeln* zu kondensieren (Groeben 1982: 173ff.). Am häufigsten zitiert wird die sog. „Reading Ease" - Formel von Flesch (1948): RE = 206,835 - 0,846 x WL - 1,015 x SL, wobei die Wortlänge (WL) als Anzahl Buchstaben und die Silbenlänge (SL) als Anzahl Buchstaben definiert ist. Der RE streut im Englischen zwischen 0 und 100, wobei 0 praktisch Unlesbarkeit und 100 maximale Lesbarkeit darstellt. Zu beachten ist, dass es im Englischen relativ viele einsilbige Worte gibt, die Anwendung auf deutsche Texte führt dadurch zu einer Überschätzung des Schwierigkeitsgrades! Wichtig ist darum eine Validierung an Außenkriterien wie bspw. Schulbücher oder der Lesegeschwindigkeit.

Anwendungen. In der Schweiz hat Toni Amstad (1977) die Flesch-Formel auf Zeitungs- und Lesebuchtexte angewendet. Wegen der grammatikalischen Unterschiede zwischen Deutsch und Englisch wurde die Formel von ihm folgendermaßen adaptiert: RE = 180 - 58.5 x WL – SL. Die Befunde seiner Inhaltsanalyse zeigten, a) dass sich nicht nur Elite-, Forums- und Boulevardzeitungen hinsichtlich ihrer Textverständlichkeit deutlich unterschieden, sondern b) dass auch der Schwierigkeitsgrad der Pressetexte in den verschiedenen Ressorts variierte, und c) das Anspruchsniveau der Zeitungstexte deutlich über jenem der Schulbuchtexte lag.

3.3.5 Faktoren, Typen (Cluster) und Strukturen

Was die Auswertung von Befunden aus Inhaltsanalysen anbelangt, stellt sich oft die Frage, wie die festgestellten Themenstrukturen kondensiert und verdichtet werden können. Dabei bietet sich die *Faktorenanalyse* als Methode an. Mit ihr können die codierten Themendimensionen in Faktoren verdichtet werden.

Beispiel 1: Beusch (1997) untersuchte die AIDS-Berichterstattung der Schweizer Presse aufgrund eines Kategorienrasters mit 54 möglichen Themen (Mehrfachcodierung, ja / nein). Diese reduzierte sie mittels *Faktorenanalyse* auf neun thematische Faktoren und aufgrund dieser Faktoren ergab eine *Cluster-Analyse* wiederum sechs unterschiedliche Artikeltypen: 1) politisch-juristischer Diskurs über Aids-Epidemie und Maßnahmen, 2) Diskurs über Übertragbarkeit durch Blut sowie Folgen, 3) wissenschaftlich-medizinischer Diskurs über AIDS, 4) institutionelle-individuelle HIV-Prävention, 5) Aids und Drogen, 6) Darstellung von Aids-Organisationen und der Situation von Menschen mit Aids.

Beispiel 2: Wachtel / Richert / Ulbrich (1995) untersuchten die *Verkehrssicherheitsrelevanz von Autowerbung* in Headline, Fließtext und Bild, wobei eine 4-stufige Skala bezüglich 19 thematischen Kriterien angewendet wurde: 1 = Inhaltskategorie nicht angesprochen, 2 = nur beiläufig angesprochen, 3 = Inhaltskategorie ist wiederholt thematisiert, 4 = Inhaltskategorie ist Hauptargument. Stichprobe: 5483 Anzeigen in FAZ, Bild, ADAC-Motorsport von 1970 - 1992. Befunde: In der Autowerbung konnten folgende fünf Typen aufgrund der Headlines ausgemacht werden: 1) Superiore Qualität, 2) Prestige & Exklusivität, 3) Innovation & Zeitgeist, 4) Wirtschaftlichkeit, 5) Spaß- & Erlebnisbedürfnisse.

3.4 Fazit

In diesem abschließenden Kapitel sollen nochmals kurz die wichtigsten Vor- und Nachteile des Instruments „Inhaltsanalyse" bilanziert werden.

Die standardisierte quantifizierende Inhaltsanalyse ist methodisch möglichst *explizit,* insofern sie auf transparenten und eindeutig *festgelegten Regeln und Verfahren* – Operationalisierung – basiert. Die strikte Beschränkung der Analyse auf nur wenige *hypothesenrelevanter Textelemente* erlaubt es, nicht nur *große Textmengen,* sondern auch Bilder (Grittmann 2001) effizient und auf konsistente Weise – Reliabilität – zu untersuchen. Inhaltsanalysen ermöglichen so *generalisierende Aussagen* über Muster der Medienberichterstattung bzw. Strukturen der Medienrealität, die aufgrund der genauen Beobachtung von nur wenigen Einzelfällen u.U. nicht ins Blickfeld gelangen. Entgegengewirkt wird auch der Gefahr, einzelne herausragende Medientexte überzubewerten oder bestimmte Medientexte voreingenommen zu interpretieren (engl.: bias).

Allerdings wird an der Methode der Inhaltsanalyse, vorab von Vertretern qualitativer Verfahren der Textanalyse (Kracauer 1952), bemängelt, dass sie alle Texte und Textmerkmale gleich behandle, die *Bedeutung* von Textcharakteristika mit der *Häufigkeit* ihres Vorkommens gleichsetze, und darum nicht sensitiv sei für bspw. herausragende Einzelfälle (Singularitäten), das Nichtauftreten bestimmter Merkmale (Latenzen) oder die Abwesenheit von gewissen Inhalten in Medientexten. Das Gütekriterium der *Reliabilität*, zu rigoros gehandhabt, könne auch dazu führen, dass die *Validität* einer Studie beeinträchtigt werde, insofern nur solche Textmerkmale erhoben werden, die einfach zu messen seien. Ein weiteres Problem besteht zudem darin, dass Textelemente je nach ihrem *Kontext* durchaus auch je andere Bedeutungsnuancen haben können, denen die Inhaltsanalyse nicht gerecht zu werden vermag, insofern sie die Medienrealität analytisch in verschiedene und voneinander unabhängig zu codierende Dimensionen aufteilt (Bauer 2000: 141ff.).

Ein letzter Punkt betrifft schließlich die *mangelnde Reflexivität* der Methode. Qualitativ arbeitende Forscher betonen, dass bei der Analyse von Medientexten mitberücksichtigt werden müsse, dass der eigene Blick auf die Medienrealität immer historisch, geographisch, sozial und kulturell auf ganz spezifische Weise geprägt sei, was reflexiv thematisiert und aufgearbeitet werden müsse, in der Inhaltsanalyse aber durch Rückgriff das „unproblematische" Alltagsverständnis der Codierer jedoch ausgeblendet werde (vgl. Merten / Grossmann 1996).

Literatur

Inhaltsanalyse: Basistexte

Berelson, Bernard (1952): Content Analysis in Communication Research. Glencoe.

Brosius, Hans-Bernd / Koschel, Friederike (Hg.) (2001): Methoden der empirischen Kommunikationsforschung. Kap.: „Inhaltsanalyse I + II". Wiesbaden, S. 156-193.

Früh, Werner (1998[4] / 2001[5]): Inhaltsanalyse. Theorie und Praxis. Konstanz.

Holsti, Ole R. (1969): Content Analysis for the Social Sciences and Humanities. Reading, Mass.

Krippendorf, Klaus (1980): Content Analysis. An Introduction to Its Methodology. Beverly Hills / London.

Lisch, Ralf / Kriz, Jürgen (1978): Grundlagen und Modelle der Inhaltsanalyse. rororo studium. Reinbek.

Merten, Klaus (1995): Inhaltsanalyse. Einführung in Theorie, Methode und Praxis. Opladen.

Riffe, Daniel / Lacy, Stephen / Fico, Frederic G. (1998): Analyzing Media Messages. Using Quantitative Content Analysis in Research. Mahwah, N.J..

Inhaltsanalyse: weiterführende Texte

Bauer, Martin (2000): Classical Content Analysis: a Review. In: Bauer, Martin u.a. (Hg.): Qualitative Researching with Text, Image and Sound. London / Thousand Oaks / New Delhi, S. 131-151.

Bos, Wilfried / Züll, Cornelia (1996): Computergestützte Inhaltsanalyse in den empirischen Sozialwissenschaften. Münster / New York.

Deacon, David / Pickering, Michael / Golding, Peter / Murdock, Graham (1999): Researching Communications. A Practical Guide to Methods in Media and Cultural Analysis. Kap.: „Counting Contents". London / New York: S. 114-131.

Kracauer, Siegfried (1952): The Challenge of Quantitative Content Analysis. In: Public Opinion Quarterly, 16, 631-642.

Merten, Klaus / Grossmann, Brit (1996): Möglichkeiten und Grenzen der Inhaltsanalyse. In: Rundfunk und Fernsehen, 44(1), S. 70-85.

Rosengren, K.E. (Hg.) (1981): Advances in Content Analysis. Beverly Hills / London.

Schrott, Peter, R. / Lanoue, David J. (1994): Trends and Perspectives in Content Analysis. In: Borg, Ingwer / Mohler, Peter (Hg.): Trends and Perspectives in Empirical Social Research. Berlin / New York, S. 327-334.

Wirth, Werner / Lauf, Edmund (Hg.) (2001): Inhaltsanalyse: Perspektiven, Probleme, Potentiale. Köln.

Inhaltsanalyse: einzelne Anwendungen

Amstad, Toni (1977): Wie verständlich sind unsere Zeitungen? Lizentiatsarbeit am SfP. Zürich.

Berelson, Bernard / Salter, Patricia (1946): Majority and Minority Americans: An Analysis of Magazine Fiction. In: Public Opinion Quarterly, 10, 1946, S. 168-190.

Barnhurst, Kevin G. / Mutz, Diana (1997): American Journalism and the Decline in Event-Centered Reporting. In: Journal of Communication, 47(4), S. 27-53.

Beusch, Susanna (1997): HIV / AIDS in Schweizer Tageszeitungen 1987-1995. Lizentiatsarbeit am SfP. Zürich.

Bonfadelli, Heinz (1995): Kunst als Medienthema. In: Saxer, Ulrich: Kunstberichterstattung. Analyse einer publizistischen Struktur. Diskussionspunkt 29. Zürich, S. 85-122.

Brosius, Hans-Bernd / Staab, Joachim (1990): Emanzipation in der Werbung? Die Darstellung von Frauen und Männern in der Anzeigenwerbung des „stern" von 1969-1988. In: Publizistik, 35(3), S. 292-303.

Butsch, R. (1992): Class and Gender in Four Decades of Television Situation Comedies: Plus ça change … In: Critical Studies of Mass Communication, 9, S. 387-399.

Eidgenössische Kommission für Frauenfragen (Hg.) (1996): Die Kandidatinnen in den Medien. Geschlechtsspezifische Medienanalyse zu den Eidgenössischen. Wahlen 1995. Bern.

Galliker, Mark / Pousaz, Oliver (2000): Der Realitätsbezug der Printmedien. Zur Wahrnehmung der Schweiz in der New York Times, in der Washington Post und im Daily Telegraph (1993-1999). In: Medienpsychologie, 12, H. 2, S. 117-140.

Grittmann, Elke (2001): Fotojournalismus und Ikonographie. Zur Inhaltsanalyse von Pressefotos. In: Wirth, Werner / Lauf, Edmund (Hg.): Inhaltsanalyse: Perspektiven, Probleme, Potentiale. Köln, S. 262-279.

Groeben, Norbert (1982): Leserpsychologie: Textverständnis – Textverständlichkeit. Münster.

Hagen, Lutz (1992): Die opportunen Zeugen. Konstruktionsmechanismen von Bias in der Zeitungsberichterstattung über die Volkszählungsdiskussion. In: Publizistik, 37(4), S. 444-460.

Kepplinger, Hans Mathias (1988): Nicaragua und Reykjavik. Die Berichterstattung in Radio DRS 1, Neue Zürcher Zeitung und Tagesanzeiger. Mainz / Bern.

Kepplinger, Hans Mathias (1993): Technik-Kritik in den Medien. In: Bonfadelli, Heinz / Meier, Werner A. (Hg.): Krieg, AIDS, Katastrophen … Gegenwartsprobleme als Herausforderung der Publizistikwissenschaft. Konstanz, S. 193-211.

Kepplinger, Hans Mathias (1993): Paradigmenwechsel durch Ökologie. Umweltbotschaften in den Medien und Publikumsreaktionen. In: Medienwissenschaft Schweiz, (1), S. 1-10.

Knoche, Manfred / Schulz, Winfried (1969): Folgen des Lokalmonopols von Tageszeitungen. In: Publizistik, 14, S. 298-310.

Krüger, Udo-Michael (1996): Boulevardisierung der Information im Privatfernsehen. In: Media Perspektiven, (7), S. 362-374.

Nauck, Bernhard (1974): Kommunikationsinhalte von Jugendbüchern. Weinheim / Basel.

Pingree, Suzanne u.a. (1976): A Scale for Sexism. In: Journal of Communication, 26, S. 193-200.

Saxer, Ulrich (1991): Presse – Post – Presseförderung. Pressedefinitionen und postalische Transportpolitik. SfP: Zürich.

Saxer, Ulrich u.a. (1986): Massenmedien und Kernenergie. Bern.

Saxer, Ulrich / Bonfadelli, Heinz / Hättenschwiler, Walter / Schanne, Michael (1979): 20 Jahre Blick. Analyse einer schweizerischen Boulevardzeitung. SfP: Zürich.

Saxer, Ulrich / Tschopp, Cosima (1995): Politik und Medienrealität. Die schweizerische Presse zur Abstimmung über den EWR. SfP: Zürich.

Scherer, Helmut u.a. (1997): Die Darstellung von Politik in ost- und westdeutschen Tageszeitungen. Ein inhaltsanalytischer Vergleich. In: Publizistik, 42(4), S. 413-438.

Trebbe, Joachim / Weiß, Hans-Jürgen (2000): TV verliert allmählich Funktion als Medium politischer Information. In: Tendenz (4), S. 32-35.

Wachtel, Martin / Richter, Gerd / Ulbrich, Klaus-Peter (1995): Verkehrssicherheitsrelevanz der Autowerbung: ausgewählte Ergebnisse einer repräsentativen Inhaltsanalyse der bundesdeutschen Printmedien des Jahres 1992. In: Publizistik, 40(1), S. 39-66.

Weiß, Hans-Jürgen (1985): Die Tendenz der Berichterstattung und Kommentierung der Tagespresse zur Neuordnung des Rundfunkwesens in der Bundesrepublik Deutschland. In: Media Perspektiven, (12), S. 845-866.

Weiß, Hans-Jürgen (1986): Rundfunkinteressen und Pressejournalismus. Abschließende Analysen und Anmerkungen zu zwei inhaltsanalytischen Zeitungsstudien. In: Media Perspektiven, (2), S. 53-73.

4. Medienqualität

Die Entwicklung von Instrumenten zur Messung und Evaluation von kulturellen Medienleistungen bzw. journalistischer Qualität in der Publizistikwissenschaft ist jüngeren Datums, d.h. begann in den frühen 90er Jahren. Im Unterschied zu traditionellen Inhaltsanalysen, bei denen meist die Erfassung inhaltlicher Strukturen der Medienrealität im Zentrum steht, geht es einerseits um die Entwicklung von *Indikatoren zur Kennzeichnung* von medialen Programmangeboten und -leistungen insgesamt, andererseits erfolgt dies stärker aus einer *evaluierend-bewertenden Perspektive*. Gleichzeitig wird diese Zielsetzung aber vielfach mittels inhaltsanalytischer Methoden umgesetzt.

4.1 Gesellschaftlich-medialer Hintergrund

Öffentlicher Diskurs. Mit der Zulassung privater TV-Veranstalter und der verschärften Konkurrenz um Zuschauer intensivierte sich Mitte der 80er Jahre im deutschen Sprachraum, aber auch im übrigen Europa, die öffentliche Diskussion um die Qualität der Fernsehprogramme. Stichworte waren: Sex & Gewalt, Reality-TV, Infotainment etc.. Als Konsequenz sahen sich die öffentlich-rechtlichen Anbieter zunehmend gezwungen, ihren eigenen gesellschaftlichen Leistungsbeitrag zu überdenken und ihre Programmangebote stärker zu legitimieren.

Publizistikwissenschaft. Die sich intensivierende Debatte um Qualität und Leistungen der Medien äußerte sich aber nicht nur im außerwissenschaftlichen Bereich, sondern hatte auch ihre Rückwirkungen auf die Publizistikwissenschaft selbst. 1991 veröffentlichte die japanische Zeitschrift „Studies of Broadcasting" das Themenheft „Quality Assessment of Broadcast Programming"; 1992 befasste sich die französische Fachzeitschrift „Dossiers de l'audiovisuel" unter dem Titel „La qualité des programmes de télévision. Concepts et mesures" mit dem Problem. Und im gleichen Jahr erschien zudem in den „Media Perspektiven" ein Themenheft mit einem Gutachten von Heribert Schatz und Winfried Schulz über „Kriterien und Methoden der Qualität von Fernsehprogrammen", das sie für die ARD- / ZDF-Medienforschung verfasst hatten. Schließlich erschien 1992 eine erste Monographie von Denis McQuail mit dem Titel „Media Performance. Mass Communication and the Public Interest". In den Jahren darauf folgten weitere grundlagentheoretische, aber auch stärker praxisorientierte Veröffentlichungen (vgl. Wallisch 1995; Pöttker 2000).

4.2 Facetten der Qualitätsdiskussion

4.2.1 Der Diskurs

Nachfolgend sollen in einem ersten Schritt einige Facetten der öffentlichen aber auch publizistikwissenschaftlichen Leistungs- und Qualitätsdiskussion skizziert werden: Fixierung auf Fehlleistungen und Missstände, Aktions-Reaktions-Zyklen, Prospektivität und Nachhaltigkeit, Emotionalität und Kontroverse.

Leistungen vs. Fehlleistungen. Oft stehen nicht die Leistungen und die Qualität von Medien im positiven Sinn im Vordergrund der Diskussion, sondern es wird fast noch mehr über *Fehlleistungen* bzw. *mangelhafte oder sinkende Qualität* der Medien diskutiert: „Wie voyeuristisch war die Bildberichterstattung über den 11. September?" Oder: „Terror-Krieg: Medien unter Beschuss." (message 2002).

Aktion und Reaktion. Die Qualitäts- bzw. Leistungsdiskussion folgt meist einem *Aktions-Reaktions-Schema,* wobei der Ausgangspunkt oft negativer Art ist. Extramediale Instanzen werfen in einem ersten Schritt, bezogen auf einen bestimmten Fall wie bspw. die Nicaragua-Berichterstattung der SRG in den frühen 90er Jahren in der Schweiz (Kepplinger 1988), den Medien eine Fehlleistung vor. Und die Medien reagieren meist, indem sie die Anklage pauschal zurückweisen. Dies geschieht etwa durch Uminterpretation der „Qualitätskritik" in einen „Angriff auf die Meinungsfreiheit". – Die *Medienwissenschaft* einerseits, *juristische Instanzen* andererseits wie Ombudstellen, Beschwerdenstellen oder Gerichte sollen als mediatisierende Instanzen in diesen Konflikten schlichten.

Prospektivität und Nachhaltigkeit. Relativ neu ist, dass sich auch die Medien *prospektiv* und *nachhaltend* dem Thema „Medienqualität" zuwenden, indem sie Leistungskriterien zu formulieren versuchen oder gar in Form des Benchmarkings im Vergleich mit anderen Anbietern zu evaluieren beginnen. Im Zusammenhang mit dem Dualen-Rundfunk-System hat dies mit der verstärkt wahrgenommenen *Legitimationskrise des öffentlich-rechtlichen Rundfunks* zu tun, indem dieser selbst nach außen belegen muss, dass er andere bzw. bessere Leistungen erbringt als der Privatrundfunk. Beispiele: ARD- / ZDF-Gutachten zur Programmqualität (1992), Debatte um Kulturbilanz der SRG (Bonfadelli / Meier / Schanne 1998) oder die EBU-Richtlinien über Gewalt im Programm (Bonfadelli 1993: 167). Inzwischen haben aber auch die *Printmedien* die Relevanz des Themas „Medienqualität" erkannt, etwa im Zusammenhang mit der

verschärften Konkurrenz um Werbeaufkommen oder vor dem Hintergrund einer
verstärkten Publikumsorientierung wie auch im Kontext der Implementierung
von „Total Quality" - Managementsystemen (Russ-Mohl 1994; Wyss 2000).

Emotionalisierung und Kontroverse. Die in der Öffentlichkeit diskutierten
Fragen im Zusammenhang von Leistungen und Qualität der Medien werden zudem oft *emotionalisiert* und *kontrovers* diskutiert: Der öffentlich-rechtliche
Rundfunk kritisiert das Privatfernsehen oder die Wirtschaft bzw. Politiker klagen die Medien an etc..

Kriterien. Was unter „Medienleistung" oder „Medienqualität" verstanden wird,
ist oft implizit. Dementsprechend sind die Kriterien *vieldeutig, unklar und
mehrdimensional.* Die angelegten Maßstäbe und Beurteilungskriterien sind oft
nicht explizit, liegen auf unterschiedlichen Ebenen und widersprechen sich
(Pöttker 2000: 376): Das Konsumentenmagazin „Kassensturz" des öffentlich-
rechtlichen Schweizer Fernsehens DRS soll „angriffig" und „kontrovers", zugleich aber auch „objektiv" und „fair" sein.

Ad-hoc-Diskussion vs. Evaluation und Formulierung. Die öffentliche Diskussion entzündet sich meist an konkreten *Einzelfällen,* wobei sowohl publizistikwissenschaftliche Expertise gefragt ist, als auch zur Überprüfung von Leis-
tungs- und Qualitätskriterien standesrechtliche Organisationen wie der Presserat, die Beschwerdestelle des Fernsehens in der Schweiz oder juristische
Instanzen wie das schweizerische Bundesgericht bemüht werden. Im Vergleich
dazu wird in der Öffentlichkeit die *Formulierung* von leistungs- bzw. qua-
litätsbezogenen Kriterien oder Normen seltener problematisiert. Dies hat damit
zu tun, dass Medienleistungen nur zum Teil überhaupt explizit irgendwo kodifiziert sind, d.h. oft nur einen impliziten Bestandteil der journalistischen Berufs-
kultur darstellen.

Von der Medienkritik zum Qualitätsmanagement. Hinzu kommt, dass sich
das Mediensystem bzw. der Journalismus selbst einen möglichst großen Frei-
raum vorbehält und externer Medienkritik wie Beeinflussungsversuchen von
außen kritisch gegenübersteht. Leistungsdiskussionen werden nicht primär als
legitimes Bemühen um Qualität- und Produktkontrolle verstanden, sondern als
Beschränkung der Medienfreiheit wahrgenommen. Darum steht die Diskussion
der Frage, ob und wie das Mediensystem überhaupt durch qualitäts- bzw.
leistungsbezogene Normen und Instanzen zu steuern ist bzw. gesteuert werden
kann – Stichwort: *Qualitätsmanagement* –, erst am Anfang (vgl. Wyss 2000).

Von der Inhaltsanalyse zum Qualitätsmonitoring. Aber auch das empirisch-
analytische *Objektivitäts- bzw. Neutralitätsverständnis* der Publizistikwissenschaft nach US-Vorbild ist sicher ein Grund dafür, dass bis jetzt in der Publi-

zistikwissenschaft systematische und längerfristig angelegte Studien zur Entwicklung von Indikatoren und zum Monitoring von Medienleistungen bzw. Qualität der Medien weitgehend ausgeblieben sind. Eine Ausnahme etwa ist das *Cultural-Indicators-Projekt* von George Gerbner, der seit 1976 das Ausmaß an Fernsehgewalt jährlich untersucht oder die jährlichen Programmanalysen von Michael Krüger aus Köln seit Einführung des Dualen Rundfunks in der BRD.

Von der Rundfunk-Zentriertheit zur integralen Medienperspektive. Die Strukturunterschiede zwischen öffentlich-rechtlich institutionalisiertem Rundfunk einerseits und privatwirtschaftlich organisierter Presse andererseits sind ein Grund dafür, dass bezüglich des Rundfunks mehr codifizierte Leistungsansprüche und -normen bestehen. Hinzu kommt, dass vorab das Fernsehen seit jeher unter stärkerer Beobachtung und dementsprechenden Pressionsversuchen von politischen Interessengruppen gestanden hat. Der Leistungsdiskussion wird aber in jüngster Zeit auch im Pressebereich verstärkte Aufmerksamkeit geschenkt, etwa unter dem Stichwort „Total Quality Management", dies jedoch im Unterschied zum Rundfunkbereich stärker aus einer ökonomischen Perspektive.

4.2.2 Bezugsobjekte, Arenen und Anspruchsgruppen

Worauf bezieht sich der medienkritische Leistungs- bzw. Qualitätsdiskurs? Was sind seine Auslöser? In welchen Arenen findet er statt?

Bezugsobjekte. Meist geht es um ganz *konkrete Einzelsendungen bzw. Artikel*, wobei über Einzelheiten gestritten wird – bspw. rot-gefärbte Bilder des Luxor-Attentats auf der Frontpage der schweizerischen Boulevardzeitung Blick – ; es kann aber auch die umfassende Berichterstattung verschiedener Medien über ein *Einzelereignis* – bspw. die Tschernobyl-Katastrophe, der Golf- oder Afghanistan-Krieg, die Terroranschläge vom 11. September in den USA (message 2002) – zum Anlass der Auslösung einer Qualitätsdiskussion werden. Oder aber es werden *ganze Genres* und deren Entwicklung kritisiert wie die Fernsehnachrichten oder „Infotainment"- Tendenzen im Fernsehen; bzw. ein *neues Programmgenre* wie das Reality-TV oder eine neue Sendung wie „Big Brother" führen zu kontroversen Reaktionen. Und sogar *Medien insgesamt* wie bspw. „das Fernsehen" (Anders 1987; Enzensberger 1988; Bourdieu 1998) oder „der Computer" (Eurich 1988) bzw. „die Informationsgesellschaft" (Fabris / Hummel / Luger 1984) können in den Fokus der öffentlichen Aufmerksamkeit gelangen. Bezugspunkt der Leistungsbeurteilung kann aber auch eine einzelne *Redaktion* sein wie bspw. in der Schweiz das TV-Nachrichtenmagazin „10 vor 10" oder die Konsumentensendung „Kassensturz" oder aber der *Journalismus* bzw. ein Teilsystem davon wie die Paparazzi nach dem Todesfall von Lady Diana.

Arenen. Der Diskurs über Qualität und Leistungen der Medien findet in verschiedenen *Arenen bzw. Foren* statt, die mehr oder weniger öffentlich sichtbar und unterschiedlich zugänglich sind: 1) *Privat bzw. nicht-öffentlich* kann man als Mediennutzer zustimmend oder ablehnend auf einen Medienbericht reagieren. 2) *Medienöffentlichkeit:* Öffentlich wird diese Form der Betroffenheit, wenn sie als Leserbrief zum Zeitungsartikel geäußert wird; gleichzeitig besteht in den Medien selbst, d.h. vorab in der Presse, eine mehr oder weniger institutionalisierte Medienkritik. 3) *Justiz:* Öffentlich und sanktionsbezogen ist der Gang zu Ombudsmann bzw. zur Beschwerdeinstanz oder das Verlangen einer Gegendarstellung. 4) *Politik:* Diskussionen über Medienleistungen äußern sich zudem immer wieder in parlamentarischen Anfragen und Debatten. 5) *Bildung und Wissenschaft:* Medienleistungen werden auch an Tagungen von Journalistenausbildungszentren, über Medienpreise und Lehrbücher der Journalistik oder in Berichten von Medienwissenschaftlern definiert und diskutiert (Weßler u.a. 1997; Russ-Mohl / Fengler 2000; Medienwissenschaft Schweiz 2000).

Akteure. Betrachtet man die Akteure und Instanzen, die in aktuelle Kontroversen um Qualitäts- und Leistungsfragen verwickelt sind, fällt eine Hauptkonfliktlinie zwischen *Journalisten und Medien* einerseits sowie *extramedialen Instanzen* aus Politik, Wirtschaft und Kultur andererseits auf. Konflikte entzünden sich daran, dass extramediale Instanzen sich durch Medienberichte negativ betroffen fühlen: Politiker oder Prominenz aus dem Showbusiness können die öffentliche Kontroverse suchen, indem sie die Medienberichterstattung ablehnen und kritisieren. Es gibt aber auch Fälle, in denen sich Journalisten und Medien umgekehrt gegen wahrgenommene Beeinflussungen von Außen zur Wehr zu setzen versuchen, bspw. in der Schweiz die Forumszeitung „Tages-Anzeiger" als Reaktion auf den sog. Auto-Werbungsboykott in den 70er Jahren (Haldimann 1980, S. 37ff.). Der *Medienwissenschaft* selbst als weitere Instanz fällt oft die Aufgabe zu, in diesen qualitäts- bzw. leistungsbezogenen Kontroversen zu schlichten (bspw. Kepplinger-Gutachten zur Nicaragua-Berichterstattung in der Schweiz). Es äußern sich auch immer wieder zusätzliche Gruppen, die nicht direkt betroffen sind, aber im Namen der sog. „Moral", der „Wahrheit", der „Sachadäquanz" bzw. „der Mediennutzer" auftreten: *Kulturphilosophen* wie Günter Anders (1987), Neil Postman (1985) oder Pierre Bourdieu (1998) kritisierten verschiedentlich die Leistungen des Mediums Fernsehens; Hans Magnus Enzensberger sprach gar vom „Nullmedium Fernsehen" und Peter Sloterdijk (1983) wiederum vom „Informationszynismus der Presse". Weitere *Vertreter der Sozial- wie Naturwissenschaften* äußerten sich ebenfalls im Leistungsdiskurs, bspw. im Zusammenhang von Defiziten der Politik- oder Wissenschaftsberichterstattung oder bezüglich der dysfunktionalen Folgen von Mediengewalt.

Werturteile. Im Gegensatz zu früheren Debatten, die sich meist an *Einzelfällen journalistischer Fehlleistungen* – bspw. Berichterstattung über die Gladbeck-Entführung (Aug. 1988) oder den Bilderfälscher Michael Born (1996) – entzündeten, wird zunehmend die Tendenz sichtbar, Fehlleistungen als Symptome einer *Strukturkrise des Journalismus* zu sehen, wobei als verursachende Faktoren Prozesse der Globalisierung, Konzentration und Kommerzialisierung des Mediensystems gesehen werden. Dies ist im Gegensatz zu den 60er und 70er Jahren zu sehen, in denen die „ideologische Voreingenommenheit der Journalisten" oft als Ursache für mangelnde journalistische Qualität im Zentrum stand.

4.2.3 Medienleistungen: ein Bezugsrahmen

Zum Begriff „Medienleistung". Begriffe wie „Leistung" (engl.: performance) oder „Qualität" sind normativer Art, d.h. ein bestimmter Ist-Zustand wird mit einem Soll-Zustand, d.h. gewissen Idealen oder Zielvorgaben verglichen. Rosengren (1991: 45) umschreibt dies wie folgt: *„Quality is not a characteristic. It is a relation between a characteristic and a set of values."* Die *Evaluation*, d.h. die Messung der faktischen Leistungen an den Zielvorgaben erbringt eine Antwort auf die Frage nach der *Effektivität*. Von *Effizienz* spricht man darüber hinaus, wenn gefragt wird: 1) Zu welchen Kosten, 2) mit welchen Nebeneffekten, 3) im Vergleich zu möglichen Alternativen werden bestimmte Leistungen – Information vs. Unterhaltung – durch gewisse Medien – öffentlich-rechtliche vs. private Anbieter – für verschiedene Bezugsgruppen erbracht?

Begründung von Leistungsstandards. Wie begründet bzw. legitimiert man überhaupt solche Leistungsanforderungen bzw. Soll-Vorstellungen gegenüber den Medien bzw. worauf basiert man konkrete Leistungsstandards? – Ansprüche an die Medien und dazu korrespondierend die Verantwortlichkeit und Leistungen der Medien gegenüber dem Einzelnen bzw. der Gesellschaft werden oft durch Rekurs auf die sog. *öffentlichen Funktionen des Mediensystems* (vgl. Pöttker 2002) begründet. Argumentiert wird, dass moderne Gesellschaften insgesamt und das demokratisch-politische System im Besonderen auf ein ausdifferenziertes Mediensystem angewiesen seien.

Medien sammeln, wählen aus und bearbeiten Themen aus den verschiedensten sozialen Subsystemen und stellen diese journalistisch bearbeitet in Form von Medienaussagen für die öffentliche Kommunikation bereit. Sie ermöglichen damit die *Selbstbeobachtung der Gesellschaft* und erfüllen darum eine unerlässliche Leistung für das Funktionieren von komplexen pluralistischen Gesellschaften. Diese Leistung wird mit dem englischen Begriff „public service" oder in der Schweiz französisch als „Service public" bezeichnet. Weil moderne demokratische Gesellschaften somit auf ein funktionierendes Mediensystem angewiesen sind, ergeben sich aus diesem öffentlichen Interesse einerseits gewisse *Rechte* (bspw. Medien und Meinungsfreiheit), andererseits aber auch gewisse *Ansprüche* (bspw. Fairness) an die Medien, welche je nach Land teilweise in der Verfassung verankert sind.

Nach McQuail (1992) gibt es aber *verschiedene Konzeptionen* von „Public Interest", d.h. die gesellschaftlichen Ansprüche an die Medien können unterschiedlich verstanden werden. 1) *Mehrheitskonzeption:* Öffentliches Interesse bedeutet „Mehrheitsmeinung" bzw. „Mehrheitsbeschluss", was einer formalen Bestimmung durch Verfahren gleichkommt. 2) *Gemeinsamkeitskonzeption:* Es bestehen gewisse Interessen und Ansprüche an die Medien, die allen dienen und nützlich sind; die Begründung erfolgt hier durch Rekurs auf die Gemeinwohlinteressen der Betroffenen. 3) *Absolutistische Konzeption:* Es gibt bestimmte absolut bestimmbare Standards und Ansprüche.

Weil die *Bestimmung von Leistungsanforderungen* an die Medien je nach Konzeption unterschiedlich ausfällt, aber letztlich zwischen den beteiligten sozialen Instanzen immer wieder neu ausgehandelt werden muss, ist es eine Aufgabe der Publizistikwissenschaft, diesen *gesellschaftlichen Diskurs um die Definition von Leistungskriterien* zu beobachten und kritisch zu verfolgen, wobei folgende *Fragen* gestellt werden können: vgl. Abb. 17.

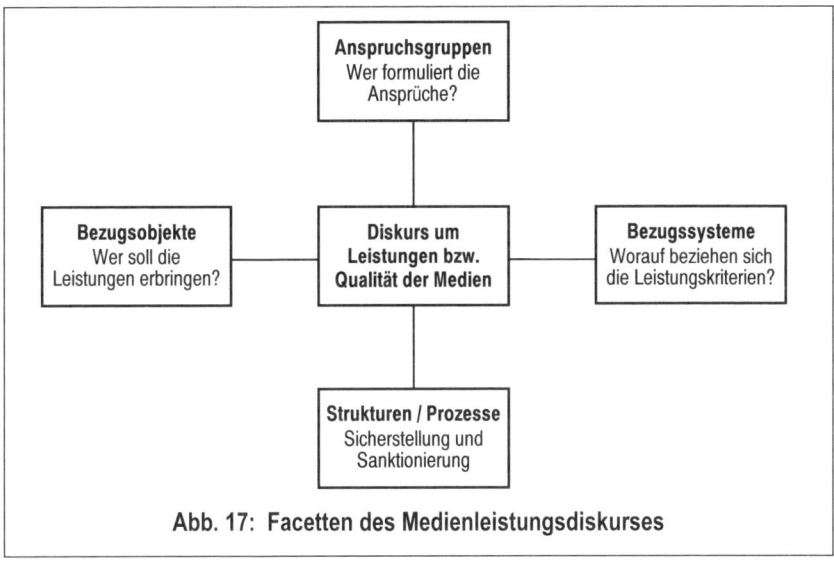

Abb. 17: Facetten des Medienleistungsdiskurses

Anspruchsgruppen. Wer formuliert normative Ansprüche an die Medien? Medienbezogene Zielvorgaben können von unterschiedlichen Instanzen und unter Bezugnahme auf verschiedene Wertsysteme als Ansprüche ans Mediensystem formuliert werden, und zwar durch Politiker, Wirtschaftsexponenten, Kulturvertreter, Journalisten, Mediennutzer.

Bezugsobjekte. Die geforderten Leistungs- und Qualitätsstandards können sich schließlich auf verschiedene Objekte beziehen: 1) Auf das gesamte *Mediensystem* wie elektronische Medien (Radio und Fernsehen), Printmedien (Zeitungen und Zeitschriften), Neue Medien (Internet) oder die öffentlich-rechtlichen vs. privaten Anbieter, 2) auf die *Medienproduzenten* (Verleger, Chefredaktoren, Journalisten), 3) auf *Medienaussagen* oder 4) auf die *Medienkonsumenten.*

Bezugssysteme. Die Formulierung von medienbezogenen Leistungserwartungen erfolgt meist durch Referenz auf ein spezifisches Bezugssystem wie die Welt bzw. den Gegenstand der Kommunikation, die involvierten Interessengruppen, Charakteristika der Medien oder das Publikum: 1) Bezug auf die *Welt bzw. den Sachverhalt* aus Politik, Wirtschaft oder Kultur, worüber berichtet wird (Ansprüche: Wahrhaftigkeit, Objektivität); 2) Bezug auf die mit der Sache verknüpften *Interessengruppen* (Ansprüche: Vielfalt, Relevanz) als Leistung; 3) Bezug auf das *Medium* (Ansprüche: professionelle Standards); 4) Bezug auf das *Publikum* (Ansprüche: Verständlichkeit, Attraktivität).

Strukturen und Prozesse. Mittels welcher *Strukturen und Prozesse* sollen die geforderten Medienleistungen sichergestellt werden? Und welche *Instanzen* sollen bei Nichterbringung von Leistungen bzw. Verletzung von Normen Sanktionen mit welcher Verbindlichkeit aussprechen können? 1) Auf der Ebene des Mediensystems und der Medieninstitutionen können Leistungsnormen aufgrund von medienpolitischen Diskursen rechtlich verbindlich kodifiziert sein. 2) Die Einhaltung und Überprüfung im Einzelnen wird über das *Medienrecht* und dessen Instanzen (Gerichte, Aufsichtsbehörden, Beschwerden- / Ombudsstellen) sichergestellt. 3) Auf Ebene der Medienorganisationen und Medienproduzenten gibt es weitere Instanzen mit mehr oder weniger explizit formulierte Normen wie den Presserat und die Journalistenverbände oder die freiwillige Selbstkontrolle als Instanzen und Medienethik, Redaktionsstatute, organisationsinterne Richtlinien, Selbstdeklarationen, Lehrbücher, Medienethik etc. als Instrumente.

4.3 Publizistikwissenschaftliche Ansätze

Es gibt verschiedene Möglichkeiten der publizistikwissenschaftlichen Umsetzung von Fragestellungen im Zusammenhang mit Medienleistungen.

Im Rahmen der *angewandten Forschung* können bspw. die Leistungen einzelner Medienanbieter im Sinne eines Monitoring evaluiert oder in Form von *Einzelfallanalysen* zu bestimmten Problemen wie bspw. TV-Gewalt überprüft werden. Auf einer *Policy-Ebene* kann auch der Leistungsdiskurs selbst untersucht werden: Wer versucht mit welchem Interesse und mit welcher Wirksamkeit welche Normen durchzusetzen? Oder umgekehrt: Wer versucht aufgrund welcher Interessen das Aufstellen, Anwenden von Normen abzuwenden (bspw. bezüglich Fernsehgewalt)? Im Rahmen von publizistikwissenschaftlicher *Grundlagenforschung* kann schließlich versucht werden, Leistungskriterien für die Praxis zu entwickeln.

Im Folgenden werden zwei konkrete publizistikwissenschaftliche Ansätze näher vorgestellt: Das „Media Performance" - Modell von McQuail (1992) und der Ansatz von Schatz / Schulz (1992) zur Operationalisierung der Qualität von Fernsehprogrammen.

4.3.1 „Media Performance" (McQuail 1992)

Anspruch und Vorgehen. McQuail (1992) meint, dass er weder einen neuen eigenständigen *systematisch-normativen* Entwurf vorzulegen vermag, andererseits aber auch nicht rein empirisch vorgehen will. Sein Mittelweg besteht darin, die wichtigsten normativen Ansprüche an die Medien im aktuellen Diskurs – politisch, medienwissenschaftlich – zu analysieren, auf ihren *Kerngehalt* hin zu reduzieren und in eine *kohärente und zusammenhängende Struktur* zu bringen. In dieser Hinsicht handelt es sich sicher um einen der ambitioniertesten Versuche.

„Public interest" – Bezugsrahmen. Gesellschaftliche Gruppen (engl.: agents) formulieren bestimmte Ansprüche (engl.: claims) an die Medien. Diese bestehen aus den zu realisierenden Werten (engl.: criteria of attainment) und den konkreten Realisierungen auf der Medienebene in Form von Prioritäten (engl.: preference schedule). Die verschiedenen Anspruchsgruppen basieren bzw. legitimieren ihre Ansprüche durch Bezug auf eine bestimmte Version oder einen Idealtypus von „Public Interest" – bspw. „die Mehrheit wünscht sich" – und auf übergeordnete Werte der Kommunikation wie bspw. „Unabhängigkeit". Der Qualitätsdiskurs spielt sich dabei in einer bestimmten Arena ab, bspw. in Form von Medienpolitik in einem Parlament.

Drei Leistungsansprüche. Analog zu den drei fundamentalen *demokratischen Menschenrechten* der französischen Revolution reduziert und systematisiert McQuail die medienbezogenen Leistungsansprüche auf *drei Grundwerte:*

1. Freedom. Freiheit als oberster demokratischer Grundwert wird in Form der Meinungs- / Medienfreiheit direkt auf Kommunikation bezogen, d.h. als Recht, eine eigene Meinung zu haben, zu bilden und zu verbreiten. Auf die Massenmedien bezogen bedeutet dies „*Unabhängigkeit*" der Medien von politischen und wirtschaftlichen Beeinflussungsversuchen (negative Bestimmung) und positiv „*Zugang*" (engl.: access) als Recht auf Gehör für Kommunikatoren.

2. Equality. Positiv bezogen auf Rezipienten bedeutet Gleichheit so viel wie „*Vielfalt*", nämlich dass alle Meinungen gleichermaßen in der Öffentlichkeit zur Sprache kommen und diskutiert werden sollen. Gleichheit bedeutet aber auch gleiche, d.h. neutrale und faire Behandlung der verschiedenen Meinungen und Gesichtspunkte: „*Objektivität*".

3. Order – Solidarity. In gewisser Hinsicht ist der Gesichtspunkt der Ordnung das Gegenstück zur Freiheit. Damit ein friedliches Zusammenleben aller in der Gesellschaft überhaupt möglich ist, braucht es gewisse soziale Regeln. Gerade in Situationen der Krise braucht es kommunikativ auch eine gewisse „Kontrolle" und Einheit, so dass längerfristig auch Konsens möglich wird. Die „Solidarität" bspw. mit Randgruppen funktioniert wiederum als sozialer Ausgleich. „Kultur" als positiver Beitrag der Medien dient schließlich zur Bildung von Identität und der Enkulturation in die Gesellschaft oder als verantwortungsbewusster Umgang mit Gewalt und Pornographie.

Bedingungen von Medienleistungen. Wie es konkret um die Leistungen der Medien bestellt ist, bedarf auf einer *deskriptiven* Ebene der entsprechenden Operationalisierungen. In *erklärender* Hinsicht geht es darum, jene Faktoren zu bestimmen, die darüber entscheiden, ob die Ansprüche im konkreten Fall gut / schlecht erfüllt werden.

4.3.2 Indikatoren von TV-Leistungen (Schatz / Schulz 1992)

Zielsetzung. Es sollen Kriterien und Methoden entwickelt werden, aufgrund derer ein *Leistungsvergleich* zwischen öffentlich-rechtlichen und privaten Fernsehprogrammen vorgenommen werden kann. Im Vergleich zu McQuail ist der Anspruch hier beschränkter, und zwar auf: 1) die Situation in Deutschland, 2) nur auf TV-Programme und 3) als Vergleich zwischen zwei Medientypen.

Ausgangspunkt. Programmqualität wird definiert als Eigenschaft, die bestimmten Normen entspricht. Obwohl bei der Beurteilung von Programmen verschiedene Wertsysteme ins Spiel kommen – politische Werte, Werte der Profession, Werte der Ästhetik, Werte des Publikums – , gibt es doch einen verbindlichen Orientierungsrahmen wie Gesetze und Staatsverträge sowie Urteile des Bundesverfassungsgerichtes: 1) Rundfunkfreiheit als Schutz vor staatlicher und privater Einflussnahme; 2) die Aufgabe des Rundfunks, öffentliche Meinungsbildung in Freiheit sicherzustellen, und zwar über das Gebot der Programmvielfalt; 3) journalistische Professionalität; 4) das Gebot der Rechtmäßigkeit.

Leistungskriterien. Vor diesem Hintergrund formulieren die Autoren in ihrem Gutachten fünf, ihrer Meinung nach *zentrale Kriterien:*

- *Vielfalt:* a) Strukturelle Vielfalt bezüglich Programmsparten und -formen und b) inhaltliche Vielfalt bezüglich Information und Meinungen, Ereignissen / Themen, Akteuren / Gruppen sowie in geographischer Hinsicht.

- *Relevanz:* Ist ein relationaler Begriff, d.h. ein Ereignis ist relevant für die Gesamtgesellschaft, für bestimmte Gruppen oder ein Individuum. Indikatoren können sein: Zahl der Betroffenen, Wirkungsintensität, Zentralität der Werte, soziale und geographische Nähe. Frage: Wer entscheidet bezüglich dieser Relevanzattribute?

- *Professionalität:* a) Inhaltlich als Richtigkeit, Relevanz, Ausgewogenheit und Neutralität; b) formal hinsichtlich Verständlichkeit und Ästhetik.

- *Akzeptanz:* Interessen, Wünsche, Bedürfnisse der Zuschauer spielen in den Gesetzestexten kaum eine Rolle, in der praktischen Programmierung des Rundfunks aber umso mehr.

- *Rechtmäßigkeit:* Programme müssen weitere gesetzliche Bestimmungen berücksichtigen bspw. bezüglich Gewalt und Pornographie, Kinder- und Jugendschutz oder was Werbung anbelangt.

4.3.3 Publizistische Vielfalt: die Konvergenz-Debatte

Der Begriff „Vielfalt". Neben dem Leistungsfaktor „Relevanz" stellt insbesondere die Messung der publizistischen *Vielfalt* vor dem Hintergrund von medienpolitischen Kontroversen in der publizistikwissenschaftlichen Forschung ein wichtiges Thema dar. Der Begriff „Vielfalt" lässt sich sowohl auf der System- und Organisationsebene – *Anbieterperspektive* – als auch auf der Programmebene – *Angebotsperspektive* – operationalisieren: Vielfalt als 1) Anzahl der Anbieter von Fernsehprogrammen in einem Land, 2) als vielfältige Durchmischung der Fernsehschaffenden, 3) als vielfältiges Programmangebot und schließlich 4) als vielfältig genutztes Programm – *Nutzerperspektive* – (vgl. Abb. 18).

Vielfaltsicherung. Zusätzlich zur Evaluierung von Vielfalt auf der Ebene der Anbieter – extramediale Vielfalt – oder auf der Programmebene können auch staatliche oder innerorganisationelle Maßnahmen und Strategien (Russ-Mohl

1997) zur Sicherung und Förderung von Vielfalt – intramediale Vielfalt – auf
ihre Effizienz und Effektivität hin überprüft werden.

Abb. 18: Dimensionen von publizistischer Vielfalt

Bezugsebene	Dimensionen
Mediensystem	- Anzahl unterschiedlicher Medientypen - Anzahl publizistische Einheiten (bspw. Titel) - Anzahl unabhängiger publizistische Einheiten
Medienorganisation	- Vielfalt von Medienschaffenden - Vielfalt von Institutionstypen - Vielfalt von Zuliefersysteme
Programm	- Vielfalt an Formen (Genres etc.) und Präsentationsweisen - Quellenvielfalt - Vielfalt in Bezug auf Ereignisse und Akteure - Vielfalt der abgebildeten Kommunikationsräume
Publikum	- Vielfalt der Publika, welche Programme nutzen - Vielfalt der genutzten Angebotstypen etc.

Vielfalt aus Anbieter- und Programmperspektive

Dimensionen von Programmvielfalt. Allein auf der Ebene der Programme
und deren Inhalte können sechs Dimensionen von Vielfalt (Abb. 18) unterschieden werden, nämlich die Vielfalt von 1) Formen, d.h. Genres, Programmgattun-
gen und Sparten, 2) von Präsentationsformen auf der Ebene einzelner Programme, 3) von externen Informations- und Programmquellen sowohl im dokumentarischen als auch im fiktionalen Bereich, 4) der selektionierten Ereignisse, der
behandelten Themen und der Perspektiven, aus denen die Berichterstattung erfolgt, 5) an Personen, Gruppen, Organisationen und Institutionen, und zwar bezüglich ihrer Präsenz wie auch so zum Ausdruck kommenden Interessen
und Meinungen, schließlich 6) an berücksichtigten Ereignis- und Kommunika-
tionsräumen auf lokaler, regionaler, nationaler und internationaler Ebene.

„Konvergenz"-Debatte. Vor allem medienpolitisch, aber auch wissenschaftlich umstritten ist die Vielfaltsfrage in Deutschland seit der Zulassung privater
TV-Anbieter ab 1985 diskutiert worden (Krüger 1989 bis): Führt die Zulassung

neuer Rundfunkveranstalter zur Vergrößerung der programmlich-publizistischen Vielfalt oder nicht?

Empirische Umsetzung. Als eine der ersten haben Schatz / Immer / Marcinkowksi (1989) aufgrund von ersten inhaltsanalytischen Befunden festgestellt, dass sich die Programmangebote der privat-kommerziellen Anbieter vom öffentlich-rechtlichen Angebot unterscheiden, d.h. sie konnten *keine Erweiterung der „Artenvielfalt" feststellen.* Sie postulieren darum vor dem Hintergrund der verstärkten Konkurrenz *„Anpassungsprozesse in Richtung auf eine höhere Publikumsattraktivität",* die ihrer Meinung nach einer „Selbstkommerzialisierung" gleichkomme.

Das Institut für empirische Medienforschung Köln (Krüger 1989 etc.) untersucht im Auftrag des öffentlich-rechtlichen Rundfunks seit Ende der 80er Jahre systematisch und vergleichend in jährlichem Rhythmus inhaltsanalytisch das Angebot der öffentlich-rechtlichen und privaten TV-Anbieter, und zwar nach a) Programmgenres nach Anteilen, b) Programmgenres nach Sendezeiten, c) Herkunft der Programme nach Produktionsländern, d) Eigen- vs. Kaufproduktionen etc.. *Generalbefund:* Eine Anpassung der öffentlich-rechtlichen an die privaten Angebote hat bisher nicht stattgefunden.

Im Unterschied zu Krüger glaubt Merten (1996) aufgrund seiner inhaltsanalytischen Langzeituntersuchung von 1980 bis 1993 jedoch die *Konvergenzhypothese* belegen zu können. „Für die Zeit von 1980 bis 1993 (...) lässt sich eine dreifache Konvergenz der Programme nachweisen: *temporal* als Verschiebung der Sendeplätze, *sachlich* als Vergrößerung respektive Reduktion von massenattraktiven respektive nicht-massenattraktiven Spartenanteilen und *sozial* als Veränderung der Nutzungchance des Rezipienten" (S. 169).

Vielfalt aus Nutzerperspektive

Fragestellung. Die medienpolitische Forderung nach vielfältigen Programmen muss jedoch ebenfalls die Nutzerperspektive mitberücksichtigen, indem bspw. gefragt wird: „Hat die Programmvermehrung mehr Wahlmöglichkeiten für den Zuschauer zur Folge gehabt? Und haben die Zuschauer diese Wahlmöglichkeiten auch tatsächlich benutzt?"

Beispiel 1. Donsbach (1992) hat sich als einer der ersten mit der Vielfalt im TV-Bereich auch aus Zuschauersicht befasst. *Methode:* Er analysierte zunächst das dem Zuschauer zur Verfügung stehende Programmangebot inhaltsanalytisch nach 11 Sparten – Information: 1) Aktuelles (Nachrichten), Politik und Wirtschaft, 2) Kultur, 3) Ratgeber und Bildung; Unterhaltung: 4) spannungsbetont, 5) unterhaltungsbetont, 6) realitätsbetont, 7) Erotik, 8) Musik, 9) Show und

Spiel, 10) Sport, 11) Sonstiges – und zwar für die Jahre 1983, 1985, 1987, 1989, 1991 und für die sieben Sender ARD, ZDF, SWF3, Sat1, RTLplus und 3 Sat. Codiert werden die Programmangebote in 5-Minuten-Intervallen zwischen 19 und 22 Uhr, wobei gefragt wurde, wie groß die Auswahlmöglichkeiten (11 Genres auf max. 7 Sendern) zu einem bestimmten Zeitpunkt waren. *Befunde:* 1) Das Informationsangebot ist stetig zurückgegangen, das Unterhaltungsangebot jedoch stetig angestiegen. 2) Die *absoluten* Auswahlmöglichkeiten stiegen: 2.6 durchschnittliche Vielfalt bei drei Anbietern 1983, 3.9 bei sechs Anbietern 1985, 4.5 bei sieben Anbietern 1987 und 5.2 bei neun Anbietern 1989. 3) In zeitlicher Hinsicht ist die Vielfalt zwischen 19.30 und 20.30 am größten. 4) *Relativ,* d.h. bezogen auf die Zahl der Anbieter, ging die Vielfalt jedoch zurück. 5) Die Chance, als Zuschauer auf eine Informationssendung zu stoßen, sank deutlich, während sie für Unterhaltung angestiegen ist.

Beispiel 2. In der Schweiz haben Meier / Schanne / Bonfadelli (1993) das Angebot und die Nutzung des inländischen öffentlich-rechtlichen Anbieters (FS DRS) im Vergleich zu den öffentlich-rechtlichen und privaten ausländischen Fernsehsendern nach Programmgenres in der Deutschschweiz im Rahmen des Nationalen Forschungsprogramms 21 „Nationale Identität und kulturelle Vielfalt" untersucht. *Methode:* Inhaltsanalytische Erfassung des Programmangebots während einer Woche (11.4. - 17.4.1988) von 7 Sendern (DRS, ARD, ZDF, FS1, FS2, SR/SI, übrige) in 15-Minuten-Intervallen zwischen 18.00 und 23.00 sowie Vergleich des Angebots mit den elektronisch gemessenen Reichweitendaten. *Befunde:* 1) Bei TV-DRS überwiegt das Angebot an Information (56%) die Unterhaltung (44%), bei den ausländischen Sendern halten sich Unterhaltung (53%) und Information (47%) etwa die Waage. 2) Dem ausgeglichenen Angebot von insgesamt 49% Information und 51% Unterhaltung steht jedoch eine *unterhaltungsbetonte Nutzung* gegenüber: Unterhaltung: 63%, Information 37%. 3) Bei TV-DRS halten sich Angebot und Nutzung etwa die Waage, bei der Nutzung der ausländischen Sender dominiert hingegen die Unterhaltung deutlich (vgl. auch Gerards / Grajczyk / Klingler 1996).

4.3.4 Sendungserfolgskontrolle: die Sicht der Programmplaner

Neben den wissenschaftlichen Instrumenten zur Beurteilung von Programmleistungen haben in den letzten Jahren die Fernsehanbieter selbst *Instrumente der Sendungserfolgskontrolle* entwickelt, bspw. Diem 1994 beim ORF. Beim schweizerischen Fernsehen DRS geschah dies 1993 durch den damaligen Programmreferenten Jürg Wildberger in Form des sog. „Bermudadreiecks", wobei alle Sendungen von SF DRS *auf drei Qualitätskriterien* hin untersucht werden:

1. Marktanteil. Es bestand damals eine Zielvorgabe der Generaldirektion der Schweizerischen Rundfunkgesellschaft SRG, dass SF DRS in der Primetime (18-23 Uhr) einen Marktanteil von 34% und im 24-Stunden-Vergleich 30% erreichen sollte. Natürlich schwanken die Marktanteile der einzelnen Sendungen beträchtlich, wobei hier auch die verschiedenen Programmgenres eine Rolle spielen.

2. Reputation. Darunter wird der qualitative Erfolg einer Sendung verstanden, wobei fünf Dimensionen im Konzept von Wildberger eine Rolle spielen, die aber nicht für alle Sendungen gleichermaßen relevant sein mussten. 1) *Akzeptanz und Erfolg* in der Zielgruppe; 2) *Mehrheitsfähigkeit* der Sendung bezogen auf das Deutschschweizer Publikum als Attraktivität und Allgemeinverständlichkeit; 3) *Resonanz* in den anderen Medien und in der Öffentlichkeit; 4) *Renommee* der Sendung für das Unternehmen SF DRS; 5) *inhaltliche und formale Qualität* einer Sendung im Vergleich zu anderen ähnlichen Sendungen. – Die Sendungen wurden auf jeder Dimension benotet (1 = tief, 5 = hoch); daraus wurde die Durchschnittsreputation berechnet.

3. Kosten. Im Vordergrund stehen jene Kosten, die durch die Redaktionsleiter selbst beeinflusst werden können.

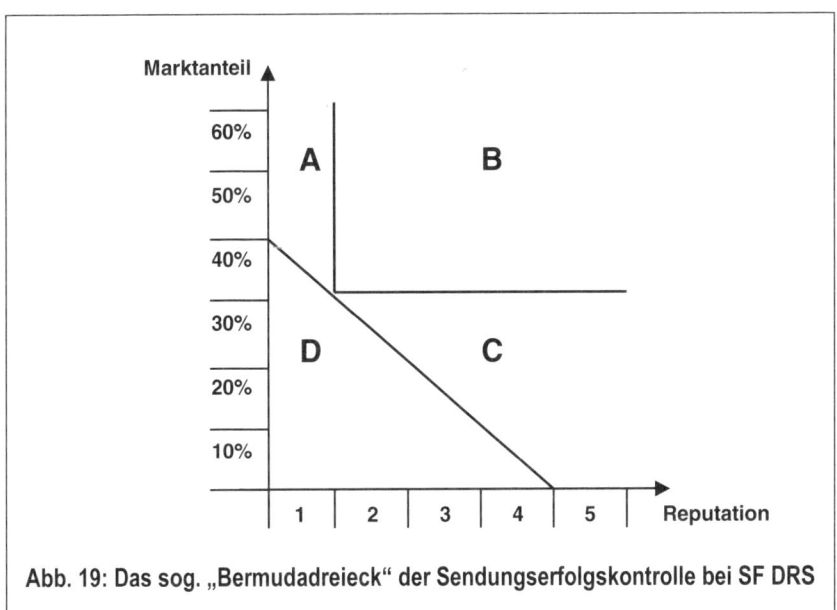

Abb. 19: Das sog. „Bermudadreieck" der Sendungserfolgskontrolle bei SF DRS

Aufgrund der obigen drei Hauptkriterien wurden die Sendungen in folgende Typen eingeteilt:

- *A-Sendungen:* Sendungen mit hohem Marktanteil und hohen Einschaltquoten; diese Sendungen müssen keine Reputation haben, d.h. der Marktanteil rechtfertigt die Sendung.
- *B-Sendungen:* Sendungen mit hohem Marktanteil und einer gewissen Reputation, d.h. Erfolg sowohl in quantitativer als auch qualitativer Hinsicht.
- *C-Sendungen:* Minderheiten- oder Zielgruppensendungen, die eine hohe Reputation haben; solche Sendungen können auch tiefere Marktanteile haben, sofern ihre Reputation überdurchschnittlich ist.
- *D-Sendungen:* Sendungen, die weder quantitativ noch qualitativ erfolgreich sind, befinden sich im sog. „Bermudadreieck", sind also gefährdet.

4.3.5 Relevanz von Nachrichten (Hagen 1995)

Zielsetzung. Hagen (1995a+b) geht noch einen Schritt weiter in Richtung Spezifizierung und Konkretisierung von Medienleistungen, indem er ein Kategorienschema zur Messung des Qualitätskriteriums „Relevanz" entwickelt.

Ansatz. Er unterscheidet dabei zwei Kriterien: *Externe Relevanz* bezeichnet nach ihm das Ausmaß, in dem das Hauptereignis einer Nachricht beachtenswert ist; dagegen bezeichnet *interne Relevanz* das Aufmass, in dem die einzelnen Sachverhalte im Zusammenhang einer Nachricht beachtenswert sind (Hagen 1995a: 159).

Externe Relevanz. Aufgrund der Nachrichtenwert-Forschung lassen sich sowohl quantitative als auch qualitative inhaltsanalytische Indikatoren heranziehen. Auf der *quantitativen Ebene* sind a) die Zahl der Betroffenen und b) die Eintrittswahrscheinlichkeit Indikatoren für die Relevanz eines Ereignisses, während auf der *qualitativen Ebene* Indikatoren wie a) Wirkungsintensität, b) Irreversibilität, c) Nähe, d) Freiwilligkeit, e) Zentralität berührter Werte und d) der Status der Betroffenen die Relevanz eines Ereignisses anzeigen.

Interne Relevanz. Zur Bestimmung von Indikatoren der internen Relevanz geht Hagen (1995: 163ff.) von zwei Fragen aus: 1) Welche Typen von Informationen enthalten Nachrichten üblicherweise? 2) Welche Typen von Informationen sollten in Nachrichten im Hinblick auf effektive Rezeption enthalten sein? – Antworten auf diese Fragen gibt ein idealtypisches Strukturmodell von Nachrichten, das von van Dijck (1988) entwickelt wurde und neben formalen Aspekten wie Überschrift und Lead in inhaltlicher Hinsicht folgende Nachrichtenbestandteile ausdifferenziert: a) die *Folgen* eines Ereignisses, b) die *Umstände* des Geschehens, c) die *Vorereignisse*, die dazu geführt haben, d) die *Geschichte* bzw. der historische Hintergrund, e) *Prognosen* zur zukünftigen Entwicklung, f) die *Bewertung* des Ereignisses und sich daraus g) ergebende *Forderungen*.

Die Vollständigkeit der Berichterstattung zu einem Ereignis kann zunächst grob daran gemessen werden, wie viele dieser sieben Schemakategorien überhaupt angesprochen werden. Weiter besteht eine mögliche Verfeinerung in der Konstruktion eines *Relevanzindexes,* indem für jede der oben genannten Schema-Dimensionen aufgrund von zusätzlichen Spezifizierungen zwischen 2 und 5 Punkten vergeben werden (vgl. Hagen 1995: 172).

Empirische Umsetzung. Hagen überprüfte die Praktikabilität dieses Relevanz-Indexes u.a. am Fallbeispiel der Berichterstattung von vier deutschsprachigen Nachrichtendiensten über ein Bombenattentat von 1992 in London. Die Unterschiede in der Berichterstattung zwischen den Agenturen waren insgesamt eher gering (Hagen 1995: 175). Der *Relevanz-Index* schwankte zwischen 25 und 30 Punkten und der *Vollständigkeitsgrad* – Prozentanteil von 20 möglichen genannte Makro-Propositionen – variierte zwischen 65% und 80%.

Fazit. Insgesamt eignet sich das Verfahren eher für Fallstudien einzelner Ereignisse und nicht für größere Datenmengen, da der *Erhebungsaufwand* doch beträchtlich ist. Weiter stellt sich die *Reliabilitätsfrage,* bspw. was die Vergabe von Relevanzpunkten durch verschiedene Coder anbelangt, andererseits ist die *Validität* des Relevanz-Indexes theoretisch gut begründet, obwohl man sich fragen kann, ob der Relevanz-Index vom Namen her tatsächlich das bezeichnet, was damit gemessen wird, oder ob es sich nicht eher um die Vollständigkeit der Informationsleistung handelt.

4.3.6 Benchmarking für Regionalzeitungen (Haller 2000)

Benchmarking. Neuerdings wird in der Diskussion um Medienleistungen auch der aus der Ökonomie stammende Begriff „Benchmarking" verwendet. Darunter wird verstanden, dass die Leistungen einzelner Medien nicht nur untereinander verglichen, sondern am sog. „Besten", d.h. am „Brachenführer" gemessen werden sollen, wobei im Medienbereich unklar bleibt, wie der Branchenführer bestimmt werden soll. Einerseits greifen hier ökonomische Kriterien sicher zu kurz, andererseits besteht gerade bei Regionalzeitungen oft keine direkte Konkurrenz mehr, handelt es sich dabei doch oft um Zeitungen in Alleinanbietersituationen. Auch der Rückgriff bspw. auf Expertenurteile scheint nicht unproblematisch zu sein.

Ansatz. Michael Haller (2000) legt seiner Benchmarking-Studie ein *Anforde-rungsprofil* zugrunde, das er aufgrund der Übereinstimmung von 1) Lesererwar-tungen, 2) Standards des journalistischen Handwerks und 3) Funktionen von Regionalzeitungen erarbeitete, und das insgesamt neun Dimensionen aufweist. Der empirischen Studie wurden schließlich *drei Schlüsselkriterien* für den Leis-tungsvergleich zugrunde gelegt:

- *Nachrichtenselektion:* Als „Benchmark" wurde normativ der Konsens im Nachrichtenangebot von „RTL aktuell" und der „Tagesschau" im Fern-sehbereich und im Printbereich dasjenige der drei überregionalen Quali-tätszeitungen „Süddeutsche Zeitung", „Frankfurter Allgemeine Zeitung" und „Welt" herangezogen: Die Nachrichten, die von den Redaktionen dieser fünf Medien *übereinstimmend* veröffentlicht werden, sind nach Haller „unstrittig wichtig"; sie bilden die Schnittmenge der Topthemen. Jede „ernst zu nehmende" Regionalzeitung müsse diese Topthemen eben-falls ausgewählt haben oder anbieten.

- *Informationsleistung:* Die Regionalzeitungen müssen sich zudem als Gat-tung positionieren und eine gegenüber dem Fernsehen umfassendere und tiefergehende Informationsleistung aufweisen. Operationalisiert wurde dies, indem jede Sachinformation registriert wurde, die über das hinaus-ging, was das Fernsehen zum jeweiligen Topthema brachte. Zudem wur-de erfasst, um welche Inhalte es sich dabei handelte: Erklärstücke, Hin-tergrundtexte, Bildelemente, Kommentare. Nach Haller macht diese Ver-gleichsmessung deutlich, a) ob eine Zeitung nur gerade das Niveau des Fernsehens halten kann, b) ob sie umfassender informiert, c) ob und wie viel sie zusätzlich an Hintergrund und Deutungsleistung bietet, und schließlich auch, d) ob und wie sie diese Themen mit Zusatzelementen attraktiv macht.

- *Exklusivleistung:* Die Nachrichten, welche die drei überregionalen Qua-litätszeitungen übereinstimmend *zusätzlich* zu den TV-Nachrichten brachten, dienten schließlich als „Benchmark" für die Messung der Ex-klusivleistungen der untersuchten Regionalzeitungen. Haller begründet diesen Indikator durch Bezugnahme auf Leserbefragungen, die zeigten, dass die Informationsleistung der Zeitung im Vergleich zum Angebot der elektronischen Medien beurteilt würden.

Zusammenfassend zeigt der Untersuchungsansatz von Haller, dass die Ein-führung von begründeten medialen Vergleichskriterien bei der Evaluation von Medienleistungen durchaus sinnvoll sein kann, auch wenn die Validität einzelner der gewählten Leistungsindikatoren hinterfragt werden kann.

4.4 Fazit

Die Analyse publizistischer Medien- bzw. Rundfunkleistungen – „Media Performance" oder „Medienqualität" – kann zusammenfassend aufgrund unterschiedlicher Sichtweisen vorgenommen werden, wobei *vier Perspektiven* in der Literatur immer wieder erwähnt werden: diejenige 1) der Gesellschaft, 2) des Staates, 3) der Medien bzw. Medienproduzenten und 4) der Nutzung durch das Publikum, und zwar als Evaluierung des

- gemeinwohlorientierten Auftrages,
- staatspolitisch orientierten Auftrages,
- qualitätsorientierten journalistischen Auftrages,
- rezipientenorientierten Auftrages der Massenmedien.

Für jede dieser vier Perspektiven sind eine Reihe von Leistungskriterien relevant, die sowohl innerhalb als auch zwischen den vier Perspektiven gewichtet und auf den vier Bezugsebenen 1) der Wirklichkeit, 2) der Anspruchsgruppen, 3) der Medien (Programm + Inhalt) und 4) der Rezipienten bzw. der Nutzung *operationalisiert* werden müssen.

Abb. 20: Perspektiven und Bezugsebenen von Leistungskriterien

	Bezugsebene			
	Wirklichkeit	Anspruchs-gruppen	Medien	Rezipient
Gemeinwohl-Perspektive	Authentizität Richtigkeit Identität	Unab-hängigkeit	Freiheit Vielfalt Ethik	Sozial-verträglichkeit
Staats-politische Perspektive	Relevanz Solidarität	Ausge-wogenheit	Chancen-gleichheit Kontrolle	kulturelle Identität
Journalistische Perspektive	Aktualität Kompetenz + Sorgfalt Richtigkeit	Unvorein-genommenheit	Kreativität Innovation Selbstreflexivität	Interesse und Akzeptanz
Nutzungs-Perspektive	Wirklichkeitsbezug Orientierung Partizipation	Transparenz Urteils-fähigkeit	Attraktivität Verständ-lichkeit	Selbst-bestimmung Partizipation

Abb. 20 gibt Beispiele für mögliche Leistungskriterien, erhebt aber keinen Anspruch auf Vollständigkeit. Das Raster am Beispiel der Bezugsebene „Wirklichkeit" soll kurz erläutert werden:

Bezogen auf die *primäre Wirklichkeit* und deren Ereignisse, über die Medien
berichten, ist in einer gemeinwohlorientierten Perspektive zentral, dass die sekundäre oder mediale Realität möglichst „authentisch" ist und die wiedergege-
benen Fakten auch wahr sind. Legt man hingegen eine staatspolitische Perspektive an, so steht mehr die Frage im Zentrum, ob die Ereignisse über die in den
Medien berichtet wird, auch tatsächlich eine „relevante Auswahl" darstellen. Im
Unterschied dazu steht für die Medien selbst oft die Frage im Vordergrund, ob
ihre Berichterstattung genügend „aktuell" ist. Aus der Sicht der Nutzer schließlich sollte die Medienberichterstattung als sekundäre Realität auf die primäre
Wirklichkeit zurückbezogenen werden können und so dem Menschen eine
Orientierung in seiner Umwelt ermöglichen.

Literatur

Medienqualität: Übersichten

ARD-Forschungsdienst (1994): Beurteilung der Programmqualität im Fernsehen. In: Media Perspektiven, (5), S. 253-258.

Dennis, Everette E. (1989): Reshaping the Media. Mass Communication in an
Information Age. London / Newbury Park / New Delhi.

Ferguson, Marjorie (Hg.) (1990): Public Communication. The New Imperati-
ves. Future Directions for Media Research. London / Newbury Park / New
Delhi.

McQuail, Denis (1992): Media Performance. Mass Communication and the
Public Interest. London.

Themenheft (1991): Quality Assessment of Broadcast Programming. In: Studies
of Broadcasting, (27).

Themenheft (1992): Quality Assessment of Broadcast Programming II. In:
Studies of Broadcasting, (28).

Themenheft (1993): Quality Assessment of Broadcast Programming III. In:
Studies of Broadcasting, (29).

Themenheft (1992): La qualité des programmes de télévision. Concepts et
mesures. In: Dossiers de l'audiovisuel, (43, Mai / Juni).

Themenheft (2000): Qualität im Journalismus. In: Medienwissenschaft Schweiz,
Heft 1.

Medienleistungen: Kultur- und Medienkritik

Anders, Günter (1987): Die Antiquiertheit des Menschen. Band II: Über die Zerstörung des Lebens im Zeitalter der dritten industriellen Revolution. Kap.: „Die Antiquiertheit der Wirklichkeit". München, S. 248-258.

Bonfadelli, Heinz (1993): Gewalt im Fernsehen – Gewalt durch Fernsehen. In: Bonfadelli, Heinz / Meier, Werner A. (Hg.): Krieg, AIDS, Katastrophen ... Gegenwartsprobleme als Herausforderung der Publizistikwissenschaft. Konstanz, S. 149-174.

Bonfadelli, Heinz / Meier, Werner A. / Schanne, Michael (1998): Öffentlicher Rundfunk und Kultur. Die SRG zwischen gesellschaftlichem Auftrag und wirtschaftlichem Kalkül. Diskussionspunkt 36. IPMZ: Zürich.

Bourdieu, Pierre (1998): Über das Fernsehen. Frankfurt a.M.

Enzensberger, Hans Magnus (1988): Die vollkommene Leere. Das Nullmedium. Oder: Warum alle Klagen über das Fernsehen gegenstandslos sind. In: Spiegel vom 16. Mai, S. 234-244.

Fabris, Heinz / Hummel, Roman / Luger, Kurt (Hg.) (1984): Schöne neue Welt der „Informationsgesellschaft?". Wien / Salzburg.

Eurich, Claus (1998): Mythos Multimedia. München.

Haldimann, Uli (1980): Der verkaufte Leser. Presse unter Inserentendruck. Basel.

Kepplinger, Hans Mathias (1988): Nicaragua und Reykjavik. Die Berichterstattung in Radio DRS1, Neuer Zürcher Zeitung und Tagesanzeiger. Bern 1988.

Postman, Neil (1985): Wir amüsieren uns zu Tode. Frankfurt a.M.

Russ-Mohl, Stephan / Fengler, Susanne (Hg.) (2000): Medien auf der Bühne der Medien. Zur Zukunft von Medienjournalismus und Medien-PR. Berlin.

Sloterdijk, Peter (1983): Kritik der zynischen Vernunft. Kap.: „Schule der Beliebigkeit – Informationszynismus Presse". Frankfurt a.M., S. 559-575.

Weßler, Hartmut u.a. (Hg.) (1997): Perspektiven der Medienkritik. Teile: II + III. Opladen.

Medienleistungen: Publizistikwissenschaft

Blumler, Jay G. (1991): In Pursuit of Programme Range and Quality. In: Studies of Broadcasting, (27), S. 191 - 206.

Greenberg, Bradley u.a. (1991): Production, Technological, Economic and Audience Factors in Assessing Quality in Public Service Television. In: Studies of Broadcasting, (27), S. 133-190.

Hagen, Lutz (1995a): Informationsqualität von Nachrichten. Messmethoden für ein zentrales Qualitätskriterium und ihre Anwendung auf Dienste von Nachrichtenagenturen. In: Rundfunk und Fernsehen, 43(2), S. 158-177.

Hagen, Lutz (1995b): Messmethoden und ihre Anwendung auf Dienste von Nachrichtenagenturen. Opladen 1995.

Haller, Michael (2000): TÜV für Regionalblätter. In: message, (4), S. 44-48.

Held, Barbara / Russ-Mohl, Stephan (Hg.) (2000): Qualität durch Kommunikation sichern. Frankfurt a.m.

Legatt, Timothy (1991): Identifying the Undefinable: An Essay on Approaches to Assessing Quality in Television in the UK. In: Studies of Broadcasting, (27), S. 113 - 132.

McQuail, Denis (1987): Mass Communication Theory. Kap.: „Criteria for Evaluating Media Performance". London, S. 124ff.

McQuail, Denis (1991): Media Performance Assessment in Public Interest: Principles and Methods. In: Anderson, James (Hg.): Communication Yearbook 14. Newbury Park / London / New Delhi, S. 111 - 147.

message. Internationale Fachzeitschrift für Journalismus (2002): Themen „Medien im Krieg" und „Nach dem 11. September". Heft 1, S. 10ff. und 93ff.

Pöttker, Horst (2000): Journalismustheorie als Begründung journalistischer Qualitätsmaßstäbe. In: Löffelholz, Martin (Hg.): Theorien des Journalismus. Ein diskursives Handbuch. Wiesbaden, S. 375-390.

Raboy, Marc (1991): Legal, Institutional and Research Perspectives on Broadcast Program Quality in Canada. In: Studies of Broadcasting, 27, S. 81 - 111.

Rosengren, Karl Erik u.a.: Quality in Programming: Views from the North. In: Studies of Broadcasting, 27, 1991, S. 21 - 80.

Russ-Mohl, Stephan (1997): Infrastrukturen der Qualitätssicherung. In: Weßler, Hartmut u.a. (Hg.): Perspektiven der Medienkritik. Teile: II + III. Opladen 1997, S. 219-224.

Russ-Mohl, Stephan (1994): Der I-Faktor. Qualitätssicherung im amerikanischen Journalismus. Modell für Europa? Osnabrück / Zürich.

Russ-Mohl, Stephan (1992): Am eigenen Schopfe ... Qualitätssicherung im Journalismus – Grundfragen, Ansätze, Näherungsversuche. In: Publizistik, 37(1), S. 53 - 96.

Schatz, Heribert u.a. (1992): Qualität von Fernsehprogrammen. Überlegungen zu Kriterien und Methoden eines Leistungsvergleichs zwischen den öffentlich-rechtlichen und privaten Anbietern von Fernsehprogrammen in der Bundesrepublik Deutschland. Gutachten im Auftrag der ARD- / ZDF - Medienforschung. Duisburg / Nürnberg.

Schatz, Heribert / Schulz, Winfried (1992): Qualität von Fernsehprogrammen. Kriterien und Methoden zur Beurteilung von Programmqualität im dualen Fernsehsystem. In: Media Perspektiven, (11), S. 690-712.

Van Dijck, Teun A. (1988): News as Discourse. Hillsdale.

Wallisch, Gianluca: Journalistische Qualität. Definitionen – Modelle – Kritik. Konstanz 1995.

Wyss, Vinzenz (2000): Qualitätsmanagement im Journalismus: Das Konzept TQM auf Redaktionsstufe. In: Medienwissenschaft Schweiz, Heft 1, S. 21-30.

Vielfalt im Fernsehen und Konvergenzdebatte

Gerhards, Maria / Grajczyk, Andreas / Klingler, Walter (1996): Programmangebote und Spartennutzung im Fernsehen 1995. In: Media Perspektiven, (11), S. 572-576.

Gehrke, Gernot / Hohlfeld, Ralf (1994): Themenstruktur im dualen Fernsehsystem. In: Media Perspektiven, Nr. 5, S. 241-252.

Krüger, Udo Michael (1989): Konvergenz im dualen Fernsehsystem? Programmanalyse 1989. In: Media Perspektiven, Nr. 12, S. 776-806.

Krüger, Udo Michael (1991): Positionierung öffentlich-rechtlicher und privater Fernsehprogramme im dualen System. Programmanalyse 1990. In: Media Perspektiven, Nr. 5, S. 303-332.

Krüger, Udo Michael (1992): Rundfunktypen formieren ihre Profile. Programmanalyse 1991. In: Media Perspektiven, Nr. 8, S. 506-545.

Krüger, Udo Michael (1996): Boulevardisierung der Information im Privatfernsehen. In: Media Perspektiven, Nr. 7, S. 362-374.

Krüger, Udo Michael (1996): Tendenzen in den Programmen der großen Fernsehsender 1985 bis 1995. In: Media Perspektiven, Nr. 8, S. 418-440.

Krüger, Udo Michael (1997): Unterschiede der Programmprofile bleiben bestehen. In: Media Perspektiven, Nr. 7, S. 354-366.

Krüger, Udo Michael / Zapf-Schramm (2001): Die Boulevardisierungskluft im deutschen Fernsehen. In: Media Perspektiven, Nr. 7, S. 326-344.

Vielfalt im Fernsehen: Zuschauerperspektive

Donsbach, Wolfgang (1992): Programmvielfalt im dualen Rundfunksystem. In: Baromedia, August, S. 10-23.

Darschin, Wolfgang / Zubayr, Camille (2001): Die Informationsqualität der Fernsehnachrichten aus Zuschauersicht. In: Media Perspektiven (5), S. 238-246.

Meier, Werner A. / Schanne, Michael / Bonfadelli, Heinz (1993): Medienlandschaft Schweiz im Umbruch: vom öffentlichen Kulturgut Rundfunk zur elektronischen Kioskware. Basel.

Programmqualitätskontrolle aus der Perspektive der Planer

Breunig, Christian (1999): Programmqualität im Fernsehen. Entwicklung und Umsetzung von TV-Qualitätskriterien. In: Media Perspektiven (3), S. 94-109.

Diem, Peter (1994): Leistungsindikatoren für den öffentlich-rechtlichen Rundfunk. In: Media Perspektiven, (2), S. 67-71.

Haller, Michael (2000): Regionalzeitungen. Den richtigen Punkt finden. In: message, (4), S. 32-34.

Haller, Michael (2000): TÜV für Regionalblätter. In: message, (4), S. 44-48.

Schellenberg, Peter (1996): Erfolgreiche Optimierung. In: DRS Geschäftsbericht, S. 23-25.

Themenheft „Qualitätsbewertung für das Fernsehen" (2000). In: Media Perspektiven, (5), S. 193-212.

Wildberger, Jürg (1994): Das Instrument der Sendungserfolgskontrolle. In: Media Perspektiven (2), S. 63-66.

5. Mediendiskurse, Rituale und Frames

5.1 Sprache, Gespräche und Diskurse in den Medien

5.1.1 Forschungsfelder und Forschungsentwicklung

Linguistische Perspektiven. In der Medienwissenschaft dominierte lange Zeit die *quantitative Inhaltsanalyse* als Methode zur Analyse von Medienaussagen. Weil die Inhaltsanalyse schwerpunktmäßig „Inhalte" bzw. „Content" berücksichtigt, die sprachlichen Strukturen aber vernachlässigt, greifen qualitativ arbeitende Medienwissenschafter seit längerem vermehrt auf *linguistische Methoden* zurück. Dies geschieht auch darum, weil die Linguisten selbst in den 80er Jahren zunehmend die Massenmedien (Lüger 1983; Bentele 1985; Burger 1990; Bell 1991) und im Speziellen *Gespräche, Dialoge oder Interviews in den Medien als Untersuchungsobjekte* für sich entdeckt haben (Straßner 1980; Holly / Kühn / Püschel 1989; Burger 1991+1993; Keil 1991; Holly 1994).

Mediensprache. In den 80er Jahren finden sich die ersten Veröffentlichungen zur *Pressesprache* (Lüger 1983), zur *Sprache der Fernsehnachrichten* (Straßner 1981), zur *Werbesprache* (Janich 2001) oder zur *Mediensprache* ganz allgemein (Burger 1990). In diesen Studien geht es darum, die *Spezifika* der Pressesprache, der TV-Nachrichten oder einzelner journalistischer Darstellungsformen wie das Interview im Vergleich sowohl zur Alltagssprache als auch zur Fachsprache herauszuarbeiten, wobei *syntaktische* Auffälligkeiten – bspw. Verknappungstendenz oder komplexe Satzstrukturen – wie auch *semantische* Besonderheiten – bspw. Nominalisierungstendenz in den Fernsehnachrichten (Schmitz 1995) – festgestellt wurden.

Gesprächs- und Dialoganalyse. Etwa zur gleichen Zeit haben sich Henne / Rehbock (1978) als eine der ersten im deutschen Sprachraum unter Rückgriff auf die *Sprechakttheorie* (vgl. dazu die sprachphilosophischen Arbeiten von J.L. Austin und J.R. Searle) einerseits und die *Ethnomethodologie* (E. Goffman) andererseits, aber auch die *Soziolinguistik* (bspw. B. Bernstein) aus linguistischer Perspektive mit der *Analyse von Gesprächen* zu beschäftigen begonnen. Die von ihnen entwickelten Fragestellungen und Methoden etwa zur Gesprächseröffnung, zu den Gesprächsschritten, zum Sprecherwechsel, zu den Rückmeldungen des Hörers etc. sind später auch auf die *Analyse von Mediengesprächen*

– Übersicht bei Burger (1991) oder Bucher (1994) – ausgeweitet worden, wobei insbesondere die Untersuchung von Radio- und TV-Talkshows sowie Phone-In-Sendungen (Keil 1991) fruchtbare Forschungsimpulse zeitigten. Neuerdings sind diese Analyseinstrumente auch im Rahmen der qualitativen Rezeptionsforschung auf *medienbezogene Gespräche von Zuschauern* angewendet worden. Untersucht wird, wie ZuschauerInnen vor bzw. nach dem Sehen von Sendungen darüber miteinander sprechen (Holly / Kühn / Püschel 1989). Mittlerweile sind unzählige unterschiedlichste Formen und Methoden der Gesprächs- und Dialoganalyse entwickelt und konkret erprobt worden. Eine aktuelle Übersicht gibt das „Handbuch der Dialoganalyse" von Fritz / Hundsnurscher (1994).

Rhetorik und Diskursanalyse. In der Analyse der politischen Kommunikation (Eisner / Fux 1992) haben linguistische Untersuchungen unter Rückgriff auf die *Rhetorik* eine lange Tradition. Daran knüpfen eine Vielzahl (Gill 2000: 173) neuerer Ansätze der *Diskursanalyse* an, wobei speziell in der Medienwissenschaft die sog. kritische Diskursanalyse von Teun A. van Dijk, rezipiert worden ist. Dies ist sicher nicht zuletzt daher der Fall, weil er seine Studien an Medientexten, bspw. zum Thema „Rassismus", durchgeführt hat, und qualitative Analysen zur Aufdeckung von *ideologischen Tendenzen* in der Medienberichterstattung insbesondere in der Publizistikwissenschaft eine lange Tradition haben.

Im Folgenden sollen einige diese Ansätze und deren Anwendungen im Medienbereich vorgestellt werden. Es kann dabei nicht der Anspruch bestehen, die linguistischen Ansätze systematisch oder gar umfassend darzustellen. Vielmehr soll aufgrund einiger Beispiele vor allem das Potential und die Anwendungsmöglichkeiten der Diskursanalyse angedeutet werden.

5.1.2 Diskursanalyse: Konzepte und Zielsetzung

Diskurs. Der Terminus „Diskurs" ist heute zu einem alltagssprachlichen Modewort geworden (Jäger 1993: 24), das oft einfach Begriffe wie „Text", „Sprachpraxis" oder „Rede" ersetzt. Mehr oder weniger explizit betonen jedoch die meisten Vertreter der Diskursanalyse (Bell / Garrett 1998) einerseits den konkreten Sprachgebrauch im sozialen Alltag, andererseits und daraus folgernd die *Beziehung zwischen Sprachgebrauch und sozialer Struktur.*

Kritische linguistische Ansätze gehen davon aus, dass es sich bei der Sprache im Allgemeinen und den konkreten sozialen Diskursen in spezifischen Interaktionskontexten im Besonderen um *symbolische Formen der sozialen Repräsentation* handelt: Menschen bezeichnen im sprachlichen Vollzug untereinander aus unterschiedlichen *Perspektiven* und aufgrund je partikulärer *Interessen* bestimmte *Sachverhalte* und konstruieren so eine ganze spezifische soziale Realität bzw. versuchen ihre jeweiligen Situationsdefinitionen durchzusetzen. Im Unterschied zur klassischen Linguistik, welche vor allem die formalen und *sprachimmanenten* Strukturen untersucht, interessiert sich die *kritische Linguistik* stets für die Sprache bzw. den Sprachgebrauch in konkreten sozialen, kulturellen und historischen Kontexten und vor dem Hintergrund bestehender *Machtstrukturen* und diese legitimierenden *Ideologien*. Sprache wird somit als konstitutives Element der sozialen Realität betrachtet (Fairclough 1995; Gill 2000).

Diskursanalyse. Bei Teun van Dijk oder auch Siegfried Jäger geht es deshalb immer darum, Texte als Produkte konkreter geistig-sprachlicher Auseinandersetzung mit der Wirklichkeit und als Fragmente von übergreifenden gesellschaftlichen Diskursen zu verstehen und zu hinterfragen. Die *Zielsetzung* solch kritischer Diskursanalysen besteht darin, die mit Texten und in Diskursen transportierten *Ideologien* transparent zu machen und aufzudecken. Dahinter steht die Überlegung, dass *gesellschaftliche Eliten* – oft mit Hilfe der Medien – Ideologien in Form von Texten und Diskursen dazu benutzen, um ihre privilegierten gesellschaftlichen Positionen aufrecht zu erhalten und soziale Kontrolle, Dominanz, Hegemonie bzw. Macht zur Durchsetzung ihrer Interessen auszuüben, indem soziale Kognitionen bzw. Realitätsvorstellungen geprägt werden, die ihrerseits wieder das Handeln leiten: *sozialer Konstruktivismus.*

Zusammenfassend kennzeichnen folgende Momente den diskursanalytischen Ansatz: 1) *Kritische Grundhaltung:* äußert sich bspw. darin, dass mit Skepsis gelesen wird und die Bedeutung der untersuchten Texte hinterfragt wird. 2) *Sozialer Konstruktivismus*: Das Wissen und die Ansichten über die Welt sind sozial konstruiert, d.h. es gibt keine „objektive", vom Menschen unabhängige Wirklichkeit. 3) *Relativismus:* Es wird davon ausgegangen, dass das Weltverständnis *historisch und kulturspezifisch bedingt* ist. 4) *Sprache und Handeln:* Im Denken und im Sprachgebrauch äußern sich nicht nur spezifische Interessen, sondern in den Diskursen werden bestehende Ungleichheiten, Abhängigkeiten und Machtverhältnisse im konkreten Handeln in der Alltagspraxis legitimiert und zementiert. Kritische Diskursanalyse als Ideologiekritik soll dies aufdecken und zur Veränderung der Gesellschaft beitragen.

5.1.3 Die kritische Diskursanalyse nach van Dijk

Zielsetzung. Der „Diskurs" ist die sprachliche Formation als Korrelat einer bestimmten gesellschaftlichen Praxis. Die „Diskursanalyse" ist *kritisch* und *problemorientiert;* sie soll auf der *Mikroebene* und in *multidisziplinärer Ausrichtung* aufdecken, wie die „diskursive Reproduktion von Dominanz und Macht" (van Dijk 1993, S. 259) in Texten und Gesprächen ausgeübt wird, etwa durch das

Ansprechen von psychischen Mechanismen wie „Angst" und „Projektion". Es handelt sich dabei weniger um einen kohärenten Ansatz (Gill 2000), sondern mehr um eine *kritische* Perspektive, welche auf Gedanken der Frankfurter Schule vor dem II. Weltkrieg und die Soziolinguistik der 70er Jahren zurückgeht.

Analyseebenen. Van Dijk analysiert dabei verschiedenste Aspekte von Diskursstrukturen, etwa am Beispiel von Rassismus in den Medien, wobei verschiedene theoretische Perspektiven und unterschiedliche linguistische Analyseinstrumente zum Zug kommen. Es handelt sich aber immer um detaillierte qualitative Analysen auf der konkreten Ebene von Texten. Eigentliche Rezepte, wie man vorzugehen hat, gibt er jedoch nicht. Die in der folgenden Übersicht aufgelisteten Analyseebenen mit je zugeordneten Beispielen sollen illustrieren, worauf in einer kritischen Diskursanalyse geachtet wird:

- *Argumentation:* Negative Bewertungen (Stereotype), bspw. von Akteuren oder Gruppen, als Folgerungen aus präsentierten Fakten.
- *Rhetorische Figuren:* Euphemismen (Beschönigungen) und Hyperbeln (Übertreibungen), aber auch Verleugnungen etc..
- *Lexikalischer Stil:* Wortwahl und Semantik (Metaphern, Metonymien), bspw. positiv bzw. negativ gefärbte Aussagen über Eliten bzw. Minoritäten.
- *Storytelling:* Positive / negative Ereignisse werden als persönlich erlebt ausgeben; wird mit plausiblen Details negativer Art über den Gegner gesprochen?
- *Strukturelle Betonung* negativer Aktionen der anderen: etwa in Schlagzeilen oder im Lead.
- *Zitate von sog. glaubwürdigen Quellen* wie (vermeintliche) Experten.
- *Superstrukturen:* Verwendete Textschemata, Themen und Ereignisse werden selektiv zum eigenen Vorteil instrumentalisiert.

5.1.4 Diskursanalyse nach Jäger und Prokop

In Deutschland hat Siegfried Jäger (1993) vom Duisburger Institut für Sprach- und Sozialforschung auf der Basis der kritischen Diskursanalyse von van Dijk ein eigenes Modell zur Diskursanalyse politischer Texte mit expliziten Anleitungen entwickelt und zwei Musteranalysen illustriert.

Folgende *Fragen* sind nach Jäger an die zu untersuchenden Texte zu stellen:

- Welche Botschaft versucht der Text zu vermitteln?
- In welchem ideologischen und gesellschaftlichen Rahmen geschieht das?

- Welche Zielgruppen versucht der Autor anzusprechen?
- Welcher sprachlicher und propagandistischer Mittel bedient sich der Autor? Wie sind diese bezüglich ihrer Wirksamkeit einzuschätzen?
- Welche Wirksamkeit im Hinblick auf die Veränderung von Weltsichten und Wissenshorizonten beabsichtigt der Text und die spezifische Ideologie, in deren Rahmen er steht?
- Welche gesellschaftlichen Bedingungen gehen in den Text ein? Durch welche Diskurse wird er gebrochen?

Bereits in den 70er Jahren sind in der Publizistikwissenschaft ideologiekritische Analysen von Medientexten durchgeführt worden, wenngleich damals der Begriff „Diskursanalyse" noch nicht gebraucht wurde. Der folgende *Katalog relevanter Fragen* zur ideologiekritischen Analyse von massenkulturellen Produkten von Dieter Prokop (1977: 24ff.), verdeutlicht eine ähnliche Zielsetzung, ohne jedoch schon wie van Dijk einen deutlichen Bezug zu linguistischen Analyseinstrumenten herzustellen:

- Welche *stereotypen Formen*, welche Wiederholungen und Standardisierungen fallen am untersuchten Produkt auf? (bspw. wiederkehrende Vorurteile, Themen, Werte)
- Enthält das Produkt viele oder wenig *„strukturelle" Bezüge*, d.h. Hinweise auf historische Zusammenhänge, gesellschaftliche Lagen?
- Oder treten *entproblematisierte Schemata* bzw. stereotype Formen mit gewisser Zwanghaftigkeit auf?
- Wird in den Produkten ein *Bruch zum Alltag* hergestellt?
- Wird in Inhalt oder Form „*Ordnung*" besonders betont? Wird etwas „eindeutig" gemacht, bspw. Betonung von Harmonie?
- Enthält das Produkt auch „Unangenehmes", „Dissonantes", „Problematisches", „Ambivalentes"?
- Durch welche inhaltlichen und formalen Momente wird *Dynamik* erzeugt? Steht diese Dynamik in Bezug zum „Objekt"?
- Was sind die Elemente, in denen man sich selbst als *Rezipient* (ganz persönlich) wohl fühlt?
- Welche *Wünsche* artikuliert bzw. greift das Produkt auf, bspw. Macht, Reichtum, Luxus, Destruktion, Sexualität, Mobilität?
- Welche Elemente des Produkts werden in der *Zeit* besonders betont?
- Werden im Handeln und in den Aussagen der dargestellten Personen „*Standpunkte*" illustriert? Reden und handeln Personen in der Verkörperung von *Sozialkategorien?*
- Wird *Utopie* ausgemalt, und mittels welcher Mittel geschieht dies?

138 Diskurse, Rituale und Frames

5.1.5 Fallbeispiel: Diskursive Strategien in Leserbriefen

Der Genfer Soziologe Uli Windisch (1993) analysiert in seiner Diskursanalyse
Leserbriefe zu unterschiedlichen *sozialen Konflikten*. Dabei untersucht er sowohl den verwendeten *Wortschatz* auf der Ebene einzelner Zeichen – *Semantik*
– als auch die verwendeten *rhetorischen Formen* auf der Diskursebene, wobei
er folgende *diskursiven Strategien* herausarbeitet:

- *Direkt zitierte Rede* a) einer anerkannten Autorität zur Unterstreichung
  der Echtheit von Äußerungen und der eigenen Glaubwürdigkeit oder b)
  Zitat einer nicht anerkannten Autorität zur Disqualifizierung.
- *Indirekt zitierte Rede* zur Disqualifikation des Gegner, aber ohne genaues
  Zitieren und mit mehr oder weniger starker Manipulation durch Umwand-
  lung: „Es ist verleumderisch zu behaupten, dass....“
- *Negation und Widerlegung* in verschiedenen Formen wie bspw. durch
  Richtigstellung: „Viele Ausländer kommen nicht zu uns um zu arbeiten,
  sondern um Geld zu verdienen.“
- *Demaskierung:* „Was man wissen sollte...“
- *Ironie und Simulation* wird benutzt, um Personen oder Diskurse
  lächerlich zu machen.
- *Die phantastische Repräsentation* in Form von abwertender Kurzfassung:
  „Wünscht die Nationale Aktion des Land ins Mittelalter zurückzuführen
  mit (...) schließlich muss man sie Initiative der 'Nationalen Destruktion'
  nennen.“
- *Strategie des unsichtbaren Kriegs.* Die Zielscheibe, der Gegner, auf den
  geschossen wird, erscheint nie explizit; der konfliktive Diskurs gibt sich
  als didaktischer Diskurs aus.

Weitere Analysen finden sich bspw. im Reader „Politische Sprache in der
Schweiz“ von Eisner / Fux (1992).

5.2 Rituale, Mythen und Narration

5.2.1 Theoretische Perspektiven

Kommunikation: Transmission vs. Ritual. Die „Cultural Studies“ - Perspektive (Krotz 1992; Jäckel / Peter 1997) versteht Kommunikation nicht nur als
Transmission bzw. Übermittlung von Information in einer räumlichen Perspektive, sondern als soziale Praxis, in der die *soziale Realität* durch die Gesell-
schaftsmitglieder täglich neu geschaffen, geteilt und aufrechterhalten wird. Erst

so wird gesellschaftlicher Kontinuität überhaupt möglich. Kommunikatives Handeln muss darum auch als *rituelles Handeln* untersucht werden (Real 1996: 6ff. und 45ff.). Für die Analyse von Medienprodukten bedeutet dies, dass die sozialen Aspekte stärker gewichtet werden müssen.

Definitionen. Für die folgenden Ansätze sind darum Begriffe und Konzepte wie Mythos, Ritual und Narration bzw. Erzählung zentral:

„*Mythen*" sind Überlieferungen aus der Vorzeit eines Volkes bzw. für wahr gehaltene und / oder nicht hinterfragte Erzählungen, die Antworten liefern bezüglich wichtiger kultureller Fragen, Konflikte, Normen und Werte, wobei dies in metaphorischer, d.h. bildhaft-anschaulicher Form geschieht. „Myths arise as community stories that celebrate collective heroes, origins, and identity through expressive rituals" (Real 1989: 66) – Der Mythos konserviert dabei allgemein akzeptierte und nicht hinterfragte Antworten auf grundlegende Fragen des Menschseins wie der Gesellschaft in Form kulturell geteilter Überzeugungen; und die Massenmedien wiederum können durch ihre Berichterstattung zur Verfestigung solcher Mythen wie bspw. Familienbilder oder Geschlechtsrollenstereotype beitragen.

„*Narration*" bezeichnet die Erzählung einer Geschichte bzw. eines Mythos nicht nur in fiktionalen Medienangeboten, sondern auch „das Erzählen der Welt in den Fernsehnachrichten". Medienwissenschafter wie Bird / Dardenne (1988), Mikos (1993) oder Hickethier (1997+1998) gehen davon aus, dass auch in der dokumentarischen Berichterstattung „Geschichten" erzählt werden; sie versuchen darum, deren spezifische Erzählstrukturen herauszuarbeiten.

„*Ritual*" bedeutet die „Gewohnheit" und die „Wiederholung" durch „Standardisierung" von Inszenierungen, wobei die *Gleichzeitigkeit der Partizipierenden* wichtig ist. Aber nicht nur, seine sozialen Funktionen sind vielfältiger.

Funktionen von Ritualen. Michael Real (1996: 47) differenziert sechs rituelle Funktionen, die Medienkultur ausübt und die an Medienereignissen besonders sichtbar werden:

- *Objektivierung:* Medienkultur schafft bzw. ist Ausdruck kollektiver Erfahrung und vereinigt so die Teilnehmenden durch Symbole und emotionale Ansprache. Bspw.: die Krönung von Staatsoberhäuptern oder die Todesfeier von Prinzessin Diana (Meckel u.a. 1999).
- *Repetitive Muster:* Medienereignisse ermöglichen simultane Partizipation; vereinigen Teilnehmende via Story; haben Modellcharakter.
- *Strukturierung von Zeit und Raum* durch Definition und Etablierung von Ordnung; Verknüpfung von Vergangenheit und Gegenwart.

- *Transport und Transformation:* Überführung des Alltäglichen ins Mythologische: klassische Initiationsriten vs. Fitnessstudio-Erlebnis.
- *Öffentliches Zelebrieren* von zentralen kulturellen Werten.
- *Soziale Realität:* Schaffung, Aufrechterhaltung und Veränderung.

Im Unterschied dazu stehen für Elfriede Fürsich (1994: 30/31) vorab vier Ritualfunktionen in ihrer „Widersprüchlichkeit" nebeneinander:

- *Stabilisierende Funktion:* Rituale sichern und steuern Verhalten; bestätigen und legitimieren gesellschaftliche Verhältnisse und kollektives Wissen; sie erinnern so die Teilnehmer an bestehende Normen und Werte.
- *Restriktive Funktion:* Rituale haben einen zwingenden Charakter; sie kontrollieren und limitieren den Handlungsablauf; Widerspruch wird vermieden; Verstöße sind unerwünscht; Grenzen werden sichtbar.
- *Dynamische Funktionen:* Rituale konstruieren Realität; sie können Wandel anzeigen und neue Werte traditionalisieren.
- *Kollektive Funktionen:* Rituale bestätigen die kollektive Realität des Gruppenlebens.

5.2.2 Fallbeispiel: Rituelle Elemente in den Fernsehnachrichten

Fragestellung. Welche Konsequenzen hat es für die Analyse von Medienprodukten hinsichtlich der Ebenen der Produktion, Darstellung und Rezeption, wenn man diese als Rituale analysiert?

Methodische Umsetzung. Fürsich (1994) formuliert folgendes Dimensionsraster zur Analyse von Fernsehnachrichten:

- *Wiederholung:* Das Ritual an sich ist, bzw. innerhalb eines einmaligen Rituals sind Teile redundant angelegt.
- *Darstellung:* Die Aspekte Handeln und Tun stehen im Vordergrund, und somit nicht nur Sprechen und Reflexion.
- *Stilisierung / Formalisierung:* Verhalten und Gegenstände werden in einen außergewöhnlichen Zusammenhang gesetzt.
- *Ordnung: Zeit – Raum:* Rituale sind nicht spontan, sondern organisierte Ereignisse mit festgelegtem Anfang / Ende; Raum und Zeit erhalten einen besonderen Status.
- *Evokativer Präsentationsstil:* Durch Verwendung von Symbolen / Reizen wird versucht eine aufmerksame Bewusstseinshaltung der Zuschauer zu erzeugen.

- *Traditionalisierung:* Rituale als Mittel des Verstehens und der Einordnung von Geschichte.
- *Konfliktvermittlung:* Rituale können gegebene Konflikte darstellen und so vermitteln / überwinden.

Befunde. 1) *Wiederholung:* Fernsehnachrichten sind eingebunden in eine tägliche Periodizität, aber auch in eine innertägliche (bspw. stündliche) Periodizität. 2) *Darstellung:* Es besteht ein Zwang zur Bebilderung von Nachrichtenbeiträgen. 3) *Stilisierung / Formalisierung:* Nachrichtensendungen haben einen fixen, standardisierten formalen Aufbau. 4) *Ordnung von Raum und Zeit* in der Berichterstattung. 5) *Präsentation* als Farbgebung im Studio, Musik, Titel. 6) *Traditionalisierung* durch Verweise auf Vorgeschichte und Bewertung der Entwicklung. 7) *Konfliktvermittlung:* Obwohl die Mehrheit der Themen den Nachrichtenfaktor „Konflikt" ansprechen, wird dieser meist in einen festen strukturierenden Rahmen eingebettet und so erklärbar gemacht.

5.2.3 Fallbeispiel: Fernsehnachrichten als narratives Geschehen

Mikos (1993) begreift das Fernsehen als Institution des Geschichtenerzählens, und Hickethier (1997+98) überträgt diese Perspektive konsequent auch auf das dokumentarische Genre der Fernsehnachrichten. Er versteht *Nachrichten als Erzählungen der Welt* und wendet erzähltheoretische Begriffe aus der Literatur- und Textwissenschaft auf die journalistische Form der Nachricht an. Viele Phänomene der Nachrichten lassen sich nach ihm besser verstehen, wenn man sie als Erzählungen und die Nachrichtensprecher als Erzähler begreift. „Die Nachrichtenerzähler ‚organisieren' durch ihre Erzählungen das berichtete Geschehen, geben diesem Form und Struktur, ordnen das Geschehen in größere Zusammenhänge ein, liefern Orientierungen über das, was zu vermitteln ist (Hickethier 1997: 7)." Der Begriff „Erzählung" verweist also darauf, dass es sich bei den Nachrichten immer um gestaltete, d.h. einer „Dramaturgie" bzw. einem Darstellungskonzept unterworfene, Mitteilungen handelt.

Von den fiktionalen Erzählungen unterscheidet sich aber die offene Struktur der Nachrichtenerzählung durch zwei wesentliche Aspekte: a) Nachrichten weisen deutlich *mehr Brüche* innerhalb ihrer Struktur auf und folgen nicht immer den Prinzipien eines intendierten Ablaufs, d.h. sind eher ungeordnet und letztlich chaotisch, was als Ausdruck ihres Wirklichkeitsgehalts interpretiert wird. Doch es besteht gleichzeitig auch wieder ein Zwang, die Brüche zu minimieren und die mediale Darstellung möglichst plausibel erscheinen zu lassen. b) Von den Nachrichten wird zudem erwartet, dass sie in einem direkten *Referenzverhältnis*

zur vormedialen Realität stehen und an dieser überprüfbar sein müssen. Gleichzeitig steht dieser Anspruch in Konflikt mit Unterhaltungsfunktionen – Stichwort: Infotainment –, welche die Fernsehnachrichten gegenüber dem Publikum
zunehmend erfüllen müssen.

Der Ansatz, Nachrichten im Fernsehen als serielle bzw. Fortsetzungserzählun-
gen zu verstehen und zu untersuchen, lenkt zudem den Blick auf neue Phänomene wie die Funktionen der *Aufrechterhaltung des Erzählflusses* als Teil der
Thematisierungsfunktion oder die Funktionen des *Rewritings* und der *Personalisierung* oder *Dramatisierung*.

Während es sich bei Konflikten oder Kriegen um Ereignisse mit bereits vorge-
gebener Erzähldramaturgie handelt, gibt es komplexere Themen, bei denen dra-
matische Formen nicht von vornherein deutlich auszumachen sind. Nicht nur
das Fernsehen, sondern die Medien überhaupt, neigen dazu, Ereignisse zu dra-
matisieren, zuzuspitzen und Konflikte personell umzuschreiben. Rezipienten
sind mehr an Meldungen über konkrete Menschen als über abstrakte Zusammenhänge interessiert, und personalisierte Ereignisse lassen sich auch besser
erzählen bzw. in Bilder umsetzen.

Diese Formen der Dramatisierung lassen sich im Begriff „*Inszenierung*" zusam-
menfassen. Damit ist die intendierte Anordnung des Mitzuteilenden gemeint,
und zwar so, dass die Aufmerksamkeit der Adressaten geweckt wird. Immer
mehr benutzen nicht nur die Medien selbst, sondern auch Politiker und Wirt-
schaftsvertreter solche Strategien (Stichworte: Medialisierung, symbolische Politik, Ereignismanagement), um Ereignisse der primären Wirklichkeit möglichst
mediengerecht zu inszenieren und so die Aufmerksamkeit der Medien selbst auf
die eigenen Anliegen zu lenken (Willems / Jurga 1998; Tenscher 1998).

Während in den Überlegungen von Mikos (1993) und Hickethier (1997+98)
eher inhaltliche Aspekte im Zentrum stehen, befassten sich van Dijk (1983)
bzw. Bell (1991) vor allem mit der formalen Struktur von Nachrichten. Der
Vergleich von Erzählungen mit Nachrichten offenbart dabei strukturelle Ähnlichkeiten, aber auch Unterschiede, wobei in den Nachrichtenerzählungen von
Zeitungen typische Elemente unterschieden werden können (vgl. Abb. 21).

Strukturelemente von Nachrichtentexten. 1) Die einführende *Zusammenfas-
sung* (engl.: abstract / summary) kondensiert die wichtigsten Elemente des Geschehens: Worum geht es? Wieso wird die Story erzählt? Dies geschieht meist
im Titel und Lead einer Meldung. 2) In der *Orientierung* werden Antworten auf
folgende W-Fragen gegeben: Wer? Wann? Wo? 3) In der *Story* wird auf die
zentrale Frage eingegangen, was passiert ist. 4) In der *Evaluation* wird gewichtet und bewertet. Jede Erzählung hat eine „Moral", d.h. das Geschehen muss mit

Bezug zur Welt – Politik, Wirtschaft, Kultur – eingeordnet werden. 5) Die *Auflösung* (engl.: resolution) beinhaltet zukunftsorientierte Erwägungen und Reaktionen. 6) Schließlich enden Erzählungen meist mit einem *Schlusssatz* (engl.: coda) – „Und so hat es sich zugetragen ..." – , der vor allem in den Fernsehnachrichten die Funktion der Überleitung zur nächsten Nachricht, zum Wetterbericht oder zum Sportmoderator hat (Bell 1991).

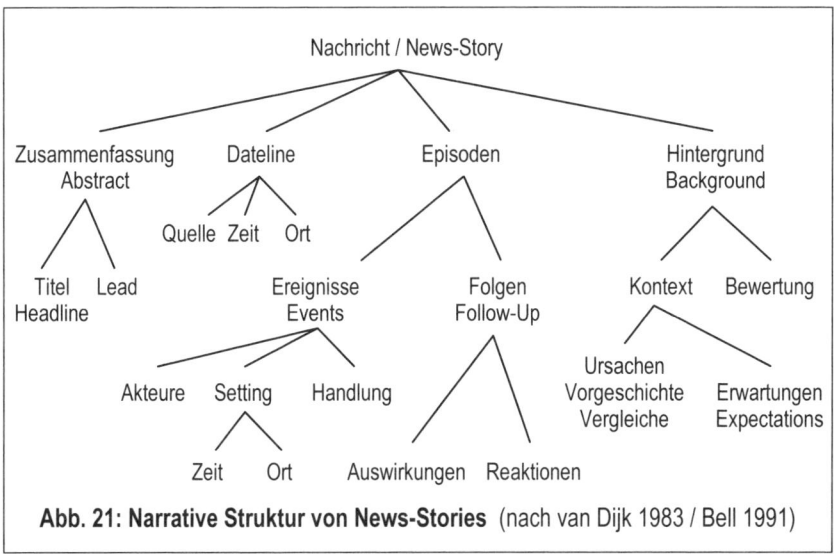

Abb. 21: Narrative Struktur von News-Stories (nach van Dijk 1983 / Bell 1991)

5.3 Medien-Frames

5.3.1 Zum theoretischen Hintergrund

Die Begriffe „Frame" (dt. Rahmen), „Schema", „Script" oder „Map" stehen für ähnliche *hypothetisch-theoretische Konstrukte,* die in verschiedenen sozialwissenschaftlichen Disziplinen wie Psychologie, Soziologie, Linguistik, Kognitions- oder Entscheidungstheorie seit längerem eine Rolle spielen. Gemeinsam ist ihnen, dass damit *Strukturen oder Muster* gemeint bzw. postuliert werden, die hinter der wahrgenommenen bzw. sichtbaren Realität stehen. Sie werden zur *Erklärung* benutzt, indem auf der Oberfläche unterschiedlich scheinende Phänomene oder Prozesse durch Rückgriff auf ihnen zugrunde liegende strukturelle Ähnlichkeiten verstanden und erklärt werden.

Psychologie. Der Psychiater Gregory Bateson (1972) benutzte als einer der ersten den Begriff „Frame" um das Kommunikationsverhalten von Schizophrenen zu erklären, welche bspw. Metaphern wörtlich verstehen oder nicht zwischen Fantasie und Realität unterscheiden. Solche Personen sind nach ihm unfähig, zu kommunizieren, weil sie Mitteilungen *nicht im jeweiligen Kontext* verstehen. Das Konzept „Frame" wird von ihm mit einem Bilderrahmen verglichen, der dem Betrachter angibt, was zum Bild gehört bzw. was als außerhalb zu betrachten ist. Im Kommunikationsprozess sind es bspw. Aspekte wie die Tonlage, welche dem jeweiligen Kommunikationspartner als „Cues" andeuten, wie eine Aussage verstanden werden muss. Diese kontextuellen Hinweise rahmen die Botschaft (engl.: frame the message).

Sozialpsychologie. 1974 erschien von Erving Goffmann „Frame Analysis. An Essay on the Organization of Experience". Nach ihm ist die Wahrnehmung der Wirklichkeit durch Menschen subjektiv konstruiert, d.h. jedes Alltagsereignis lässt sich aus unterschiedlichen Perspektiven wahrnehmen. Interessiert hat ihn vor allem die Frage, wie Menschen Situationen als wirklich – etwa im Unterschied zu (scherzhaften) Täuschungen, zu Spiel oder Theater – definieren, d.h. wie sie die Frage beantworten: „Was geht hier vor?" Nach ihm stellt die Gesellschaft für das Verstehen von Ereignissen sog. primäre Rahmen zur Verfügung. Er definiert bzw. gebraucht den Begriff „Rahmen" explizit im Sinn von Bateson: „Ich gehe davon aus, dass wir gemäß gewissen Organisationsprinzipien für Ereignisse (...) Definitionen einer Situation aufstellen; diese Elemente (...) nenne ich ‚Rahmen'. (...) Mein Ausdruck ‚Rahmen-Analyse' ist eine Kurzformel für die entsprechende Analyse der Organisation der Erfahrung" (Goffman 1972: 19). – Soziale Rahmen sind nach Goffman also Interpretationsschemata bzw. Sichtweisen und liefern für die Interaktionsteilnehmer einen Verständigungshintergrund für das Ereignis bzw. für die jeweilige Situation.

Linguistik und Entscheidungstheorie. In der *Linguistik* ist das Phänomen bekannt, dass ein Wort – bspw. Bank – oder ein Satzgefüge – „Peter rief den Kellner. Nachdem er gekommen war, bestellte er ein Glas Milch." – verschiedene Bedeutung haben können und darum je nach Hörer und Situation unterschiedlich verstanden werden können. Aber obwohl der obige Satz grammatikalisch mehrdeutig ist, wird er doch sofort eindeutig so verstanden, dass Peter und nicht der Kellner das Glas Milch bestellt, weil die meisten Menschen eine Vorstellung davon haben, was in einem Restaurant wie abläuft, und den Satz aufgrund dieses sog. „Restaurant"- Schemas interpretieren. In der *Spieltheorie* (Kahneman / Tversky 1984) wurde ein ähnliches Phänomen untersucht: Negative Ereignisse mit gleicher Auftretenswahrscheinlichkeit können sprachlich verschieden wiedergegeben werden. In Entscheidungssituationen orientieren sich Versuchsteilnehmer jedoch nicht an der objektiven Wahrscheinlichkeit, sondern an der jeweiligen sprachlichen Rahmung.

Kognitionspsychologie. In der *Wahrnehmungs- und Gedächtnispsychologie* sind Vorläufer wie Jean Piaget (50er Jahre) mit seinem Assimilations- / Akkomodationsmodell zu nennen. Wahrnehmung ist nach ihm ein ganzheitlicher Vorgang, wobei Menschen in vielen Fällen äußere Reize in ein bereits bestehendes Schema integrieren bzw. in eine vorhandene kognitive Struktur assimilieren. Wahrnehmung erfolgt „Hypothesen" - geleitet, und Schemata als Erwartungen und Vorstellungen wiederum unterliegen diesen Hypothesen. Das Schema-Konzept bezieht sich also auf die menschliche Fähigkeit, gemeinsame Attribute bei Objekten, Ereignissen und Personen im Sinne der *Reduktion von Komplexität* anzunehmen bzw. zu entdecken. Dem zugrunde liegt die Überlegung, dass der Mensch nur einen Bruchteil der auf ihn einströmenden Information aufnehmen und verarbeiten kann, darum bedarf er schnell und mühelos anwendbarer Verarbeitungs- und Speicherungsroutinen. Mit dem Schema-Konzept kann die Organisation des Gedächtnisses und die Informationsverarbeitung erklärt werden. Hinzuweisen ist hier etwa auf die wegweisende Arbeit von Donald E. Rumelhart (1980): „Schemata: the Building Blocks of Cognition".

Publizistikwissenschaft und Medienforschung. Dem Framing-Konzept oder der Schema-Theorie kommt seit den 80er Jahren eine wachsende Popularität zu (Reese / Gandy / Grant 2001) – anfänglich im Rahmen von qualitativen Inhaltsanalysen und später auch zunehmend in der Wirkungsforschung (bspw. Graber 1984). Als eine der ersten hat Gaye Tuchman in ihrer Studie „Making News: A Study in the Construction of Reality" (1978) untersucht, wie Reporter in einer TV-Station die Realität, über die sie berichten, nicht nur quasi objektiv abbilden, sondern aufgrund ihrer Interpretationen aktiv konstruieren, indem „news stories" die Realität immer aus einer bestimmten Perspektive heraus beleuchten. Umgekehrt gibt es in der Medienwirkungsforschung schon frühe Belege dafür, dass die gleichen Medieninhalte je nach den beim Rezipienten bestehenden Prädispositionen selektiv je anders wahrgenommen und bewertet werden.

Zusammenfassend betrachtet besteht das Gemeinsame dieser theoretischen Ansätze und empirischen Studien in einer *konstruktivistischen Perspektive:* Menschen nehmen ihre Umwelt wahr, kommunizieren über ihren Alltag und verstehen Medienbotschaften *aktiv*, und zwar durch Rückgriff auf zugrunde liegende *ganzheitliche kognitive Strukturen*. Der Sinn bzw. die Bedeutung von Ereignissen, Alltagssituationen, Kommunikationsinhalten oder Medienbotschaften ist darum nicht objektiv gegeben, sondern variiert je nach dem Beobachter, Interaktions- oder Kommunikationspartner und den von ihm bei der Interpretation benutzten Frames, d.h. kognitiven Strukturen (Wicks 2001: 95).

5.3.2 Frames in der Publizistikwissenschaft und Medienanalyse

Frames im Kommunikationsprozess. Das Frame-Konzept kann in der Publizistikwissenschaft gemäß den verschiedenen Phasen im Kommunikationsprozess in der Kommunikator-, Aussagen- und Wirkungsforschung angewendet werden. 1) In der Kommunikatorforschung wird einerseits untersucht, wie NGOs oder andere Interessensgruppen (Gamson u.a. 1992; Benford / Snow 2000) versuchen, mit ihren je spezifischen und interessegeleiteten Ansichten, Auffassungen und Definitionen von Ereignissen, Konflikten oder sozialen Problemen an die Öffentlichkeit zu gelangen und ihre Version der Realität im Diskurs durchzusetzen (engl.: framing process as struggle over meaning). Andererseits stellt sich auch bezüglich der Journalisten und ihrer Arbeit die Frage, wie sie über ein Ereignis berichten, welche Perspektive sie einer News-Story zugrunde legen oder, allgemeiner formuliert, wie Realität in den Medien konstruiert wird. 2) Medienaussagen wiederum können bezüglich der ihnen zugrunde liegenden Frames untersucht werden. Inhaltsanalytisch soll dabei herausgearbeitet werden, welche zentralen Ideen oder organisierenden Prinzipien die Medienrealität konstituieren. 3) Schließlich stellt sich die Frage, wie Rezipienten im Rezeptionsprozess Medienbotschaften wahrnehmen, aufgrund welcher kognitiven Schemata sie ihnen Sinn zuschreiben (vgl. Scheufele 1999a) und ob unterschiedlich „geframte" Medienbotschaften auch je andere Medieneffekte induzieren. So spielt es beispielsweise eine Rolle, ob das Thema „Abtreibung" in den Medien aus der Perspektive „Tötung ungeborenen Lebens" oder aus der Blickrichtung „freie Entscheidung der Frau" betrachtet wird (Scheufele 1999b: 92).

Frames als unabhängige vs. abhängige Variable. Im Forschungsprozess werden Frames als abhängige Variablen untersucht, wenn gefragt wird, wieso Journalisten ihrer Berichterstattung ein bestimmtes Frame zugrunde legen oder wieso im Zeitverlauf oder im Medienvergleich bestimmte Frames dominieren. Frames können aber auch als unabhängige Variablen gesetzt werden, etwa dann, wenn im Rahmen einer Rezeptionsstudie untersucht wird, wie verschiedene Versionen einer News-Story aufgrund der ihnen zugrunde liegenden Frames je anders verstanden werden (Scheufele 1999a).

5.3.3 Definitionen: Was versteht man unter „ Medien-Frame" ?

Das Konzept „Medien-Frame" wird in der Forschung sehr uneinheitlich verwendet, und die Definitionen variieren darum beträchtlich.

In einer frühen und oft zitierten Studie zur Berichterstattung über Studentenunruhen versteht der Mediensoziologe Todd Gitlin (1980: 7) unter Frames: „Persistent patterns of cognition, interpretation, and presentation, of selection, emphasis, and exclusion, by which smbol-handlers routinely organize discourse."

In ihrem Beitrag für einen ICA-Kongress (1991) definieren Tankard u.a.: „A frame is a central organizing idea for news content that supplies a context and suggests what the issue is through the use of selection, emphasis, exclusion, and elaboration (zit. in Tankard 2001:100/101)."

Ähnlich definiert Entman (1993: 52) in seinem Überblicksartikel: „To frame is to select some aspects of a perceived reality and make them more salient in a communicating text, in such a way as to promote a particular problem definition, causal interpretation, moral evaluation, and/or treatment recommendation."

Dimensionen von Medienframes. Die drei Definitionen sind ähnlich, betonen jedoch unterschiedliche Aspekte. Gitlin hebt die zeitlich überdauernden Routinen bzw. Regeln der Selektion, Interpretation und Präsentation hervor, welche der (journalistischen) Arbeit von Kommunikatoren unterliegen. Während Tankard u.a., aber auch Entman, sich stärker an einem konkreten Thema oder Ereignis orientieren, über das aus einer spezifischen Perspektive kommuniziert wird.

Übereinstimmend betonen aber die meisten Definitionen folgende Aspekte, die Reese (2001: 11) seiner Working-Definition zugrunde legt: „Frames are *organizing principles* that are socially *shared* and *persistent* over time, that work *symbolically* to meaningfully *structure* the social world."

- *Organisation:* Die Information über ein Thema ist organisiert, und zwar so, dass das Denken über ein Problem bzw. Thema auf eine ganz bestimmte Weise oder aus einer spezifischen Perspektive erfolgt.
- *Prinzip:* Die Organisation der Information zur Sache basiert auf einem abstrakten ganzheitlichen Prinzip. Dem manifesten Text liegt somit eine latente Tiefenstruktur zugrunde.
- *Geteilt:* Damit das Frame bedeutsam und kommunizierbar wird, bedarf es sozial geteilter Auffassungen bezüglich gewisser Gemeinsamkeiten.
- *Überdauernd:* Die Relevanz der Frames äußert sich darin, dass sie in zeitlicher Hinsicht die Kommunikation überdauern.
- *Symbolisch:* Frames äußern sich in symbolischen Ausdrucksformen.
- *Struktur:* Frames organisieren, indem die Information nach identifizierbaren Mustern strukturiert ist, allerdings in variierender Komplexität.

Funktionen von Medienframes. Zusammenfassend haben Frames in der Medienberichterstattung nach Entman (1993: 52) die Funktion, 1) gewisse Aspekte der perzipierten Realität zu selektionieren, 2) diese hervorzuheben und 3) so zu

kommunizieren, dass 4) eine bestimmte Sicht des Sachverhalts nahe gelegt
wird, 5) die Ursachen des Problems identifiziert werden, 6) eine Bewertung erfolgt und / oder 7) eine Problemlösung angeboten wird.

5.3.4 Empirische Umsetzung

Das Frame-Konzept ist im Rahmen von verschiedenen qualitativen Inhaltsanalysen empirisch auf ganz unterschiedliche Weise umgesetzt worden, wobei je
nach Studie und untersuchtem Thema ganz unterschiedliche Frames postuliert
worden sind.

„Issue-Specific" vs. „Generic" - Frames. Es gibt inhaltsanalytische Studien,
welche ganz unterschiedliche Medientexte, bspw. TV-Nachrichten oder Wissenschaftsberichterstattung, auf zugrunde liegende allgemeine bzw. generische
Frames untersuchen. Im Vergleich dazu sind jedoch themenspezifische
Untersuchungen zu einem bestimmten Ereignis oder zu einer spezifischen Kontroverse häufiger. So typisiert bspw. Peters (1994) die Wissenschaftsberichterstattung nach Popularisierungs-, Orientierungs-, Kontroverse- und Skandal-
Frames. In der *Linguistik bzw. Texttheorie* spricht man von Begriffs-, Situa-
tions- bzw. Text-Schemata und in der *Medienwissenschaft* bspw. vom *Nach-
richten-Schema*, das formal aus den Attributen bzw. Dimensionen Ereignis
(Was?), Akteure (Wer?), Ort (Wo?), Zeit (Wann?), Ursachen (Warum?) und
Folgen (Welche Auswirkungen?) besteht (vgl. Abb. 21). In anderen Arbeiten
wird auch postuliert, dass in der TV-Berichterstattung die sog. „episodischen"
die „thematischen" Frames dominieren würden (Iyengar / Simon 1993).

Medienvergleich vs. Zeitablauf. Themenbezogen wurde untersucht, wie ver-
schiedene Medien bestimmte Ereignisse unterschiedlich „framen" (Smetko /
Valkenburg 2000), oder wie in der Berichterstattung spezifische Frames im
Zeitverlauf entstehen (de Vreese u.a. 2001: 108).

Framing Mechanismen. Journalisten greifen in ihrer täglichen Arbeit zum
Verständnis der Realität, über die sie berichten, auf Frames bzw. Schemata zurück. Zur Strukturierung ihrer Texte rücken sie sodann bestimmte Aspekte des
Ereignisses in den Vordergrund, während andere im Hintergrund bleiben oder
gar ausgeblendet werden. In den inhaltsanalytischen Umsetzungen, aber auch in
den theoretischen Texten wird darauf verwiesen, dass sich *Hinweise auf Frames*
im Titel und im Lead von Artikeln, aber auch in den Bildern und Grafiken sowie in den Quotes finden lassen. (vgl. Tankard 2001: 101). *Formal* soll auf
typische und wiederkehrende Schlüsselwörter, Symbole, Metaphern, Konzepte
und Bilder geachtet werden. *Inhaltlich* soll gefragt werden, welche Ursachen

einem Problem zugeschrieben werden, wer moralisch dafür verantwortlich gemacht wird, und welche Lösungen vorgeschlagen werden.

Deduktives vs. induktives Vorgehen. Schließlich unterscheiden sich die empirischen Studien dahingehend, ob sie vorgängig bestimmte Frames theoriebasiert postulieren und deren Vorhandensein in Medientexten untersuchen, oder ob sie eine Anzahl frame-bezogener Indikatoren inhaltsanalytisch codieren und erst in einem zweiten Schritt induktiv beispielsweise mittels Clusteranalyse (vgl. Semetko / Valkenburg 2000) ermitteln, ob den untersuchten Texten bestimmte Frames zugrunde liegen.

5.3.5 Einzelne Untersuchungen

Forschungsziele. Das Ziel der Frame-Forschung besteht in erster Linie darin, die Auswahl-, Konstruktions- und Präsentationsprinzipien (engl.: codes of selection, organization and emphasis) in der Medienberichterstattung, resp. der Journalistinnen und Journalisten zu erfassen. Wenn die verschiedenen Raster der Medienschaffenden identifiziert werden, dann können die Auswahlprinzipien und die Strukturierung der Berichterstattung vorhergesagt werden. Grundlage dafür bilden meist qualitative Inhaltsanalysen von aktuellen Meldungen – bspw. Fernsehnachrichten – bis hin zum *Wissenschaftsjournalismus* (Peters 1994) oder zur *Risikoberichterstattung* (Dunwoody 1992). Schließlich interessieren rezipientenbezogen die Effekte von Medienframes (vgl. Bonfadelli 2001): Wie beeinflussen bzw. stimulieren (engl.: activate / trigger) unterschiedliche Medienframes bei den Rezipienten je andere Interpretationsprozesse?

Nachfolgend soll der Einsatz des Frame-Konzepts als Instrument der Inhalts- bzw. Textanalyse an einigen empirischen Studien beispielhaft illustriert werden:

Beispiel 1 „Wissenschaftsberichterstattung". Hans Peter Peters (1994) diskutiert eine Reihe von Faktoren wie Aktualität, Zugänglichkeit, Angebotsdruck, Thematisierung, Legitimität, externe Einflüsse, redaktionelle Kompetenz und Arbeitsteilung sowie Frames, die einen Einfluss auf die journalistischen Selektions- und Konstruktionsprozesse haben können, in denen wissenschaftliche Informationsangebote in Medieninhalte transformiert werden. Für Peters sind Frames *Vorurteile über die Struktur der Wirklichkeit.* Sie sind handlungsleitend für die Recherche – u.a. Quellenauswahl, Fragenformulierung, Antwortinterpretation – und bestimmen die Aufmerksamkeitsstruktur der Journalisten. Peters (1994) unterscheidet idealtypisch vier Frames in der Wissenschaftsberichterstattung, ohne aber eine eigene empirische Studie durchzuführen: 1) Popularisierungs-, 2) Orientierungs-, 3) Kontroverse- und 4) Skandal-Frame.

Beispiel 2 „Risikoberichterstattung". Nach Dunwoody (1992) hängt in der Risikoberichterstattung der gewählte Frame einerseits vom individuell relevanten Wissensstand der Medienschaffenden und andererseits von den journalistischen Berufsnormen ab. Im Falle der Risikoberichterstattung spielt das Vorwissen der Medienschaffenden über Naturwissenschaft, Mathematik und Rezeptionsverhalten der Publika eine zentrale Rolle.

Beispiel 3 „Kriegsberichterstattung". Tamar Liebes (1992) vergleicht die Berichterstattung über die sog. „Intifadah" mit jener über den „Golf-Krieg" im israelischen und US-Fernsehen, wobei sie je unterschiedliche „Framing Mechanismen" aufdeckt:

- *„Excising":* Während des Golf-Krieges wurde in der Berichterstattung des US-Fernsehens die andere Seite, d.h. der Irak, ausgeblendet. Das gilt auch für die israelische Intifadah-Berichterstattung. Umgekehrt jedoch zeigte das US-Fernsehen beide Seiten, wobei die Palästinenser sogar eher im Vordergrund der Berichterstattung standen.
- *„Sanitizing":* Die Berichterstattung zeigte den Golf-Krieg als „sauberen" Krieg ohne sichtbare Opfer. In der israelischen Berichterstattung wurde die Intifadah minimiert; wenn Opfer gezeigt wurden, dann waren es israelische; das US-Fernsehen gab der Intifadah bedeutend mehr Raum.
- *„Equalizing":* In beiden Fällen wurde durch die Berichterstattung eine scheinbare Gleichheit der Bedrohung der USA durch den Iraq bzw. Israel durch die Palästinenser konstruiert: „Building up the enemy". Dies gilt jedoch nicht für die US-Berichterstattung über die Intifadah.
- *„Personalizing":* Im israelischen Fernsehen wurden die eigenen Opfer personalisiert, die Opfer auf der Seite der Palästinenser aber anonym belassen; das US-Fernsehen personalisierte eher die Palästinenser.
- *„Demonizing":* In der Berichterstattung über den Golf-Krieg dominierte die Metaphorik des „Guten" gegen das „Böse". Im israelischen TV wurden die jungen Palästinenser dämonisiert, als „Gesetzesbrecher" und „Molotow-Cocktail-Werfer" negativ stereotypisiert. Das US-Fernsehen übernahm dagegen eine „Underdog"-Perspektive ein und zeigt eher die israelischen Soldaten als schwer bewaffnet, maskiert und brutal.
- *„Contextualizing":* Es wird mehr Kontext jeweils über die Gegenseite geliefert, weil darüber kaum Vorwissen besteht. Im israelischen TV wurde bspw. die Intifadah eher episodenhaft „geframt", die Kämpfe fast als Rituale dargestellt, d.h. kaum Informationen über Hintergründe und die Geschichte geliefert.

Zusammenfassend behandelt das journalistische System jeweils den „eigenen" Krieg aus einer anderen Perspektive als den Krieg der „anderen".

Beispiel 4 „Katastrophen-Berichterstattung". Robert Entman (1991) analysiertet in einer vergleichenden Studie die Berichterstattung in den USA (Time, Newsweek, CBS, NY Times, Washington Post) über den „KAL-Abschuss" (Korea Flug durch Sowjet-Jäger, 1.9.1983, 269 Tote) einerseits und den „Iran-Luft-Zwischenfall" (Abschuss eines iranischen Jumbos durch US-Schlachtschiff, 3.7.1988, 290 Tote) andererseits. Auch er entdeckt Frame-Schemata: Während der US-Abschuss als „technisches Problem" dargestellt wurde, sprachen die Medien bei der KAL-Katastrophe von einem „brutal massacre" oder von einer „cold-blooded barbarous attack". Für ihn besteht der Framing-Prozess 1) im sog. *„Sizing"*: Informationselemente werden aufgeblasen (engl.: „magnifying") oder relativiert (engl.: „shrinking") und so konsonant ins zugrunde liegende Frame eingepasst. Weiter untersucht er Mechanismen wie 2) *„Agency"*: Wer war Verursacher? 3) *„Identification"*: Wie werden die Opfer unterschiedlich dargestellt? 4) *„Categorization"*: Wahl der Labels zur Beschreibung der Ereignisse wie „tragedy" vs. „attack"? 5) *„Generalization"*: Wird das Ereignis als Einzelfall oder als Symptom generalisierend interpretiert?

Abb. 22: Multi-Item-Skalen zur Identifikation von Frames	
Frame	Items
Attribution of Responsibility	- Does the story suggest that some level of government has the ability to alleviate the problem? - Does the story suggest that some level of the government is responsible for the issue / problem? - Does the story suggest solution(s) to the problem / issue? - Does the story suggest that an individual (or group of people in society) is responsible for the issue / problem? - Does the story suggest the problem requires urgent action?
Conflict	- Does the story reflect disagreement between parties-individuals-groups-countries - Does one party-individual-group-country reproach another? - Does the story refer to two sides or to more than to two sides of the problem or issue? - Does the story refer to winners and losers?
Anmerkung: Jede Frage musste durch den Codierer mit „ja" (1) oder „nein" (0) beantwortet werden. Alle 20 Items wurden mittels Faktorenanalyse in die fünf theoretisch postulierten Frames verdichtet. Quelle: Semetko / Valkenburg: 2000: 100	

Beispiel 5 „Framing von Presse und TV im Vergleich". Smetko / Valkenburg (2000) untersuchen das Vorkommen von fünf Nachrichten-Frames in 2'601

Zeitungs- und 1'522 TV-Berichten im Umfeld eines Treffens europäischer Regierungschefs in Amsterdam 1997. Die Frames „Zuschreibung von Verantwortung", „Konflikt", „Human Interest", „wirtschaftliche Konsequenzen" und „Moral" wurden je mittels einer Multi-Item-Skala identifiziert (Abb. 22). Hauptbefunde: 1) In der Berichterstattung stand das Frame „Zuschreibung von Verantwortung" an erster Stelle, gefolgt vom Konflikt-Frame; etwa gleich, aber schwächer ausgeprägt, waren die Frames „wirtschaftliche Konsequenzen" und „Human Interest"; moralische Überlegungen spielten keine Rolle. 2) Die größten Unterschiede in der Verwendung der Frames bestanden nicht zwischen dem Fernsehen und der Presse, sondern zwischen sog. „seriösen" und „sensationsorientierten" Medienanbietern. 3) Frames wurden aber auch themenspezifisch verwendet: Für das Thema „europäische Integration" wurden am häufigsten die Frames „Zuschreibung von Verantwortung" und „Konflikt" benutzt, während für die Kriminalitätsberichterstattung die Frames „Konflikt" und „Human Interest" typisch sind.

Beispiel 6 „Framing im journalistischen Selektionsprozess". Brosius / Eps (1993) untersuchen mittels Inhaltsanalyse den *Einfluss von Schlüsselereignissen* – die Berichterstattung der Ausschreitungen in Hoyerswerda und Rostock sowie die Brandanschläge von Mölln und Solingen – auf die nachfolgende Berichterstattung zu den Themen „Ausländerfeindlichkeit" und „Rechtsradikalismus". Er findet Indikatoren dafür, dass diese Schlüsselereignisse die nachfolgende Nachrichtenauswahl nachhaltig beeinflussen. Die Anschläge danach hatten eine größere Publikationschance, wenn die Art des Anschlags, der Tatort und die Opfer Ähnlichkeiten mit den Schlüsselereignissen hatten. Die *journalistischen Selektionskriterien* sind somit weniger konstant als in der Theorie der Nachrichtenfaktoren postuliert wird.

5.3.6 Kritik und offene Fragen

Kritik. Theorieorientiert wird vorab die *variable* und *uneindeutige* Verwendung des Frame- / Schema-Konzepts kritisiert, das eine empirische Überprüfung erschwert. Unklar bleibt in der angewandten Forschung zudem oft, welche empirischen Kriterien gegeben sein müssen, sodass von einem „Frame" bzw. „Schema" gesprochen werden kann. Besteht doch die Gefahr, dass in inhaltsanalytischen Untersuchungen nicht genau genug zwischen der Codierung eines bloßen Themas und der Identifikation eines Frames unterschieden wird. Kritisch gefragt wird auch, bspw. von Kuklinski / Luskin / Bolland (1991), wie viel das Schema-Konzept tatsächlich zum Verstehen von politischem Verhalten beitrage. Sie meinen zudem, dass das Frame-Konzept im Prinzip nicht über das Konzept der Einstellung hinausgehe.

Offene Fragen. Ungeklärt bzw. offen sind u.a. folgende Fragen. 1) Auf der *Ebene der Kommunikatoren:* Wie stabil sind bspw. deren Selektionskriterien? Welches sind die zentralen Einflussfaktoren, welche die sog. „mental maps" der Medienschaffenden maßgeblich bestimmen? (individuelle vs. medienspezifische vs. professionelle Normen und / oder kontextspezifische vs. gesellschaftliche Normen? 2) Verändern Schlüsselereignisse (engl.: landmark events) die Frames? Und: Wodurch sind solche Schlüsselereignisse charakterisiert? Bspw.: „Die Welt ist nicht mehr wie früher!" Wann oder wodurch wird ein Ereignis zum Schlüsselereignis, etwa durch umfangreiche Medienberichterstattung in Form selbstreferenzieller Konstruktion? 3) Und auf der *Textebene:* Welche Kriterien müssen im Text erfüllt sein, damit bei einer Inhaltsanalyse tatsächlich von einem „Frame" gesprochen werden kann?

Widersprüche. Wenn dem Framing-Konzept eine grundsätzliche Bedeutung zur Erfassung von „(Medien-)Realität" beigemessen wird, nämlich zu verstehen und auf soziale Situationen „richtig" reagieren zu können, dann genügt es nicht, lediglich die journalistischen Filter oder Raster zu betrachten. „Framen" tun nämlich alle, nicht nur Medienschaffende, sondern auch die dem Mediensystem vorgelagerten Quellen. Alle tun sogar mehr: Sie nehmen wahr, konstruieren, informieren, desinformieren, interpretieren, verhindern, verpacken, „instrumentalisieren" bestimmte Ereignisse. Mediale Frames sind lediglich einige von vielen. Darüber hinaus leistet sich jede Organisation von einer gewissen Komplexität – dazu gehören auch Medienunternehmen – mehrere Frames, die meist miteinander in einem gewissen – möglicherweise konfliktiven – Bezug stehen.

Literatur

Mediensprache

Bell, Allan (1991): The Language of News Media. Oxford. Auch in: Jaworski, Adam / Coupland, Nikolas (Hg.) (1999): The Discourse Reader. London / New York.

Bentele, Günter (1985): Die Analyse von Mediensprachen am Beispiel von Fernsehnachrichten. In: Bentele, Günter / Hess-Lüttich, Ernest (Hg.): Zeichengebrauch in Massenmedien. Tübingen, S. 95-127.

Breuer, Ulrich / Korhonen, Jarmo (Hg.) (2001): Mediensprache – Medienkritik. Bern.

Bucher, Hans-Jürgen / Straßner, Erich (Hg.) (1991): Mediensprache. Medien-
kommunikation. Medienkritik. Tübingen.
Burger, Harald: Sprache der Massenmedien. Eine Einführung. Berlin / NY
1990.
Janich, Nina (2001): Werbesprache. Ein Arbeitsbuch. Tübingen.
Lüger, Heinz-Helmut (1983): Pressesprache. Tübingen.
Schmitz, Ulrich (1995): Ein sprachliches Monument in hektischer Lebenswelt:
Die „Tagesschau". Auf: www.linse.uni-essen.de/papers/monument.htm
(14.5.2002)
Straßner, Erich (1982): Fernsehnachrichten. Eine Produktions-, Produkt- und
Rezeptionsanalyse. Tübingen.

Gesprächs- und Dialoganalyse

Bucher, Hans-Jürgen (1994): Dialoganalyse und Medienkommunikation. In:
Fritz, Gerd / Hundsnurscher, Franz (Hg.): Handbuch der Dialoganalyse. Tü-
bingen, S. 471-491.
Burger, Harald (1991): Das Gespräch in den Massenmedien. Berlin / NY.
Burger, Harald (1993): Dialogisches in Radio- und Fernsehwerbung. In: Löff-
ler, Heinrich (Hg.): Dialoganalyse IV. Tübingen, S. 109-116.
Fritz, Gerd / Hundsnurscher, Franz (1994) (Hg.): Handbuch der Dialoganalyse.
Tübingen.
Henne, Helmut / Rehbock, Helmut (1978): Einführung in die Gesprächsanalyse.
Berlin / New York.
Holly, Werner (1994): Confrontainment. Politik als Schaukampf im Fernsehen.
In: Bosshart, Louis / Hoffmann-Riem, Wolfgang (Hg.): Medienlust und Me-
diennutz. Unterhaltung als öffentliche Kommunikation. München, S. 422-
434.
Holly, Werner / Kühn, Peter / Püschel Ulrich (Hg.) (1989): Redeshows – Fern-
sehdiskussionen in der Diskussion. Tübingen.
Keil, Erika (1991): Hörerbeteiligung am Radio. Vom sprachlosen Ich zum
eloquenten Du. Bern.
Peck, Janice (1993): TV Talk Shows as Therapeutic Discourse: The Ideological
Labor of the Televised Talking Cure. In: Communication Theory, 5(1),
S. 58-81.
Tenscher, Jens (1999): „Sabine Christiansen" und „Talk im Turm". Eine Fall-
analyse politischer Fernsehtalkshows. In: Publizistik, 44(3), S. 317-333.

Medienrhetorik

Göttert, Karl-Heinz (1988): Rhetorik und Kommunikationstheorie. In: Jahrbuch Rhetorik, Bd. 7. Tübingen, S. 79-91.

Häusermann, Erich (1995): Medienrhetorik. In: Dyck, Joachim / Jens, Walter / Ueding, Gert (Hg.): Jahrbuch Rhetorik, Bd. 14: Angewandte Rhetorik. Stuttgart, S. 30-39.

Windisch, Uli (1993): Der verbale K.o. Die konfliktäre Kommunikation am Beispiel von Leserbriefen. Zürich.

Diskursanalyse

Bell, Allan / Garrett, Peter (1998): Approaches to Media Discourse. Oxford.

Eisner, Manuel / Fux, Beat (Hg.) (1992.): Politische Sprache in der Schweiz. Konflikt und Konsens. Zürich.

Fairclough, N. (1995): Critical Discourse Analysis. London.

Gamson, William / Modigliani, Andre (1989): Media Discourse and Public Opinion on Nuclear Power: A Constructionist Approach. In: American Journal of Sociology, 95(1), S. 1-37.

Gill, Rosalind (2000): Discourse Analysis. In: Bauer, Martin / Gaskell, George (Hg.): Qualitative Researching with Text, Image and Sound. A Practical Handbook. London / Thousand Oaks / New Delhi, S. 172-190.

Jäger, Siegfried (1999): Zwischen den Kulturen: Diskursanalytische Grenzgänge. In: Hepp, Andreas / Winter Rainer (Hg.): Kultur – Medien – Macht. Cultural Studies und Medienanalyse. Opladen / Wiesbaden, S. 253- 272.

Jäger, Siegfried (1993): Text- und Diskursanalyse. Eine Anleitung zur Analyse politischer Texte. DISS-Texte Nr. 16, Duisburg.

Keller, Rainer / Hirseland, Andreas / Schneider, Werner / Viehöver, Willy (Hg.) (2001): Handbuch Sozialwissenschaftliche Diskursanalyse. Band 1: Theorien und Methoden. Opladen.

Stallings, Robert A. (1990): Media Discourse and the Social Construction of Risk. In: Social Problems, 37(1), S. 80-95.

van Dijk, Teun A. (1995): Discourse Semantics and Ideology. In: Discourse & Society, 6(2), S. 243-289.

van Dijk, Teun A. (1993): Principles of Critical Discourse Analysis. In: Discourse & Society, 4(2), S. 249-283.

van Dijk, Teun A. (1991): The Interdisciplinary Study of News as Discourse. In: Jensen, Klaus Bruhn / Jankowski, Nicholas (Hg.): A Handbook of Qualitative Methodologies for Mass Communication Research. London / New York, S. 108-120.

van Dijk, Teun A. (1989): Structures of Discourse and Structures of Power. In: Communication Yearbook 12. Newbury Park u.a., S. 18-59.

van Dijk, Teun A. (1985): Structures of News in the Press. In: van Dijk, T.A. (Hg.): Handbook of Discourse Analysis. Vol. 3. Orlando u.a., S. 69-93.

van Dijk, Teun A. (1983): Discourse Analysis: Its Development and Application to the Structure of News. In: Journal of Communication, 33(2), S. 20-43.

Medienmythen, Rituale, Narrativität

Bell, Allan (1999): News Stories as Personal Narratives. In: Jaworski, Adam / Coupland, Nikolas (Hg.): The Discourse Reader. London / New York, S. 236-251.

Bird, Elisabeth / Dardenne, Robert (1988): Myth, Chronicle, and Story. Exploring the Narrative Qualities of News. In: Carey, James (Hg.): Media, Myths, and Narratives. Television and the Press. Newbury Park u.a., S. 67-86.

Ehrlich, Matthew (1996): Using „Ritual" to Study Journalism. In: Journal of Communication Inquiry, (2), S. 3-17.

Fürsich, Elfriede (1994): Fernsehnachrichten als Ritual. Ein neuer Ansatz zur Interpretation. In: Publizistik, 39(1), S. 27-57.

Hickethier, Knut (1998): Narrative Navigation durchs Weltgeschehen. Erzählstrukturen in Fernsehnachrichten. In: Kamps, Klaus / Meckel, Myriam (Hg.): Fernsehnachrichten. Prozesse, Strukturen, Funktionen. Opladen / Wiesbaden, S. 185-202.

Hickethier, Knut (1997): Das Erzählen der Welt in den Fernsehnachrichten. Überlegungen zu einer Narrationstheorie der Nachricht. In: Rundfunk und Fernsehen, 45(1), S. 5-18.

Hickethier, Knut / Bleicher, Joan Kristin (1998): Die Inszenierung der Information im Fernsehen. In: Willems, Herbert / Jurga, Martin (Hg.): Inszenierungsgesellschaft. Ein einführendes Handbuch. Opladen / Wiesbaden 1998, S. 369-383.

Hurrelmann, Bettina (2001): Wer erzählt all die Geschichten? Gedanken zum Wandel unserer narrativen Umwelt. In: Neue Sammlung, 41(1), S. 57-72.

Jäckel, Michael / Peter, Jochen (1997): Cultural Studies aus kommunikationswissenschaftlicher Perspektive. Grundlagen und grundlegende Probleme. In: Rundfunk und Fernsehen, 45(1), S. 46-68.

Kozloff, Sarah (1994): Narrative Theory and Television. In: Allen, Robert (Hg.): Channels of Discourse, Reassembled. London, S. 67-100.

Krotz, Friedrich (1992): Kommunikation als Teilhabe. Der „Cultural Studies Approach". In: Rundfunk und Fernsehen, 40, S. 412-431.

Kunelius, Risto (1994): Order and Interpretation: A Narrative Perspective on Journalistic Discourse. In: European Journal of Communication, 9, S. 249-270.

Liebes, Tamar (1996): Narrativization of the News: An Introduction. In: Journal of Narrative and Life History, 4(1&2), S. 1-8.

Meckel, Miriam / Kamps, Klaus / Rössler, Patrick / Gephart, Werner (1999): Medien-Mythos. Wiesbaden.

Mikos, Lothar (1993): Fernsehen als Institution des Geschichtenerzählens. In: Communicatio Socialis, 26(3), S. 203-221.

Real, Michael (1989): Super Media. A Cultural Studies Approach. Newbury Park / London / New Delhi.

Real, Michael (1996): Exploring Media Culture. A Guide. Thousand Oaks / London / New Delhi.

Smith, Robert Rutherford (1979): Mythic Elements in Television News. In: Journal of Communication, 29, S. 75-82.

Tenscher, Jens (1998): Politik für das Fernsehen – Politik im Fernsehen. Theorien, Trends und Perspektiven. In: Sarcinelli, Ulrich (Hg.): Politikvermittlung und Demokratie in der Mediengesellschaft. Opladen, S. 184-208.

Willems, Herbert / Jurga, Martin (Hg.) (1998): Inszenierungsgesellschaft. Ein einführendes Handbuch. Opladen.

Frames und Schemata

Bateson, Gregory (1972): Steps to an Ecology of Mind. New York.

Benford, Robert D. / Snow, David A. (2000): Framing Processes and Social Movements. An Overview and Assessment. In: Annual Review of Sociology, 26, S. 611-639.

Bonfadelli, Heinz (2001): Medienwirkungsforschung I: Grundlagen und theoretische Perspektiven. Kap.: „Schema-Theorie". Konstanz, S. 121ff.

Brosius, Hans-Bernd (1991): Schema-Theorie – ein brauchbarer Ansatz in der Wirkungsforschung? In: Publizistik, 36(3), S. 285-297.

Brosius, Hans-Bernd / Eps, Peter (1993): Verändern Schlüsselereignisse journalistische Selektionskriterien? Framing am Beispiel der Berichterstattung über Anschläge gegen Ausländer und Asylanten. In: Rundfunk und Fernsehen, 41(4), S. 512-530.

Darling-Wolf, Fabienne (1997): Framing the Breast Implant Controversy: A Feminist Critique. In: Journal of Communication Inquiry, 21(1), S. 77-97.

De Freese, Claes H. / Peter, Jochen / Semetko, Holli A. (2001) : Framing Politics at the Launch of the Euro: A Cross-National Comparative Study of Frames in the News. In: Political Communication, 18, S. 107-122.

Dunwoody, Sharon (1992): The Media and Public Perceptions of Risk: How Journalists Frame Risk Stories. In: Bromley, Daniel / Segerson, Kathleen (Hg.): The Social Response to Environmental Risk. Boston / Dordrecht / London, S. 75-100.

Entman, Robert M. (1991): Framing U.S. Coverage of International News: Contrasts in Narratives of the KAL and Iran Air Incidents. In: Journal of Communication, 41(4), S. 6-27.

Entman, Robert (1993): Framing: Toward Clarification of a Fractured Paradigm. In: Journal of Communication, 43(4), S. 51-58.

Gamson, William (1996): Media Discourse as a Framing Resource. In: Cringler, Ann N. (Hg.): The Psychology of Political Communication. Ann Arbor, S. 111-132.

Gamson, William u.a. (1992): Media Images and the Social Construction of Reality. In: Annual Review of Sociology, 18, S. 373-393.

Gamson, William / Modigliani, Andre (1989): Media Discourse and Public Opinion on Nuclear Power. A Constructivist Approach. In: American Journal of Sociology, 95, S. 1-37.

Gitlin, Todd (1980): The Whole World Is Watching. Berkeley.

Goffman, Erving (1980): Rahmen-Analyse. Ein Versuch über die Organisation von Alltagserfahrungen. Frankfurt a.M.

Goshorn, Kent / Gandy, Oscar (1995): Race, Risk and Responsibility: Editorial Constraint in the Framing of Inequality. In: Journal of Communication, 45(2), S. 133-151.

Iyengar, Shanto / Simon, Adam (1993): News Coverage of the Gulf Crisis and Public Opinion. A Study of Agenda-Setting, Priming, and Framing. In: Communication Research, 20(3), S. 365-383.

Kahneman, Daniel / Tversky, Amos (1984): Choices, Values, Frames. In: American Psychologist, 39(4): 341-350.

Kruse, Corwin R. (2001): The Movement and the Media: Framing the Debate Over Animal Experimentation. In: Political Communication, 18, S. 67-87.

Kuklinski, James / Luskin, Robert / Bolland, John (1991): Where is the Schema? Going Beyond the „S" Word in Political Psychology. In: American Political Science Rev., 84(4), S. 1341-1356.

Liebes, Tamar (1992): Our War / Their War: Comparing the Intifadah and the Gulf War on U.S. and Israeli Television. In: Critical Studies in Mass Communication, 9, S. 44-55.

McLeod, Douglas / Detenber, Benjamin (1999): Framing Effects of Television News Coverage of Social Protest. In: Journal of Communication, 49(3), S. 3-23.

Norris, Pippa (1995): The Restless Searchlight: Network News Framing of the Post-Cold War Period. In: Political Communication, 12(4), S. 357-370.

Peters, Hans Peter (1994): Wissenschaftliche Experten in der öffentlichen Kommunikation über Technik, Umwelt und Risiken. In: Sonderheft „Öffentlichkeit, öffentliche Meinung, soziale Bewegungen" der Kölner Zeitschrift für Soziologie und Sozialpsychologie, 34, S. 162-190.

Reese, Stephen D. / Buckalew, Bob (1995): The Militarism of Local Television: The Routine Framing of the Persian Gulf War. In: Critical Studies in Mass Communication, 12, S. 40-59.

Reese, Stephen D. / Gandy, Oscar H. / Grant, August E. (Hg.) (2001): Framing Public Life. Perspectives on Media and Our Understanding of the Social World. Mahwah, New Jersey.

Rumelhart, Donald E. (1980): Schemata. The Building Blocks of Cognition. In: Spiro, R.J. / Bruce, B.C. / Brewer, W.F. (Hg.): Theoretical Issues in Reading Comprehension. Hillsdale N.J.

Scheufele, Dietram (1999a): Framing as a Theory of Media Effects. In: Journal of Communication, 49(1), S. 103-122.

Scheufele, Bertram (1999b): (Visual) Media Framing und Politik. Zur Brauchbarkeit des Framing-Ansatzes im Kontext (visuell) vermittelter politischer Kommunikation und Meinungsbildung. In: Hofmann, Wilhelm (Hg.): Die Sichtbarkeit der Macht. Theoretische und empirische Untersuchungen zur visuellen Politik. Baden-Baden, S. 91-107.

Smetko, Holli A. / Valkenburg, Patti M. (2000): Framing European Politics: A Content Analysis of Press and Television News. In: Journal of Communication, 50(2), S. 93-109.

Stone, Gerald / Singletary, Michael / Richmond, Virginia (1999). Clarifying Communication Theories. A Hands-On Approach. Kap.: „Framing and Priming Effects". Ames, S. 276-288.

Tankard, James W. u.a. (1991): Media Frames: Approaches to Conceptualization and Measurement. Paper presented at the annual meeting of the AEJMC, Boston.

Wicks, Robert (2001): Understanding Audiences. Learning to Use Media Constructively. Kap.: „Framing Media Information".

Wicks, Robert (1992): Schema Theory and Measurement in Mass Communication Research: Theoretical and Methodological Issues in News Processing. In: Communication Yearbook 15, S. 115-145.

6. Semiotik

6.1 Semiotik und Publizistikwissenschaft

6.1.1 Forschungsentwicklung und Forschungsfelder

Der Begriff „Semiotik" als „Zeichentheorie" (Trabant 1996; Nöth 2000) wird nicht einheitlich verwendet und umfasst verschiedenste theoretische Ansätze, die ihre Wurzeln in den Arbeiten der *strukturalistischen Linguistik* von Ferdinand de Saussure (1857 – 1913) zu Beginn des 20. Jh. und der *strukturalen Anthropologie* von Claude Lévi-Strauss in den 50er Jahren haben, aber auch in der Philosophie des *amerikanischen Pragmatismus* von Charles Sanders Pierce (1839 – 1914) und Charles William Morris (1901 – 1979) in den 30er Jahren.

Eingeflossen sind in den 70er Jahren zudem ideologiekritische Elemente des *Marxismus,* vor allem von Antonio Gramsci (1891 – 1937) und später Michel Foucault (1926 – 1984). Einflussreich waren auch die Arbeiten von Linguisten wie Umberto Eco (1972 + 1977) oder Roland Barthes (1979). Semiotische Prämissen und Analysemethoden spielten dann wieder in den 80er und 90er Jahren in den sog. *Cultural Studies* (Fiske 1987; Krotz 1993; Real 1996; Hepp 1999) oder in der *Gender-Perspektive* (van Zoonen 1994) eine wichtige Rolle.

Konkrete Anwendungen gab es zunächst in der *Filmanalyse* – Christian Metz: Semiologie des Films (1967) – und der *visuellen Ästhetik* – Hermann Ehmer: „Visuelle Kommunikation" (1971) –, später auch in der publizistikwissenschaftlichen *Bildanalyse* (Deacon u.a. 1999; Rose 2001) oder *Werbung* (Nöth 1975; Williams 1978). Es können aber praktisch alle kulturellen Artefakte – Musik, Gesten, Tanz, Sport, Aerobic, Architektur, Fotographie u.a.m. – unter einer semiotischen Perspektive analysiert werden.

6.1.2 Semiotik als Basiswissenschaft

In der Publizistikwissenschaft wurde die Semiotik Mitte der 70er Jahre erstmals rezipiert, und später sogar als *Basiswissenschaft* (Bentele 1981; Saxer 1981) zur Analyse vor allem auch visueller Zeichen postuliert. Dieser umfassende Anspruch konnte allerdings nicht eingelöst werden, dementsprechend sind konkrete praktische Anwendungen, bspw. in der Analyse von Werbebotschaften (Nöth 1975; Williamson 1978; Roncoroni 1996), eher selten geblieben, obwohl die Relevanz der Semiotik für die Publizistik- wie auch die Medienwissenschaft sicher darin besteht (Deacon u.a. 1999: 135; Moser 1999: 35), dass viele ihrer Basiskonzepte für die Analyse von Medientexten äußerst fruchtbar sind.

Das folgende Kapitel gibt eine knappe Einführung in die wichtigsten Basiskonzepte, theoretischen Perspektiven und Instrumente der Semiotik. Gerade im Falle der Semiotik ist die Lektüre von Primärtexten aber unabdingbar, unterscheiden sich doch die verschiedenen Autoren im Verständnis wie in der Anwendung der Basiskonzepte zum Teil beträchtlich.

6.2 Konzepte und theoretische Perspektiven

Die Semiotik basiert auf der Einsicht, dass die *Sprache* ein Schlüssel für das Verständnis der Kultur darstellt, und zwar nicht nur darum, weil die Sprache ein wichtiger Bestandteil der Kultur ist, sondern auch deshalb, weil sowohl alle kulturellen Praxen als auch die kulturellen Artefakte selbst *Zeichencharakter* haben bzw. als *Zeichensysteme* verstanden werden können.

Zum Verständnis von Semiotik gehört darum die Beschäftigung mit der Frage: „Was sind Zeichen?“ Und: „Wie ermöglichen Zeichen menschliche Kommunikation?“

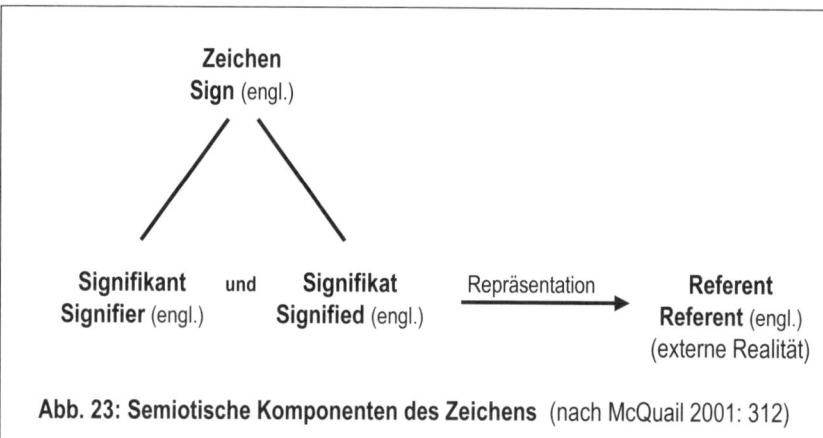

Abb. 23: Semiotische Komponenten des Zeichens (nach McQuail 2001: 312)

Arbitrarität der Zeichen. Zeichen sind materielle Objekte, die *arbiträr* durch einen zugeordneten *Code* Bedeutung tragen. Sie sind keine Naturphänomene, weil diese nicht „sprechen", Zeichen aber gelesen werden müssen. Zeichen stehen immer für etwas anderes, indem sie auf Gegenstände der Welt – *Referenz* – verweisen. Aber auch diese Referenzen sind konventionell, insofern jede Kultur die Welt wieder anders konstruiert. Das Zeichen „schwarze Katze" verweist somit in der deutschen Sprache auf Katzen schwarzer Farbe in der realen Welt, bzw. kann zur Bezeichnung von schwarzen Katzen verwendet werden.

Dualität von Zeichen. Saussure zufolge ist das Zeichen eine Einheit aus dem *Zeichenträger* (frz. signifiant, engl. signifier, dt. der Signifikant) und seiner *Bedeutung* (frz. signifié, engl. signified, dt. das Signifikat oder das Bedeutete).

Denotation vs. Konnotation. Die *„Denotation"* eines Zeichens ist seine grundlegende und konstante Position im semantischen Raum als primäre Bedeutung, d.h. entspricht der Bedeutung, welche Personen in einem Sprachraum normalerweise dem Zeichen zuordnen. Die *„Konnotation"* eines Zeichens bezieht sich auf weitere sekundäre Relationen des Zeichens im semantischen Raum, d.h. zusätzliche Bedeutungen, die u.U. nicht von allen Sprachteilnehmern geteilt werden müssen. Oft werden mit dem Begriff „Konnotationen" aber auch die eher *affektiven Bedeutungskomponenten* negativer oder positiver Art bezeichnet: Manche Menschen verbinden mit dem Zeichen „schwarze Katze" zudem die konnotative Bedeutung „Unglück".

Mythos. Roland Barthes (1957: 195ff.) verwendet zudem den Begriff „Mythos". Ein Zeichen – Signifikant + Signifikat – wird in einem semiotischen System zu einem neuen Signifikanten mit einer zusätzlichen (konnotativen) Bedeutung auf einer Meta-Ebene. Beispiel: Die Armbrust als Waffe konnotiert im Zusammenhang mit Schillers „Wilhelm Tell" Attribute wie „Zuverlässigkeit" und „Präzision". In der Schweiz wurde darum lange Zeit eine stilisierte Armbrust als Ikon, das „Schweizer Qualität" symbolisiert, verwendet. Auf der zweiten Ebene des Mythos' bzw. der Ideologie werden somit die Signifikanten aus den Zeichen (Signifikant + Signifikat) des ersten (Sprach-)Systems gebildet.

Signifikant		Signifikat
Signifikant	Signifikat	

Abb. 24: Der Mythos als komplexes (Meta-)Zeichensystem (nach Barthes 1957)

Metonymie vs. Synekdoche. Die Beziehung zwischen Signifikant und Signifikat auf der Ebene des Mythos ist *metonymisch* (Def.: Namensvertauschung
bzw. übertragener Gebrauch eines Wortes), insofern ein einzelnes konkretes
Ikon wie etwa die Armbrust für „Qualität" steht. Von *Synekdoche* wird dann
gesprochen, wenn auf der Meta-Ebene des verwendeten Zeichens ein Teil (=
Signifikant) für das Ganze (= Signifikat) steht: Pars pro toto. Bspw.: Das Bild
des Eiffelturms steht für die ganze Stadt Paris.

Die Zielsetzung der meisten semiotischen Analysen besteht darin, die komple-
xen Zusammenhänge zwischen den auf der Oberfläche liegenden denotativen
Bedeutungselementen und den tiefer liegenden konnotativen und mythologischen
Bedeutungsstrukturen herauszuarbeiten.

Code. Weil die Beziehung zwischen Signifikant und Signifikat in den menschlichen Sprachen *arbiträr* ist, wird mit „Code" jedes *Regelsystem* als Konvention
bezeichnet, das die Sprachteilnehmer lernen müssen, um miteinander kommunizieren zu können. Neben der „Sprache" gibt es aber auch weitere Codes des
kulturellen Systems.

Umberto Eco (1972: 179ff.) gibt dazu Beispiele für kinematographische, rhetorische und stilistisch-ästhetische Codes. Und John Fiske (1987: 4ff.) unterscheidet drei Codeebenen im Fernsehen:

- *Realität:* Jedes im Fernsehen dargestellte Ereignis ist schon encodiert
  aufgrund sozialer Codes wie Erscheinung, Kleidung, Make-up, Sprache,
  Gestik etc.
- *Repräsentation:* Das Medium Fernsehen schafft eine neue, mediale Wirk-
  lichkeit aufgrund seiner spezifischen Codes wie Kameraperspektive,
  Licht, Schnitt, Ton etc.
- *Ideologie:* Die ersten beiden Codeebenen sind wiederum eingebettet in
  umfassendere ideologische Codes wie bspw. die konventionelle westliche
  Mittelklassemoral.

Systemhaftigkeit der Sprache. Die strukturalistischen Auffassungen der Semiotik betonen sehr stark sowohl den Prozesscharakter als auch die Systemhaftigkeit von Zeichensystemen. Damit ist gemeint, dass die Bedeutung von Zeichen nicht als fixiert und feststehend angesehen werden darf. Die Bedeutung
von Zeichen ergibt sich vielmehr immer *relational* in Bezug auf die mit ihnen
verbundenen übrigen Zeichen, verändert sich aber auch ständig im Prozess der
Sprachverwendung und des kulturellen Wandels. Für die Sprache als Zeichen-
system verwendete Saussure den Begriff „langue", während er die konkrete
Sprachverwendung mit dem Begriff „parole" bezeichnete. – Dies hat auch Kon-

sequenzen für die Zeichenanalyse, insofern einzelne Zeichen immer in Bezug auf andere anwesende oder abwesende Zeichen hin analysiert werden müssen.

Syntagma vs. Paradigma. Zeichenstrukturen können dabei hinsichtlich zweier Achsen untersucht werden. Die *syntagmatische Betrachtung* bezieht sich auf die Elemente (bspw. Worte) des Codes, die in einer Kette (bspw. Satz) verknüpft werden: Kombinationsachse. Die *paradigmatische Betrachtung* bezieht sich auf die Selektionsachse, d.h. eine bestimmte Position im Syntagma (bspw. Subjekt) kann durch unterschiedliche Elemente des gleichen Typs besetzt werden. Semiotische Analysen fragen, wieso ein bestimmtes Paradigma gewählt wurde bzw. wieso eine mögliche Alternative nicht gewählt wurde. Beispiel: Die *syntagmatische Analyse eines Menüs* zeigt, dass dieses aus verschiedenen Elementen in einer bestimmten Abfolge zusammengesetzt ist, bspw. aus Vorspeise – Hauptspeise – Nachspeise. In *paradigmatischer Perspektive* kann für eine bestimmte Position wie diejenige der Hauptspeise gefragt werden, welche Möglichkeit – bspw. aus dem Repertoire von Fisch, Geflügel, Schwein, Rind – konkret ausgewählt wurde.

Zeichentypen. Der amerikanische Philosoph Charles Sanders Peirce – Begründer des Pragmatismus – hat aufgrund der unterschiedlichen Beziehung von Zeichen zu ihren Referenten folgende *drei Zeichentypen* unterschieden, die sich mittlerweile in der Semiotik eingebürgert haben:

- *Index:* Es besteht ein physischer Zusammenhang zwischen Zeichen und bezeichnetem Gegenstand. Bspw.: Rauch als Symptom für Feuer.
- *Ikon:* Es besteht eine Ähnlichkeit zum bezeichneten Gegenstand aufgrund innerer Merkmale des Zeichens. Bspw.: Diagramme oder Fotos.
- *Symbol:* Willkürliches Zeichen, dessen Beziehung zum Gegenstand arbiträr durch den Code festgelegt ist. Bspw.: sprachliche Zeichen.

Zeichenachsen nach Morris. In der Publizistikwissenschaft ist speziell das semiotische Modell von Charles Morris (1938) breit rezipiert und auch in konkrete Analysen angewendet worden. Ausschlaggebend war nicht zuletzt seine Einfachheit.

Morris hat in Abgrenzung zu Saussures dualer Zeichenkonzeption – Signifikant und Signifikat – eine Unterscheidung zwischen *drei* Zeichenrelationen bzw. Betrachtungsweisen des Zeichens vorgeschlagen, wobei die Beziehung der Zeichen zu den Kommunikatoren (bspw. als expressiver Ausdruck) einerseits und den Rezipienten (bspw. als Wirkungsabsicht bzw. Appell) andererseits neu hinzukommt:

- *Syntax:* Betrachtet werden Zeichen im Hinblick auf die Kombinations-regeln mit anderen Zeichen: z.B. bestehen Satzstrukturen aus Worten.
- *Semantik:.* Lehre von den Bedeutungen, d.h. man betrachtet die Zeichen im Verhältnis zu dem, was sie bedeuten.
- *Pragmatik:* Man betrachtet die Zeichen im Hinblick auf seine Herkunft und auf seine Wirkungen auf den Empfänger.

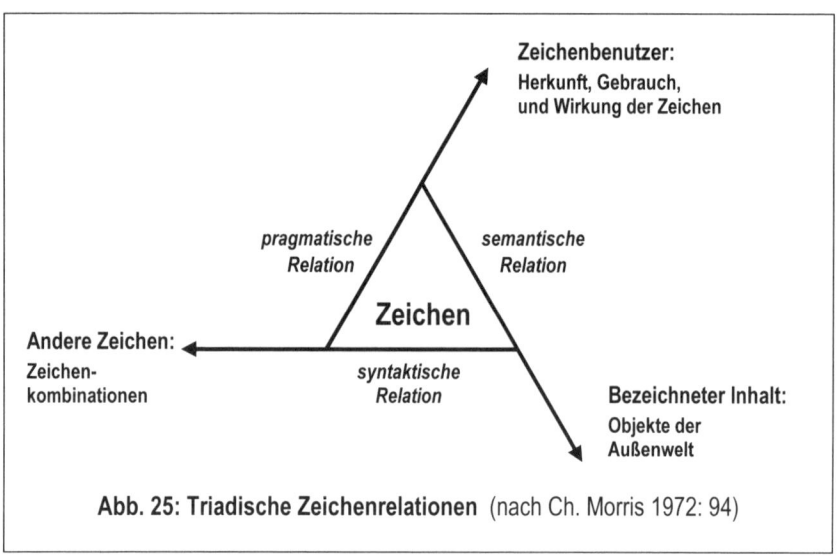

Abb. 25: Triadische Zeichenrelationen (nach Ch. Morris 1972: 94)

6.3 Semiotische Analysen

6.3.1 Werbung für Panzani-Pasta (Barthes 1964)

Der 1964 veröffentlichte und mittlerweile klassische Aufsatz „Rhétorique de l'image" von Roland Barthes markiert den Ausgangspunkt für die Entwicklung einer *visuellen Semiotik.* In Italien war es Umberto Eco (1972) oder in Deutsch-land Hermann K. Ehmer (1972), welche in der Folge mit eigenen visuellen Ana-lysen die Ideen von Roland Barthes aufgegriffen und weiterentwickelt haben.

Roland Bartes untersucht in seiner Analyse eine französische Werbeanzeige für Spaghetti der Marke PANZANI, wobei er drei Analyseebenen unterscheidet: a) die *sichtbare linguistische Nachricht* in Form des Slogans „PATES – SAUCE –

PARMESAN. A L'ITALIENNE DE LU-
XE" einerseits sowie der Produkte-
aufschriften „PANZANI" andererseits
und b) die sinnlich wahrgenommene
*nichtcodierte, d.h. quasi buchstäbli-
che, ikonische Nachricht.* Sie besteht
aus der fotographischen Abbildung
verschiedener Produkte von PANZA-
NI (Spaghetti, Tomatensauce, Reib-
käse) sowie frischem Gemüse (To-
maten, Pilzen und Zwiebeln) in
einem Einkaufsnetz und hat nach
Barthes denotativen Charakter. – Die
Funktion der linguistischen Botschaft dient der Verankerung, fokussiert den Blick und steuert so die
Wahrnehmung der visuellen Botschaft, welche meist mehrdeutig ist.
c) Auf einer dritten sog. rhetorischen
Bildebene unterscheidet Roland Barthes schließlich eine *kulturell codierte ikonische Nachricht,* die aus den
verschiedenen Bildelementen und ihren konnotativen Verweisungszusammen-
hängen besteht: einerseits frisches Gemüse im natürlichen Zustand, zusammen
mit industriell hergestellten Produkten in Form eines Stillebens komponiert,
andererseits der italienisch klingende Firmenname PANZANI, zusammen mit den
Farben „Rot", „Weiß" und „Grün". Sie signalisieren nach Roland Barthes Asso-
ziationen wie „Frische", „Fülle", „Natürlichkeit" sowie „italienische Tradition".

6.3.2 Lektüre einer Camay-Anzeige (Eco 1972)

Umberto Eco (1972: 267ff.) unterscheidet wie Roland Barthes in der Werbung
eine verbale und eine visuelle Ebene, wobei er von *Registern* spricht. Im
visuellen Register unterscheidet er aber nicht nur zwei, sondern drei Ebenen: a)
Ikonische Ebene: Analog zu den denotativen Bedeutungen auf der sprachlichen
Ebene geht es hier um die unmittelbare, quasi buchstäbliche Bedeutung der im
Bild sichtbaren Gegenstände oder Personen. b) *Ikonographische Ebene:* Umberto Eco nennt als Beispiele eine schwarze Binde auf dem Auge, welche Pirat
oder Abenteurer konnotiert, oder die Aureole, welche Heiligkeit anzeigt. Es

handelt sich dabei meist um historische Codifizierungen, aber auch um solche aus der Werbung selbst. c) *Tropologische Ebene:* Die Technik der Reklame besteht nach Umberto Eco darin, erworbene Kommunikationsnormen zu verletzen, um so Aufmerksamkeit zu erzeugen. Dies wird bewerkstelligt, indem nicht nur im Text, sondern auch auf der visuellen Ebene *rhetorische Figuren* verwendet werden. In der Rhetorik sind „Figuren" bzw. „Tropen" *sprachliche Formen,* die von der normalen Sprechweise abweichen und als *Stilmittel* eingesetzt werden. Klassische rhetorische Stilmittel der Sprache wie „Metapher" (bildhafte Übertragung), „Hyperbel" (Übertreibung), „Litotes" (doppelte Verneinung) oder „Metonymie" (übertragener Gebrauch eines Worts) etc. können auch auf die visuelle Ebene übertragen werden bzw. werden in der Werbung verwendet.

Umberto Eco illustriert seine theoretischen Überlegungen in Form der Lektüre von fünf konkreten Werbebotschaften, darunter eine Anzeige für eine Camay-Seife, wobei er jeweils analog vorgeht und drei Analyseebenen unterscheidet:

a) *Visuelles Register. Denotationen:* Er beschreibt die im Bild gezeigte Situation, und zwar mit Betonung auf der Ästhetik, zwischen einer jungen Frau und einem Mann in einer Kunstgalerie, welche einen Katalog bzw. ein Bild in den Händen hält, wobei der Mann die Frau betrachtet und sie dies zu Kenntnis zu nehmen scheint. *Konnotationen:* Assoziativ angesprochen werden Aspekte wie Schönheit, Geschmack, große Klasse, Reichtum, Internationalität, Erfolg etc.

b) *Verbales Register:* Der Text – „von der Camay-Fazination, die den Kopf verdreht" – verankert das Motiv der Faszination der Frau durch den Duft der Camay-Seife. Nach Umberto Eco (1972: 276) handelt es sich, rhetorisch gesprochen, um eine *doppelte Metonymie* mit Identifikationsfunktion. Die Camay-Seife steht für die Frau bzw. garantiert deren Attraktivität für den abgebildeten Mann im Inserat. Potentielle Leserinnen der Anzeige sollen sich mit der abgebildeten Frau identifizieren, d.h. sich auch jung und elegant fühlen können. Und der eigene Kauf der Camay-Seife wiederum wird ihnen Attraktivität verleihen. Im Text wird dies direkt angesprochen: „Auch Sie können einem solchen Mann den Kopf verdrehen ... mit Camay. Denn Camay ist die kostbare kosmetische Seife für den Teint ... reich an verführerischem französischem Parfum. Ein sehr teures, unwiderstehliches Parfum. Geben Sie Camay Ihr Vertrauen ... wegen dieser Faszination, die den Kopf verdreht."

c) *Beziehungen zwischen den beiden Registern*, wobei das verbale Register das visuelle verankert. Nach Eco wendet sich aber die visuelle Botschaft an eine begrenztere Anzahl von Interpreten, während die verbale Botschaft sich an ein breiteres Publikum richtet. – Zusammenfassend meint er, dass es sich hier um ein typisches Beispiel für eine Botschaft handle, die sowohl auf der rhetorischen wie auf der ideologischen Ebene *redundant* sei: Rhetorisch verankert das verbale das visuelle Register und ideologisch wird kommuniziert, dass der Erfolg im Leben der erotische, mondäne, ökonomische Erfolg ist.

6.3.3 Frauendarstellung in zwei Anzeigen (van Zoonen 1994)

Liesbeth van Zoonen (1994) vergleicht zwei Frauendarstellungen im Rahmen einer *semiotisch orientierten Gender-Perspektive*. In einer ersten Anzeige für die Japan Airlines (JAL) steht eine junge Frau im Zentrum, die sich einem nicht sichtbaren Gast – dem Betrachter der Anzeige – aufmerksam mit einem Teekrug zuwendet. Die Bedeutung dieser visualisierte Botschaft wird auf der verbalen Ebene durch den Slogan „Attentiveness. With us it's a tradition." verankert. Weitere Elemente – ein Fächer und eine Frau im Kimono im Hintergrund – deuten auf den berühmten Geisha-Mythos hin: „Through the different orders of signification the advertisement articulates a discourse of gender and ethnicity that constructs Japanese feminity as geared to everything a man could possibly desire (van Zoonen 1994: 80/82)."

Im Gegensatz dazu steht die belgische Reklame für den süßen Likör SAFARI: Im Vordergrund stehen zwei halb gefüllte Gläser mit Eis und eine Flasche mit SAFARI-Likör auf einem Tisch. Rechts hinter dem Tisch, durch eine Jalousie halb verdeckt, steht eine junge schwarze Frau mit einem anziehenden Lächeln in einem schwarz-weiß gestreiften Kleid und hält ein Tigerbaby auf ihren Armen; das Bild öffnet sich und zeigt im Hintergrund eine Savanne mit grasenden Zebras. Die leichtfüßigen wilden Zebras, die Frau und die Etikette auf der Flasche sind visuell durch ähnliche schwarz-weiße Streifen verbunden. Der verbale Slogan lautet „De smaak van wilde natur".

Für die semiotische Analyse dieser Reklamebotschaft stellen sich Fragen wie: Wieso wird die Frau durch die Jalousie verdeckt – bzw. befindet sich symbolisch hinter einem „Gitter" – und nicht die Zebras? Was bedeutet ihr Lächeln? Lädt sie uns – die Betrachter des Bildes – ein? Wieso hält sie aber einen jungen Tiger, der doch gefährlich zu sein scheint?

Für van Zoonen (1994: 82) repräsentieren die beiden Texte unterschiedliche Konzeptionen von Feminität: „However the articulation of gender and ethnicity is significantly different from the JAL advertisement. Whereas they share the exotic quality, African feminity is constructed as wild and close to nature while Asian feminity is modest and deferential. Both share, however, a reference to tradition. In the Safary advertisement feminity is linked with an 'ancient African recipe'. The JAL advertisement couples feminity with the age-old heritage of the geishas."

6.3.4 Klassifikation von Fernsehsendungen

Am Seminar für Publizistikwissenschaft der Universität Zürich wurde Mitte der 70er Jahre (Saxer / Diethelm / Koller 1974) vor dem Hintergrund von Morris' Zeichentheorie ein Kommunikationsmodell zur Typologisierung von Fernsehsendungen entwickelt (Abb. 26), das Sendungen aufgrund von drei Achsen – Syntax, Semantik und Pragmatik – mit insgesamt sechs Polaritäten verortet.

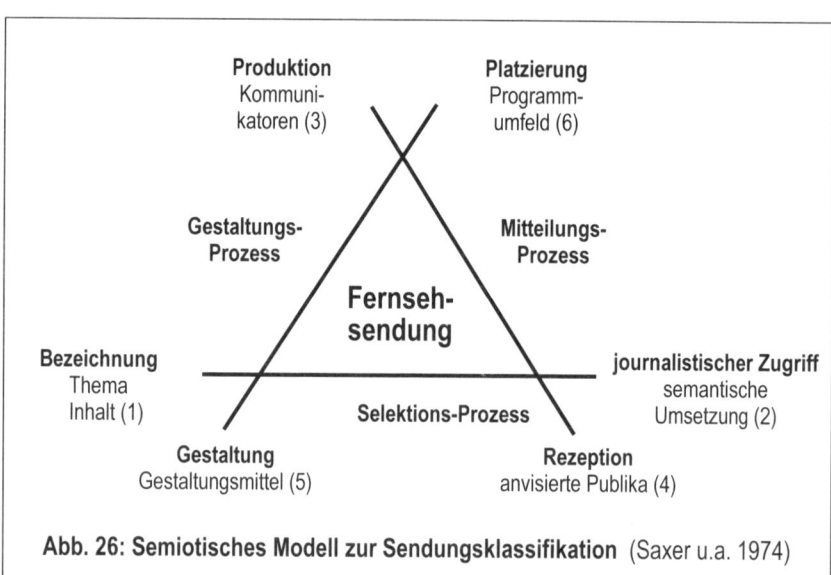

Abb. 26: Semiotisches Modell zur Sendungsklassifikation (Saxer u.a. 1974)

6.3.5 Fazit

Zusammenfassend beurteilt stellt die Semiotik für ein breites Anwendungsspektrum ein begriffliches Instrumentarium zur Verfügung, das sich auf fruchtbare und differenzierte Weise zur Analyse von Zeichen, aber auch von (Alltags-) Mythen und Ideologien eignet. Einzelne vorliegende Fallstudien wie z.b. die „Mythologies" von Roland Barthes (1957) illustrieren dies auf brillante Weise.

Obwohl seit Längerem Tendenzen der Visualisierung bei den Printmedien, aber auch in den Fernsehnachrichten (Ludes 2001: 116) ausgewiesen sind, und sich durchgesetzt hat, dass wir heute in einer *visuellen Kultur* leben (Rose 2001: 9ff.), ist die gezielte Beschäftigung mit Bildern in der Publizistik- und Kommunikationswissenschaft nach wie vor eher die Ausnahme und Veröffentlichungen zum Thema „Bildanalyse" rar (Grittmann 2001: 264). Ein Verdienst der Semiotik besteht sicher darin, mit ihrem Instrumentarium nicht nur Texte, sondern auch Bilder als Zeichensysteme einer vertieften Analyse zugänglich gemacht zu haben. Ein Blick in neue Veröffentlichungen zum Thema „Bildanalyse" (van Leeuwen / Jewitt 2001; Rose 2001) zeigt, dass der semiotischen Perspektive, neben der klassischen quantifizierenden Inhaltsanalyse oder der Diskursanalyse, immer noch ein wichtiger Stellenwert zukommt.

Gleichzeitig beeinträchtigen aber auch gewisse *methodologische Schwachpunkte* das Potential der Semiotik. Weil es sich oft um sehr detaillierte Fallstudien von nur wenigen Fällen – bspw. Werbeanzeigen – handelt, ist nicht immer genügend klar, inwiefern solche Analysen einen *repräsentativen* Anspruch erheben und auch *reproduzierbar* wären. Würde ein anderer zu gleichen Schlussfolgerungen gelangen? Insbesondere bei zum Teil weitgehenden Analysen auf der Ebene von Konnotationen, Mythen und Ideologien stellt sich zudem die Frage, ob die verwendete (komplexe) Begrifflichkeit tatsächlich *ausreichend präzise definiert* oder *überhaupt notwendig bzw. nützlich* ist. Was die Reflexivität der Methode anbelangt, stellt sich zudem die Frage nach dem *„Ort" der Bedeutung*. Semiotische Analysen blenden zumeist den Standort des Analysierenden aus, d.h. reflektieren kaum, dass ein Text je nach Vorwissen und kulturellem Selbstverständnis des Lesers durchaus eine andere Bedeutung haben kann.

6.4 Text und Bedeutung in den Cultural Studies

Wie oben schon angesprochen, verweist eine gegenüber semiotischen Analysen geäußerte Kritik darauf, dass die oft sehr elaborierten Textinterpretationen die „Bedeutung" ausschließlich im Text selbst verorten, wobei der quasi „allwissende" Semiotiker bzw. seine autoritative Leseweise nicht hinterfragt wird. In den

Cultural Studies rückt gerade diese Beziehung zwischen Text und Produzent bzw. Rezipient stärker in den Mittelpunkt der Analyse, indem nicht nur die Textbedeutung selbst, sondern die Prozesse der Encodierung bzw. Decodierung wichtig werden.

6.4.1 Zum theoretischen Hintergrund

Text. Während der Begriff „Text" ursprünglich nur schriftliche Botschaften meinte, ist er in den Cultural Studies auf den Gegenstandsbereich „Medientexte" überhaupt ausgeweitet worden.

Encodierung / Decodierung. Bedeutungen werden durch die Medienproduzenten aufgrund von je spezifischen Codes bzw. Konventionen in Medientexte encodiert, während der Begriff „Decodierung" auf jene Prozesse verweist, in denen Leser, Hörer und Zuschauer aufgrund ihrer je spezifischen Codes je besondere Interpretationen von Medientexten konstruieren.

„Aussage" vs. „Rezipient". Während der Begriff „Text" bzw. „Bedeutung" in semiotischen Analysen bzw. in den älteren Cultural Studies auf die Medienaussage selbst beschränkt bleibt, wird er von Autoren wie John Fiske (1987), David Morley (1992) oder Michael Real (1996) in die Interaktion zwischen Text und Rezipient verlagert, d.h. für sie bezeichnet „Text" jene Bedeutung bzw. Sinn (engl.: meaning), der in der konkreten Interaktion zwischen „Medienaussage" und „Rezipient" geschaffen wird. Die Bedeutung, welche durch die Rezipienten einem Text zugeschrieben wird, muss somit nur partiell mit jener Bedeutung übereinstimmen, die vom Textproduzenten intendiert wurde. Als Konsequenz bedeutet dies auch, dass Texte verschiedene Bedeutungen haben, und zwar in Abhängigkeit ihres je spezifischen Rezeptionskontextes.

Polysemie. Während man in der Alltagssprache, aber auch in der Literaturwissenschaft bzw. Semiotik oft davon ausgeht, dass der Text nur eine Bedeutung habe, wird folglich in den Cultural Studies (vgl. Fiske 1990) davon ausgegangen, dass ein Text grundsätzlich polysemisch ist, d.h. viele Bedeutungen hat und unterschiedliche *Lesearten* zulassen kann. Dies hängt mit der Prämisse zusammen, dass die Textbedeutung erst in der Interaktion zwischen Rezipient und Text entsteht: Unterschiedliche Rezipienten decodieren Texte je anders.

Beispiel „Madonna". Der Erfolg des Popstars „Madonna" wird von Fiske (1987: 125ff. + 1999: 82ff.; Real 1996, S. 92ff.; Schmiedke-Rindth 1999) u.a. damit erklärt, dass der Text „Madonna" viele unterschiedliche Lesearten zulasse und darum viele Gruppen anspreche: Männer können in ihr weibliche Stereotype verkörpert sehen, während junge Frauen Madonnas souveränes Spiel mit

Zeichen und Vorstellungen aus der männlichen Sexualität gerade als Unabhängigkeit Madonnas verstehen können.

Multisemie. In Abgrenzung zum Phänomen der Polysemie meint der Begriff „Multisemie", dass die meisten Medientexte aus verschiedenen Codes aufgebaut sind – bspw. Kleider, Gebärden, Sprache etc. –, die wiederum Bedeutung auf verschiedenen Ebenen konstituieren (Fiske 1987: 4ff.).

6.4.2 Das „ Encoding / Decoding" - Modell von Stuart Hall

Stuart Hall (1981 + 1987) hat als einer der ersten die Prämisse vieler ideologiekritischen Studien der 70er Jahre, dass Texte über ihre Codes Bedeutungen so determinieren, dass der Text letztlich nur eine Lesart hat – *textueller Determinismus* – in Frage gestellt. Rezipientenorientiert postuliert er in seinem „*Encoding / Decoding"-Modell* drei Möglichkeiten der aktiven Generierung von Bedeutung durch die Rezipienten:

- *Bevorzugte bzw. dominante Lesart* (engl.: prefered reading): Der Leser decodiert die Bedeutung des Textes so, wie sie durch den Kommunikator intendiert und encodiert wurde, und zwar innerhalb der gleichen ideologischen Perspektive bzw. dominanten Position.

- *Oppositionelle Lesart* (engl.: oppositional reading): Der Leser erkennt die durch den Kommunikator intendierte dominante Textbedeutung, welche er zurückweist, und konstruiert innerhalb seines eigenen kulturellen Kontextes eine gegensätzliche bzw. widerständige Bedeutung. Man kann diese Rezeptionsart auch als „Gegen den Strich"-Lesen bezeichnen.

- *Verhandelte Lesart* (engl.: negotiated reading): Der Leser anerkennt zwar in der sog. verhandelten Position die Legitimität der dominanten Lesart, diese wird aber in der aktuellen Situation aufgrund der eigenen Haltungen abgewandelt.

Empirisch hat David Morley (1992) in seiner Untersuchung des BBC-Magazins „Nationwide" das „Encoding / Decoding"-Modell angewandt, wobei sich zeigte, dass die Klassenzugehörigkeit der Rezipienten die Lesart nicht vollständig determinierte.

„Offene" vs. „geschlossene" Texte. Bezogen auf den Text selbst unterscheidet Umberto Eco zwischen offenen und geschlossenen *Texten*. Letztere sind solche, die eine einheitliche Lesart beim Rezipienten anstreben wie bspw. Nachrichten. Wie *polysemisch* Texte sind, hängt somit nicht nur vom Rezipienten, sondern auch von den Textmerkmalen selbst ab.

Intertextualität. Der Begriff „Intertextualität" (Fiske 1987: 108ff.; Burger 2001) schließlich bezieht sich auf das Phänomen des gegenseitigen Verweisens von Medientexten auf andere, bspw. durch Zitate. Aber auch im Prozess der Decodierung selbst spielt Intertextualität eine Rolle, indem die Bedeutungskonstruktion eines aktuellen (Medien-) Texts durch die assoziierten Verweise auf früher schon rezipierten Texte beeinflusst wird.

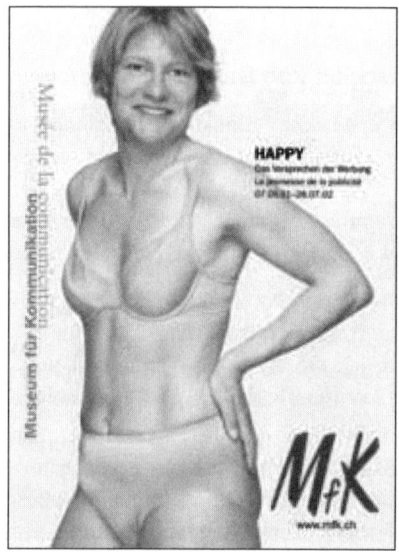

Beispiel. Das rechts abgebildete Plakat wirbt für eine Ausstellung des Museums für Kommunikation (Bern) zum Thema Werbung. Es verwendet ein Logo, ähnlich und mit gleicher Schrift, wie es in der Werbung der Kleiderkette H&M (Hennes und Mauritz) benutzt wird. Diese hatte einige Zeit vorher in ihrer Unterwäschewerbung das bekannte Model Claudia Schiffer in der gleichen Pose und ebenfalls mit rosa Unterwäsche benutzt. Das Plakat ist eine *irritierend-ironisierende Verfremdung* des Werbemotivs: auf den ersten Blick formal ähnlich, aber doch entscheidend anders, weil es sich nicht um das perfekt in Szene gesetzte Model Claudia Schiffer handelt, das der Betrachter auf den ersten Blick vielleicht erwartet und wahrzunehmen scheint, sondern um eine „gewöhnliche" Frau.

„Reception-Pleasure". Weil populäre Texte in den Cultural Studies nicht mehr länger nur als defizitär betrachtet werden, hat dies, neben der Analyse von Nachrichtensendungen, zu einer stärkeren Beschäftigung bspw. auch mit *Pop-Songs* oder *Soap Operas* (vgl. Ang 1986) geführt, was wiederum die Bedeutung von emotionalen Aspekten in der Rezeptionssituation stärker hervortreten ließ (Fiske 1990+1999; Hepp 1999: 66ff.). Das *Vergnügen* weiblicher Fans an Soap Operas wird dabei nicht mehr nur als unkritische Identifikation verstanden und aus einer ideologiekritischen Perspektive kritisiert, sondern kann auch aufgrund distanzierend-kritischer Lesarten (Ironie) entstehen. Umgekehrt benutzen Autoren Mechanismen wie „Polysemie" und „Intertextualität" in Form von Spannungen zwischen Bedeutungen – bspw. Wortspiele oder sexuelle Konnotationen in Pop-Songs – gezielt, um das Rezeptionsvergnügen zu verstärken.

Literatur

Semiotik: Übersichten

Barthes, Roland (1979): Elemente der Semiologie. Frankfurt a.M.. [Orig.: 1964]
Barthes, Roland (1957): Mythologies. Paris.
Eco, Umberto (1977): Zeichen. Eine Einführung in einen Begriff und seine Geschichte. Frankfurt a.M.. [Orig.: 1973]
Eco, Umberto (1972): Einführung in die Semiotik. München. [Orig.: 1968]
Hodge, Robert / Kress, Gunther (1988): Social Semiotics. Cambride.
Morris, Charles William (1972): Grundlagen der Zeichentheorie. Ästhetik und Zeichentheorie. München. [Orig.: 1938]
mcs the media and communication studies site (2001): Analysis of Media Texts. Auf: www.aber.ac.uk/media/Sections/textan.html (6.5.2002)
Nöth, Winfried (2000): Handbuch der Semiotik. Stuttgart.
Trabant, Jürgen (1996): Elemente der Semiotik. Tübingen.

Semiotik und Publizistikwissenschaft

Bentele, Günter (Hg.) (1981): Semiotik und Massenmedien. München.
Bentele, Günter / Bystrina, Ivan (1978): Semiotik. Grundlagen und Probleme. Stuttgart.
McQuail, Denis (2001): Mass Communication Theory. Kap.: „Structuralism and Semiology". London / Thousand Oaks / New Delhi, S. 311-318.
Moser, Heinz (1999): Konzepte und Instrumente einer semiologischen Analyse von Medientexten. In: Ammann, Daniel / Moser, Heinz /Vaissière, Roger (Hg.): Medien lesen. Der Textbegriff in der Medienwissenschaft. Zürich, S. 35-60.
Saxer, Ulrich (1981): Thesen zum Verhältnis von Semiotik und Publizistikwissenschaft. In: Bentele, Günter (Hg.): Semiotik und Massenmedien. München, S. 39-49.
Seiter, Ellen (1994): Semiotics, Structuralism, and Television. In: Allen, Robert (Hg.): Channels of Discourse, Reassembled. London, S. 31-66.
Zoonen, Liesbet van (1994): Feminist Media Studies. Kap. „Media Texts and Gender". London u.a., S. 66-86.

Theorie der Bildanalyse

Deacon, David u.a. (1999): Researching Communications. Kap.: „Viewing the Image" und „Interpreting Images". London, S. 185-247.
Eco, Umberto (1970): Sémiologie des messages visuels. In : Communications, 15, S. 11-51.

Ehmer, Hermann (Hg.) (1971): Visuelle Kommunikation. Beiträge zur Kritik
    der Bewusstseins-Industrie. Köln.
Grittmann, Elke (2001): Fotojournalismus und Ikonographie. Zur Inhaltsanalyse
    von Pressefotos. In: Wirth, Werner / Lauf, Edmund (Hg.): Inhaltsanaly-
    se. Perspektiven, Probleme, Potentiale. Köln, S. 262-279.
Leeuwen, Theo van / Jewitt, Carey (Hg.) (2001): Handbook of Visual Analysis.
    London / Thousand Oaks / New Delhi.
Ludes, Peter (2001): Multimedia und Multi-Moderne: Schlüsselbilder. Wies-
    baden.
McQuail, Denis (2001) : Mass Communication Theory. Kap.: „Structuralism
    and Semiology". London / Thousand Oaks / New Delhi, S. 311-318.
Metz, Christian (1972): Semiologie des Films. München.
Rose, Gilian (2001): Visual Methodologies. An Introduction to the Interpreta-
    tion of Visual Materials. London / Thousand Oaks / New Delhi.
Seiter, Ellen (1992[2]): Semiotics, Structuralism, and Television. In: Allen, Ro-
    bert (Hg.): Channels of Discourse, Reassembled. London, S. 31-66.

Einzelne semiotische Analysen

Barthes, Roland (1964): Rhétorique de l'image. In: Communications, 4, S. 40-
    51. Übers.: Rhetorik des Bildes. In: Schiwy, Günter: Der französische
    Strukturalismus. Reinbek bei Hamburg 1969, S. 158-166.
Eco, Umberto (1972) : Einführung in die Semiotik. Kap. B5: „Einige Proben:
    Die Reklame-Botschaft". München, S. 267-292.
Ehmer, Hermann (1971): Zur Metasprache der Werbung – Analyse einer
    DOORNKAT-Reklame. In: Ehmer, Hermann (Hg.): Visuelle Kommuni-
    kation. Beiträge zur Kritik der Bewusstseinsindustrie. Köln, S. 162-178.
Mortelmans, Dimitri (1997): Visual Representation of Luxury. An Analysis of
    Print Advertisements for Jewelry. In: Communications, 22(1), S. 69-91.
Nöth, Winfried (1975): Semiotik. Eine Einführung mit Beispielen für Reklame-
    analysen. Tübingen.
Roncoroni, Luca (1996): Der Geschmack der großen Welt. Semiotisch-dia-
    chrone Analyse der Zigarettenwerbung. Dissertation, Universität Zürich.
Saxer, Ulrich / Diethelm, Urs / Koller, Erwin (1974): Analyse und Typisierung
    von Fernsehsendungen. SfP: Zürich.
Williamson, Judith (1978): Decoding Advertisements. Ideology and Meaning in
    Advertising. London.
Zoonen, Liesbeth van (1994): Feminist Media Studies. London u.a..

Cultural Studies

Ang, Ein (1986): Das Gefühl Dallas. Zur Produktion des Trivialen. Bielefeld.

Burger, Harald (2001): Intertextualität in den Massenmedien. In: Breuer, Ulrich / Korhonen, Jarmo (Hg.): Mediensprache – Medienkritik. Frankfurt a.M., S. 13-43.

Fiske, John (1999): Populäre Texte, Sprache und Alltagskultur. In: Hepp, Anderas / Winter, Rainer (Hg.): Kultur – Medien – Macht. Opladen / Wiesbaden, S. 67-86.

Fiske, John (1990): Television: Polysemy and Popularity. In: Critical Studies of Mass Communication, 7(2), S. 391-408.

Fiske, John (1989): Moments of Television. Neither the Text nor the Audience. In: Seiter, Ellen u.a. (Hg.): Remote Control. London / New York, S. 56-78.

Fiske, John (1987): Television Culture. London / New York.

Hall, Stuart (1981): Encoding and Decoding in Television Discourse. In: Hall, St. u.a.: Culture, Media, Language. London, S. 128-138.

Hall, Stuart (1980): Cultural Studies: Two Paradigms. In: Media, Culture and Society 2, H. 1, S. 57-72.

Hepp, Andreas (1999): Cultural Studies und Medienanalyse. Opladen.

Jensen, Klaus Bruhn (1991): When Is Meaning? Communication Theory, Pragmatism, and Mass Media Reception. In: Anderson, James A. (Hg.): Communication Yearbook 14. Newbury Park / London / New Delhi, S. 3-39.

Krotz, Friedrich (1993): Kommunikation als Teilhabe. Der „Cultural Studies Approach". In: Rundfunk und Fernsehen, 40, S. 421-431.

Morley, David (1992): Television, Audiences, and Cultural Studies. London / New York.

Real, Michael (1996): Exploring Media Culture. A Guide. Thousand Oaks / London / New Delhi.

Schmiedke-Rindt, Carina (1999): She's Got Herself a Universe oder: Die Vorstellung einer Lebenswelt und ihrer BewohnerInnen im Widerschein des Madonna-Fanomens. In: Hepp, Andreas / Winter, Rainer (Hg.): Kultur – Medien – Macht. Opladen / Wiesbaden, S. 337-357.

7. Medienresonanz-Analyse

7.1 Öffentlichkeitsarbeit und Journalismus

Hintergrund. *Public Relations* sind in der Praxisperspektive – bspw. nach der Schweizerischen PRW-Kommission – das Verhalten und die Gesamtheit der bewussten, geplanten und dauernden Bemühungen, in der Öffentlichkeit sowie bei direkt oder indirekt betroffenen Gruppen gegenseitiges Verständnis und Vertrauen aufzubauen und zu fördern. Nach Merten (1992: 36) ist die *Funktion der Öffentlichkeitsarbeit* darum die „intentionale und kontingente Konstruktion wünschenswerter Wirklichkeit durch Erzeugung und Befestigung von Images und deren öffentliche Verbreitung." Dementsprechend benutzt die PR als Kommunikator und Quellensystem verschiedenste Kommunikationskanäle und insbesondere auch die Massenkommunikation als Mittel zur Verbreitung ihrer zweckgebundenen und zielorientierten Botschaften.

Praktikerperspektive. Für die Planer und Realisatoren von Public Relations stellt sich darum aus der Praktikerperspektive die Frage: „Wie erzielt man eine maximale *Medienresonanz?* Oder anders formuliert: Wie müssen PR-Aktivitäten bzw. PR-Texte beschaffen sein, so dass diese von den Medien als berichtenswerte Ereignisse wahrgenommen, als Input berücksichtigt und in ihrer Themenwahl sowie ihrer Ausrichtung möglichst unverändert in die redaktionelle Berichterstattung aufgenommen werden? Und als Anschlussfrage: Welche *Faktoren* beeinflussen den Erfolg solcher PR Aktivitäten?

Perspektive der Publizistikwissenschaft. Im Unterschied zur PR-Praxis interessieren aus der Sicht der Publizistikwissenschaft stärker Fragen nach der *Abhängigkeit vs. Unabhängigkeit des Mediensystems von der PR* bzw. nach dem Umfang und der Art der *Eigenleistung des Journalismus:*

- *Quantitativ:* Wie viele der Ereignisse, worüber die Medien berichten, sind als sog. „Medienereignisse" von wirtschaftlichen Unternehmen, politischen Institutionen und kulturellen Organisationen speziell als Anlässe für die Medien und deren Berichterstattung inszeniert worden?

- *Qualitativ:* Wie berichten die Medien über solche „PR-Anlässe"? Wieweit spiegelt sich in der Berichterstattung die Sicht der Firmen bzw. von politischer Institutionen. Oder umgekehrt formuliert: Wie groß und welcherart ist überhaupt die Leistung der Medien? Prozessorientiert gefragt: Wie und nach welchen Regeln transformiert der Journalismus den PR-Input in Medientexte?

7.2 PR-Praxis: Medienresonanz-Analyse

Hintergrund. Angesichts der in jüngster Zeit stark gestiegenen PR-Aktivitäten insbesondere von großen Firmen einerseits und der zunehmenden Komplexität des Mediensystems andererseits erstaunt es kaum, dass die *Forderung nach mehr Wirkungskontrolle* in Form von *PR-Evaluation* verstärkt diskutiert wird (Baerns 1995). Besonders Auftraggeber von externer PR wollen wissen, wie erfolgreich die Leistungen von PR-Agenturen sind, aber auch die strategisch und wirkungsorientiert handelnde firmeninterne PR muss sich gegenüber den vorgesetzten bzw. auftraggebenden Stellen legitimieren. Als Konsequenz hat sich mittlerweile die Ansicht durchgesetzt, dass die *Evaluation* ein integraler Bestandteil der professionellen PR ist.

Qualitätskriterien der PR-Evaluation. Zur Erfolgskontrolle von PR-Aktivitäten wurden verschiedene Instrumente der Analyse von Medienresonanz entwickelt, die in der Praxis allerdings unterschiedlich häufig eingesetzt werden. In methodischer Hinsicht, bzw. was die Qualitätsstandards der PR-Evaluation anbelangt, gilt grundsätzlich für alle *Medienresonanz-Analysen,* dass a) deren Analyseschritte nachvollziehbar, *transparent* und praktisch überprüfbar sein sollten; b) die Befunde müssen zudem Einzelmaßnahmen der PR zugeordnet werden können: *Input-Output-Vergleich;* c) den PR-Aktivitäten sollten als Kriterien für die Erfolgskontrolle auch explizite *Zielsetzungen* zugrunde liegen.

Typen der Medienresonanz-Analyse. Es lassen sich im Einzelnen verschiedene *Typen* dies Instruments unterscheiden (Femers / Klewes 1995: 118).

*   *Langzeit-Clip-Tracking-Analyse:* Der Schwerpunkt liegt auf der Langzeitbeobachtung und auf der Bewertung einer größeren Menge von Presseausschnitten bzw. Sendungen der elektronischen Medien bezüglich einer breiten Themenpalette. Im Zentrum steht die Frage, wie sich das Image einer Firma bzw. einer Branche in den Medien äußert.

*   *Ad-hoc-Evaluationsanalyse:* In der Regel wird diese als Querschnittanalyse angelegt. Erfasst und bewertet werden soll bspw. eine bestimmte Kampagne bzw. Aktion oder der Ist-Zustand bezüglich dem Image in der

Medienöffentlichkeit. Frage: Stimmt die Medienresonanz mit den Zielen und Inhalten der Kampagne oder mit dem intendierten Image überein?

• *Taktik-orientierte Analyse:* Die Medienresonanz wird täglich beobachtet, um die praktische PR-Arbeit zu optimieren.

Institutionalisierungsformen der PR-Evaluation. Die oben vorgestellten drei Typen der Medienresonanz-Analyse können auf unterschiedliche Weise praktisch realisiert werden: a) Die Medienresonanz-Analyse kann pragmatisch und auf methodisch relativ einfache Weise *organisationsintern* durch die PR- oder Marketingabteilung selbst durchgeführt werden. Im Unterschied dazu gibt es *organisationsexterne Lösungen* einerseits etwa durch maßgeschneiderte Studien von Universitätsinstituten, andererseits gibt es spezialisierte Firmen, welche PR-Aktivitäten professionell evaluieren, wie bspw. in Deutschland der Medien-Tenor der „INNOVATIO Verlags AG" (www.medien-tenor.de) und der PRmonitor der „MD GmbH" (www.md-marketing.de) oder in der Schweiz das sog. Themenmonitoring des „fög – Forschungsbereich Öffentlichkeit und Gesellschaft" am Soziologischen Institut der Universität Zürich (www.foeg.unizh.ch).

Dimensionen der Medienresonanz-Analyse. Je nach methodischem Ansatz werden verschiedenste Aspekte der Medienberichterstattung in unterschiedlicher Differenziertheit ausgewertet: a) Anzahl der Clippings nach Zeitungstitel, b) Themen bzw. Inhalte und Kernaussagen, c) Akteure bzw. Meinungsträger, d) Quellen, und e) die Bewertungstendenz bspw. nach pro, neutral, contra. – Fortschritte sind vor allem auch in der Erfassung und Auswertung der Daten zu konstatieren. Während früher der unsystematische tägliche oder wöchentliche Pressespiegel die Regel war, erfolgt heute das professionelle Mediamonitoring kontinuierlich aufgrund von Auswertungssoftware und computerisierter Datenbanken, welche auch die Medientexte selbst in computerisierter Form enthalten.

7.3 Publizistikwissenschaft: Input-Output-Analyse

7.3.1 Forschungsentwicklung und theoretischer Hintergrund

Forschungsentwicklung. In der Medienwissenschaft wurden seit Ende der 70er Jahre verschiedenste empirische Untersuchungen zum Verhältnis zwischen Medienberichterstattung und PR durchgeführt, in der BRD durch Baerns (1979 + 1985), Barth / Donsbach 1992, Rossmann (1993), Gazlig (1999) u.a. und in der Schweiz durch Grossenbacher (1986), Bachmann (1997) und Bonfadelli (2000). Während in den frühen Studien vor allem das Ausmaß der Abhängigkeit des Mediensystems im Zentrum der Forschung stand, geht es in den späteren empirischen Studien mehr darum, sowohl die *situativen Randbedingungen und Einflussfaktoren* als auch die spezifischen *Transformationsprozesse,* welche zwischen dem PR- und dem Mediensystem ablaufen, zu spezifizieren und genauer abzuklären (vgl. Schantel 2000).

Theoretische Perspektiven. Die frühen Studien (vgl. Baerns 1997+85) oder Grossenbacher (1986) interpretieren die Beziehungen zwischen dem Medien- und dem PR-System im Rahmen eines *Dependenzmodells* und versuchen das Ausmaß der Abhängigkeit der Medien von den Partikularinteressen der Public Relations zu bestimmen. Die zugrunde liegende *Determinations-Hypothese* lautet: Je mehr Einfluss die Öffentlichkeitsarbeit ausübt, umso geringer ist der Einfluss des Journalismus und umgekehrt. Diese anfängliche Sichtweise der einseitigen Außensteuerung des Journalismus hat sich mittlerweile verschoben. Die neueren Perspektiven betonen stärker entweder die *wechselseitige Interdependenz* der beiden Systeme wie beispielsweise im *Intereffikationsmodell* (vgl. Bentele / Liebert / Seeling 1997; Bentele 1999), und betrachten die Beziehung zwischen Öffentlichkeitsarbeit und Journalismus als *Konkurrenzverhältnis* (Barth / Donsbach 1992) oder als *Marktsituation* (Ruß-Mohl 1999).

Eine Vielzahl von mittlerweile vorliegenden empirischen Fallstudien zeigt, dass der Einfluss der PR stark variiert und generell zu relativieren ist, beispielsweise insofern sich das Mediensystem je nach Situation – Routine vs. Krisenberichterstattung – anders, d.h. mehr oder weniger aktiv oder kritisch den PR-Aktivitäten gegenüber, verhalten kann. PR-Leute müssen sich zudem an den Nachrichtenfaktoren des Journalismus orientieren, wollen sie erfolgreich sein (Gazlig 1999). Dies wird im Intereffikationsmodell als *Adaption* an die Vorgaben des Journalismus bezeichnet. Im Unterschied dazu ist von *Induktion* dann die Rede, wenn die eine Seite, d.h. bspw. die PR, die andere, also den Journalismus, bezüglich Themenvorgabe erfolgreich zu beeinflussen vermag.

Aber auch das *Intereffikationsmodell* ist nicht ohne Kritik geblieben. Ruß-Mohl (1999) moniert mit Bezug auf die Namensgebung (lat.: efficare = möglich machen), dass das Modell Partnerschaft zwischen PR und Journalismus suggeriere, die so nicht existiere, da es keiner der beiden Seiten primär darum gehe, sich wechselseitig zu ermöglichen, auch wenn mittlerweile im Alltagsgeschäft tatsächlich beide Seiten weithin aufeinander angewiesen sein möchten. Solche symbiotische Win-Win-Situationen stellten jedoch nur eine von vielen verschiedenen möglichen idealtypischen Konstellationen dar, wie auch der von Barbara Baerns behauptete genuine Machtkampf zwischen PR und Journalismus.

Für ihn würde sich deshalb ein *Marktmodell* zur Analyse des Zusammenspiels zwischen PR und Journalismus besser eignen. Es gäbe ein Angebot und eine

Nachfrage bezüglich der Ware „(PR-)Information" und der Dienstleistung „medialer Aufmerksamkeitsgewährung", aber auch je nach Konstellation Wettbewerbs- und Konkurrenzsituationen.

Methodische Umsetzung. Aus der Perspektive der Analyse von Medienprodukten ist vor allem relevant, wie Fragestellungen und Hypothesen der Input-Output-Analyse in der empirischen Forschung konkret umgesetzt werden. Die meisten Input-Output-Analysen basieren dabei auf dem Vergleich a) der Public Relations-Aktivitäten in Form von Prätexten als *Input ins Mediensystem* mit b) der Medienberichterstattung als *Output des Mediensystems,* wobei drei Untersuchungsanlagen typisch sind:

- *Medien-Output ← PR-Input:* Meistens wird der Untersuchungsgegenstand eingegrenzt, und zwar auf die Medienberichterstattung über eine Organisation bzw. ein Ereignis während eines bestimmten Zeitraums, gemessen als Medien-Output. Darauf bezogen wird untersucht, wie groß der Anteil der Berichterstattung ist, der auf PR-Aktivitäten als Input zurückgeführt werden kann. Je größer dieser Anteil ist, desto stärker wird die Abhängigkeit des Medien-Systems vom PR-System vermutet (Rossmann 1993).

- *PR-Event als Medien-Input → Medien-Output:* Ein weiterer Forschungstypus geht gerade umgekehrt von einer bestimmten Anzahl von PR-induzierten Ereignissen (Pressemitteilungen bzw. -konferenzen) als Medien-Input aus und untersucht die Medienresonanz darauf, wobei jene Drittfaktoren im Zentrum stehen, welche den unterschiedlichen Erfolg der PR-Aktivitäten erklären (vgl. Grossenbacher 1986).

- *PR-Input ↔ Medien-Output.* Schließlich stehen bei einem dritten Typ stärker die Transformationsprozesse der Medien im Zentrum. Gefragt wird nach den journalistischen Routinen der Umformung des PR-Inputs in den Medien-Output (vgl. Bachmann 1997; Bonfadelli 1999).

Indikatoren. Bezüglich der Medienberichterstattung werden verschiedene *Indikatoren der Medienresonanz* gemessen:

- *Selektionsrate:* Auf einer ersten Ebene wird in jedem Fall festgehalten, wieviele der in die Untersuchung miteinbezogenen Pressetitel bzw. TV-Sendungen über den Prätext berichtet haben. Meist wird zudem der Zeitpunkt der Veröffentlichung festgehalten: Aktualität.

- *Beachtungsgrad:* In formaler Hinsicht werden zudem der Umfang der einzelnen Medienberichte (cm2), deren Platzierung (Frontpage, Seitenaufhänger, übrige) und weitere gestalterische Elemente (Bilder) codiert.

- *Quellen:* Bei den Medientexten wird festgehalten, ob sie auf einen PR-Input zurückgehen oder nicht (bei redaktioneller Eigenleistung), und allenfalls welche anderen Quellen erkennbar sind.

- *Übernahme / Verwertungsgrad:* In inhaltlicher Hinsicht wird bestimmt, wie stark die Pressemitteilung als Quelle bzw. Prätext in der Medienberichterstattung verwertet wurde. Dabei wird nicht immer klar unterschieden (vgl. Bonfadelli 1999), ob codiert wurde, wieviele bzw. welche Kernaussagen des Prätextes übernommen wurden (bspw. 0 bis 100%), oder ob codiert wurde, wieviele der Kernaussagen des Medientextes auf den Prätext zurückgeführt werden können. Auch wenn bspw. alle Kernaussagen (= 100%) einer kurzen Meldung aus dem PR-Prätext stammen, kann der Prätext trotzdem nur verkürzt wiedergegeben sein. Neben der bloß quantifizierenden Messung des Übernahmegrads (Bonfadelli 1999) wird speziell in linguistischen Untersuchungen noch genauer versucht, die spezifischen Reformulierungshandlungen der Medienredakteure zu rekonstruieren (Bachmann 1997).

- *Wertung:* Oft wird festgestellt, ob im Medientext die Wertung des PR-Inputs vollständig, abgeschwächt oder gar nicht übernommen wurde.

- *Mediatisierende Drittfaktoren:* Schließlich werden weitere Dimensionen gemessen wie Nachrichtenfaktoren (Gazlig 1999; Bonfadelli 1999), Ort der Pressekonferenz (Grossenbacher 1986) oder Typ der Pressekonferenz (Routine- vs. Krisensituation) (Barth / Donsbach 1992). Mit ihnen wird versucht, die unterschiedliche Resonanz der Medien auf den PR-Input zu erklären.

7.3.2 Empirische Forschung

Nachfolgend werden exemplarisch einige empirische Input-Output-Analysen vorgestellt werden, welche die Forschungsentwicklung geprägt haben.

PR determiniert Journalismus (Baerns 1985)

Untersuchungsgegenstand und Methode. Untersucht wurde das Gesamtangebot von Agenturen, Tageszeitungen, Hörfunk- und TV-Sendungen zur nordrhein-westfälischen Landespolitik. Dieses wurde verglichen mit der Öffentlichkeitsarbeit der entsprechenden Stellen als Quellen der Medienberichterstattung. Untersuchungszeitpunkt: zwei mal zwei Wochen 1978.

Befunde. 1) Zwei von drei Medienbeiträgen (62%) basieren auf Pressemitteilungen oder Pressekonferenzen. 2) Nur rund 15% der Beiträge stützen sich auf *mehr als eine Quelle.* 3) Medienleistung wird überwiegend in Form schneller Verarbeitung erbracht. 4) Es besteht eine *mangelhafte Transparenz* insofern die Quellen nur bei 17% (TV), 28% (Presse) und 33% (Hörfunk) erwähnt werden.

Greenpeace-Studie (Rossmann 1993)

Untersuchungsanlage. Der PR-Input der Greenpeace-Pressestelle im Mai und Juni 1991 wurde verglichen mit dem Output der Printmedien über Greenpeace.

Befunde. 1) Von den insg. 1574 Artikeln basierten 57% auf der Presse- bzw. Öffentlichkeitsarbeit der Greenpeace-Pressestelle in Hamburg; 84% der Artikel gehen auf Anlässe zurück, die von Greenpeace selbst vorgegeben wurden wie Pressemitteilungen (64%) und Aktionen (20%). 2) In überregionalen Zeitungen wird kontinuierlicher über Greenpeace berichtet. 3) Bei der Hälfte der Artikel wird eine *Agentur als Quelle* genannt. 4) Nachrichten und Meldungen dominieren mit 50%, 44% sind Berichte. 5) Thematisch herrschen *Ereignisorientierung* und *Tagesaktualität* vor. 6) Insgesamt gelangen Greenpeace-Pressemitteilungen substantiell so gut wie unverändert, allenfalls um einiges ergänzt in die Medien.

Erfolgsfaktoren von PR (Grossenbacher 1986)

Fragestellung und Design. Bei 53 Pressekonferenzen von politischen Stellen in der Schweiz auf der Ebene Bund und Kantone sowie von Wirtschaftsunternehmen wurde der PR-Input untersucht und mit der Medienberichterstattung von 18 Tageszeitungen als Output verglichen.

Befunde. 1) *Große Wirkung:* In den 18 untersuchten Zeitungen erschienen als Folge der 53 Pressekonferenzen total 612 Artikel. 2) *Hohe Aktualität:* 81% der Artikel erschienen bereits am Folgetag. 3) *Nicht alle Pressekonferenzen sind gleich erfolgreich:* Konstatiert wird eine Zentriertheit der Medien auf große Metropolen, vorab Zürich und Bern. 4) Pressekonferenzen, bei denen journalistisch aufbereitetes Material abgegeben wird, sind wirkungsvoller. 5) Die *Transformationsleistung der Medien ist bescheiden:* Der überwiegende Anteil der Berichterstattung ist rapportierender, ereignisvermittelnder Art; kommentierende Formen oder Wertungen sind selten. Kommentierungsleistungen sind oft bereits in den Pressetexten enthalten, werden von den Medien höchstens abgeschwächt. 6) Die *Medien übernehmen auch die Themensetzung* der Quellen. Nicht im Input vorhanden Themen erscheinen nicht in der Berichterstattung.

Situationsspezifische Medienreaktionen (Barth / Donsbach 1992)

Fragestellung. Untersucht wurde, ob die Aktivität bzw. Passivität des Mediensystems gegenüber PR einerseits eine Funktion des Nachrichtenwerte der Ereignisse ist, andererseits durch die Einstellungen der Journalisten gegenüber ihren Quelle beeinflusst wird.

Design. Untersucht wurden vier Pressekonferenzen, wobei zwei mit hohem (Krisen-Pressekonferenz) und zwei mit eher niedrigem (Aktions-Pressekonferenz) Nachrichtenwert. Bei einer, nämlich der WWF-Pressekonferenz, kann eher von einer positiven Haltung der Journalisten ausgegangen werden, bei den anderen drei (Sandoz-Unfall, Böhringer-Schließung, IGA zu FCKW-freien Sprays) wurden eher negative Einstellungen vermutet.

Befunde. 1) Die Zeitungen berichteten deutlich häufiger über die Krisen-Pressekonferenzen mit hohem Nachrichtenwert. 2) In diesen Fällen gaben die Journalisten *weniger die zentrale Botschaft* der PK wieder. 3) Die Bewertung der Veranstalter war in diesen Fällen ebenfalls deutlich negativer als bei den Aktions-Pressekonferenzen. 4) Bei den Krisen-Pressekonferenzen wurde *häufiger zusätzliches Material* aus anderen Quellen verwendet. 5) Die Glaubwürdigkeit der Veranstalter von Krisen-Pressekonferenzen wurde durch den *Gebrauch* von direkter Rede häufiger relativiert.

Vielfältige Transformationsprozesse (Bachmann 1997)

Fragestellung. In Anknüpfung an die Studie von Grossenbacher untersucht die Autorin in ihrer Zürcher-Dissertation mittels *linguistischer Methoden,* a) auf welche Weise bzw. mittels welcher linguistischer Transformationsprozesse der PR-Input in die Medienberichterstattung als Output umgesetzt wurde, und b) welche Leistungen die Presse als Informationsvermittlungssystem bzw. die Journalisten dabei im Einzelnen erbrachten.

Design. Verglichen werden 22 schriftliche Pressekommuniqués (PKs) der Informationsstellen der Städte Frauenfeld, Winterthur und Bern als *Prätexte (PR-Input)* mit 69 Artikeln die als *Posttexte (Medien-Output)* in den Tageszeitungen „Thurgauer Zeitung", „Thurgauer Volkszeitung", „Winterthurer AZ", „Landbote", „Tages-Anzeiger", „NZZ" und „Berner Zeitung", „Bund" sowie „Tagwacht" erschienen.

Befunde. Im minutiösen Vergleich von Prä- und Posttexten wird eine Vielzahl von *Reformulierungshandlungen* der Lokalredaktionen rekonstruiert. Alle Redaktionen *addieren, reduzieren, substituieren und reproduzieren* auf allen Ebenen des Textes:

- Insgesamt wurden 81% der Pressemitteilungen redigiert; 19% fanden ihren Weg wörtlich und vollständig in die Zeitungen.
- Wichtige Funktionen der *Reformulierung* sind: Markierung von Zitaten, Wertung, Hervorhebung, Platzeinsparung, Explikation, Verständnisop-

timierung, Einbettung, Präzisierung, Verallgemeinerung, Aktualisierung, Personifizierung, stilistische Anpassung, Erzeugung von Authentizität.

- Für das *Agenda-Setting* sind eindeutig die Info-Stellen verantwortlich, sie bestimmen *Zeitpunkt* und *Gewichtung*.

- Die *Gliederung* der Pressemitteilung wird von den Zeitungen kaum übernommen, höchstens dann, wenn diese mediengerecht sind.

- Die *Titel* der Pressemitteilungen werden von den Redaktionen informativer und pointierter formuliert.

- Bei 66% der Adaptionen stellten die Redaktionen die *Inhaltsstruktur* der PKs um; 62% aller Adaptionen waren um ganze Themenblöcke reduziert; 57% enthielten Zusatzthemen.

- Die Redaktionen *reduzierten den Umfang* der PKs um durchschnittlich 7%; die Werte im Einzelnen schwanken aber stark, denn es gibt auch Ausweitungen.

- Im Unterschied zu Grossenbacher *addieren* die Redaktionen durchaus in unterschiedlichem Ausmaß Zusatz-Informationen; dies geschah bei 57% der Adaptionen; meist in Form von *weiteren Quellen,* wobei aber kein Perspektivenwechsel stattfindet.

- 68% der Meldungen wiesen eine *positive Wertung* auf, wobei in 59% der untersuchten Beispiele die Wertungstendenz der PKs übernommen wurde. Bei 29% der Adaptionen wurden die positiven Wertungen immerhin reduziert, aber bei 58% der Adaptionen reproduziert. In vielen Fällen war nicht ersichtlich, von woher die Wertung stammte.

- *Personifizierung* ist ein wichtiges Merkmal der Adaptionen von PKs, etwa durch ergänzende Statements von verantwortlichen Stadträten.

- Die *Schweizerische Depeschenagentur* sda erbrachte praktisch keine Eigenleistung und veränderte die Wertungstendenz der PKs nicht; Primärquellen werden lediglich (von hinten) gekürzt und teilweise umformuliert.

Zusammenfassend kann lediglich *ein Viertel* des Umfangs der Adaptionen als *Eigenleistung* bezeichnet werden und nur bei 40% der Beispiele wurde die Wertungstendenz der Pressekommuniqués kontrastiert. Das Fazit der Autorin lautet: „Die JournalistInnen bemühen sich zwar meist, den Wortlaut der PKs zu paraphrasieren, doch werden dadurch wenig neue Aspekte eingebracht. (...) Generell ist zu kritisieren, dass die Redaktionen den Einfluss der PR zu wenig transparent machen (Bachmann 1997: 225)." In publizistikwissenschaftlicher Hinsicht wird in Konsonanz zu den Befunden von Grossenbacher (1986) und Rossman (1993) festgehalten: „PR determinieren die Berichterstattung der Lokalredaktionen weitgehend (Bachmann 1997: 227)."

Literatur

Public Relations: Evaluation

Baerns, Barbara (Hg.) (1995): PR-Erfolgskontrolle. Messen und Bewerten in der Öffentlichkeitsarbeit. Verfahren, Strategien, Beispiele. Frankfurt a.m..

Femers, Susanne / Klewes, Joachim (1995): Medienresonanzanalysen als Evaluationsinstrument der Öffentlichkeitsarbeit. In: Baerns, Barbara (Hg.): PR-Erfolgskontrolle. Messen und Bewerten in der Öffentlichkeitsarbeit. Frankfurt a.m., S. 115-134.

McKeone, Dermot (1995): Measuring Your Media Profile. Aldershot.

Merten, Klaus (1992): Begriff und Funktion von Public Relations. In: PR-Magazin, (11), S. 35-46.

Input-Output-Analysen

Bachmann, Cornelia (1997): Public Relations: Ghostwriting für Medien? Eine linguistische Analyse der journalistischen Leistung bei der Adaption von Pressemitteilungen. Bern.

Baerns, Barbara (1979): Öffentlichkeitsarbeit als Determinante journalistischer Informationsleistungen. In: Publizistik, 24(3), S. 301-316.

Baerns, Barbara (1985): Öffentlichkeitsarbeit oder Journalismus? Köln.

Barth, Henrike / Donsbach, Wolfgang (1992): Aktivität und Passivität von Journalisten gegenüber Public Relations. Fallstudie am Beispiel von Pressekonferenzen zu Umweltthemen. In: Publizistik, 37(2), S. 151-165.

Bentele, Günter (1999): Parasitentum oder Symbiose? Das Intereffikationsmodell in der Diskussion. In: Rolke, Lothar / Wolff, Volker (Hg.): Wie die Medien die Wirklichkeit steuern und selbst gesteuert werden. Opladen / Wiesbaden, S. 177-193.

Bentele, Günter / Liebert, Thomas / Seeling, Stefan (1997): Von der Determination zur Intereffikation. Ein integriertes Modell zum Verhältnis von Public Relations und Journalismus. In: Bentele, Günter / Haller, Michael (Hg.): Aktuelle Entstehung von Öffentlichkeit: Akteure – Strukturen – Veränderungen. Konstanz, S. 225-251.

Bonfadelli, Heinz (2000): Schweizerische Außenpolitik als Medienthema. In: Bonfadelli, Heinz / Nyffeler, Bettina / Blum, Roger (Hg.): Helvetisches Stiefkind. Schweizerische Außenpolitik als Gegenstand der Medienvermittlung. IPMZ: Zürich, S. 93-234.

Gazlig, Thomas (1999): Erfolgreiche Pressemitteilungen. Über den Einfluss von Nachrichtenfaktoren auf die Publikationschancen. In: Publizistik, 44(2), S. 185-199.

Grossenbacher, René (1986): Hat die "Vierte Gewalt" ausgedient? Zur Beziehung zwischen Public Relations und Medien. In: Media Perspektiven, (11), S. 725-731.

Grossenbacher, René (1986): Die Medienmacher. Eine empirische Untersuchung zur Beziehung zwischen Public Relations und Medien in der Schweiz. Solothurn.

Rossmann, Torsten (1993): Öffentlichkeitsarbeit und ihr Einfluss auf die Medien. Das Beispiel Greenpeace. In: Media Perspektiven, (2), S. 85-94.

Ruß-Mohl, Stephan (1999): Spoonfeeding, Spinning, Whistleblowing. Beispiel USA: Wie sich die Machtbalance zwischen PR und Journalismus verschiebt. In: Rolke, Lothar / Wolff, Volker (Hg.): Wie die Medien die Wirklichkeit steuern und selbst gesteuert werden. Opladen / Wiesbaden, S. 163-176.

Schantel, Alexandra (2000): Determination oder Intereffikation? Eine Metaanalyse der Hypothesen zur PR-Journalismus-Beziehung. In: Publizistik, 45(1), S. 70-88.

8. Rezipientenorientierte Evaluation von Medienprodukten und Info-Kampagnen

Während in Kapitel 7 Medienangebote in Bezug auf ihre Anstöße bzw. Auslöser analysiert wurden, stehen nachfolgend die Beziehungen zwischen Medienprodukten und ihren Rezipienten im Zentrum. Medienleistungen können nämlich nicht nur mittels der Methode der Inhaltsanalyse objektiviert, sondern auch mittels mündlicher bzw. schriftlicher Befragung aus der subjektiven Perspektive sowohl der *Mediennutzer* als auch der *Medienproduzenten* evaluiert werden. Im Unterschied zu den inhaltsanalytischen Instrumenten werden hier Methoden der Befragung benutzt, um Medienprodukte oder Informationskampagnen aus einer rezipientenorientierten Perspektive zu evaluieren.

8.1 Fragestellungen

Bei der Evaluation von Medienprodukten sind vorgängig verschiedene Fragen zu klären wie: 1) *Welche Medienprodukte* sollen evaluiert werden? 2) Aus welcher *Perspektive* wird evaluiert? 3) Und *welche Vergleichskriterien* werden angelegt?

Medienprodukte. Aus der Perspektive der Rezipienten können sowohl sämtliche genutzten alten Medien – Zeitungen, Zeitschriften, Radio, Fernsehen – als auch die sog. „neuen" Medien wie Internet („Web-Design"), aber auch Informationskampagnen evaluiert werden. Zu klären ist, ob es sich um die Evaluation eines einzelnen Medienprodukts zu einem bestimmten Zeitpunkt oder *im Zeitverlauf* handelt, oder ob ähnliche Medienprodukte *im Medienvergleich* untereinander evaluiert werden sollen.

Analyseebenen. Zu unterscheiden ist ferner zwischen a) der generalisierenden Bewertung eines Anbieters – bspw. bezüglich seines *Medien-Images* – bzw. des Gesamtprogramms im Unterschied zur Evaluation eines konkreten Medienprodukts wie bspw. einer einzelnen Sendung oder bspw. von verschiedenen Sujets einer Informationskampagne.

Perspektive. Die rezipientenorientierte Evaluation erfolgt zudem immer aus einer ganz bestimmten Perspektive:

- *Prospektive Eruierung von kommunikationsrelevanten Bedürfnissen bzw. Erwartungen:* Geklärt werden soll, ob bspw. ein Bedarf für ein neues Medienprodukt besteht?

- *Evaluation des Ist-Zustands:* Es soll die Nutzung und Bewertung einer Zeitung oder Zeitschrift, eines Radio- oder TV-Programms abgeklärt werden, wobei sich Fragen stellen wie: „Wie hoch ist die Zufriedenheit?" Oder: „Gibt es Defizite im Medienprodukt aus der Sicht der Nutzer?"

- *Evaluation nach einer Neulancierung bzw. einem Redesign:* „Wird das umgestaltete Medienprodukt beim alten Publikum nun besser akzeptiert?" „Wie kommt das neu lancierte Medienprodukt beim Zielpublikum an?"

- *Vergleich von Ist- und Sollzustand:* „Erreicht die Info-Kampagne das intendierte Zielpublikum?" „Erzielt sie die gewünschten Effekte?"

- *Produzenten- vs. Konsumenten-Sicht:* Welche Beurteilungskriterien werden benutzt? Wird das Medienprodukt von den Konsumenten gleich oder anders als von den Produzenten beurteilt? Und wo gibt es Übereinstimmungen bzw. Diskrepanzen?

Kriterien. Je nach Auftrag und Zielsetzung der Evaluation können unterschiedlichste Kriterien zur Anwendung gelangen: a) Häufigkeit und Intensität der Nutzung; b) Bedürfnisse, Motive oder Erwartungen; c) Glaubwürdigkeit von Medien – bspw. Zeitung vs. TV oder SRG-Radio vs. Lokalradios – bzw. von Medieninhalten; d) Verständlichkeit; e) Unterhaltungswert; f) Akzeptanz.

8.2 Instrumente

Obwohl in den meisten Fällen eine maßgeschneiderte Lösung für den jeweiligen Evaluationsauftrag gefunden und realisiert werden muss, gibt es doch verschiedene *Ansätze und Instrumente,* die sich bewährt und darum auch breitere Verwendung gewonnen haben. Nachfolgend werden einige davon vorgestellt.

Bekanntheit und Beachtung. In quantifizierender Hinsicht stellt sich bei neuen, aber u.U. auch bei schon länger eingeführten *Medienprodukten* die Frage nach deren *Bekanntheit* generell oder in spezifischen Zielgruppen. Methodisch wird dabei oft in einem ersten Schritt *ohne Vorgaben* gefragt, bspw. „Welche Kultursendungen von SF DRS kennen Sie?" In einem zweiten Schritt wird meist *gestützt* nachgefragt: „Welche Programme auf dieser Liste kennen Sie?"

Bei *Informationskampagnen* wird ebenfalls oft in einem ersten Schritt ohne Vorgaben nach der *Beachtung* bzw. *Reichweite* gefragt: „Es wird ja immer wieder mit Plakaten, Inseraten oder TV-Spots über Drogen aufgeklärt. Ist Ihnen in jüngster Zeit eine solche Kampagne begegnet?" In einem zweiten Schritt wird dann gestützt, d.h. mittels Vorzeigen eines Sujets gefragt, ob der Befragte der Kampagne begegnet ist bzw. sich an diese erinnert.

In einem weiteren Schritt kann zudem noch die *Intensität der Beachtung* erhoben werden: „Und wie aufmerksam haben Sie die Plakate beachtet?" Skala: sehr aufmerksam, aufmerksam, eher flüchtig, nur ganz flüchtig.

Grundsätzlich erbringt die ungestützte Abfrage tiefere Werte, d.h. Reichweite von Sendungen, Programmangeboten oder Informationskampagnen wird eher *unterschätzt*; ausschließlich gestützte Abfragen führen hingegen eher zu einer Überschätzung, besteht doch die Gefahr, dass die Befragten u.U. aus Prestigegründen angeben, eine Sendung zu kennen oder zu nutzen, auch wenn dies nicht der Fall ist.

Copy-Test. Eine spezifische Form der *Beachtungsanalyse von einzelnen Artikeln und / oder Anzeigen* bzw. von Rubriken in Zeitungen oder Zeitschriften ist der sog. Copy-Test, der so bezeichnet wird, weil man den Befragten eine oder mehrere Ausgaben vorlegt bzw. mit ihnen Artikel um Artikel oder Anzeige um Anzeige durchgeht und jedesmal abklärt, ob der entsprechende Artikel bzw. Anzeige auch gelesen bzw. beachtet wurde. *Leseintensität:* Zusätzlich kann erhoben werden, ob der jeweilige Beitrag „gründlich", „flüchtig" oder „gar nicht" gelesen wurde. Darüberhinaus kann gefragt werden, ob nur der Titel eines Beitrags, nur der Anfang oder der gesamte Artikel gelesen wurde.

Nutzung. Über die Erhebung der bloßen Beachtung bzw. Bekanntheit hinaus interessiert in quantifizierender Hinsicht meist, *wie häufig bzw. wie intensiv* das evaluierte Medienprodukt im Allgemeinen genutzt wird bzw. wie oft man den Botschaften einer Kampagne – und in welchen Medien – begegnet ist. Die Befunde geben der Redaktion Hinweise darauf, welche Beiträge, Rubriken oder Teile des Mediums auf Interesse stoßen und welche nicht. Liegt das redaktionelle Schwergewicht richtig oder nicht? Welche Lesersegmente werden durch welche Inhalte gut oder weniger gut angesprochen. Zu überlegen ist dabei, ob man mit „*objektivierten*" oder „*subjektiven*" Skalen messen soll:

•   Bei periodisch erscheinenden Medienprodukten wird eher mit *objektiven Vorgaben* gearbeitet: „Wie viele der letzten sechs Nummern der Zeitschrift haben Sie gelesen oder durchgeblättert?" Oder: "Wie häufig hören Sie die folgende Sendung? Skala: täglich, mehrmals pro Woche, einmal pro Woche, seltener, nie.

- Subjektive rezipientenbezogene Skalen: „Ich lese die Zeitschrift X oder die Rubrik Y: (fast) immer, regelmäßig, ab und zu, selten, (fast) nie".

Ergänzend kann auch die *Intensität der Nutzung* von Interesse sein: „Wie lesen Sie die Zeitschrift im Allgemeinen: a) gründlich, d.h. fast jeden Artikel , b) nur einzelne Artikel gründlich, die mich interessieren, c) ich blättere sie eher flüchtig durch." Oder bei Informationskampagnen: „Haben Sie das Plakat sehr aufmerksam, aufmerksam, eher flüchtig oder nur ganz flüchtig beachtet?"

Interesse – Präferenzen. Im Unterschied zur Nutzung wird gelegentlich auch nach dem Interesse für bestimmte Medienangebote gefragt. Problematisch ist allerdings oft die Interpretation solcher Präferenzen, da die Werte im Vergleich zur faktischen Nutzung meist höher liegen. Sinnvoll kann die Erfassung von Präferenzen dann sein, wenn die Befragten die entsprechenden Vorgaben rangieren, d.h. in eine Präferenzordnung bringen müssen.

Medien-Images: Polaritätenprofil. Mit dieser Methode soll das Image oder Profil eines Mediums oder eines Programms in der Leserschaft bzw. beim Publikum ermittelt werden. Bei der Befragung werden etwa 20-30 Wortpaare mit je gegensätzlicher Bedeutung den Befragten vorgelegt. Sie müssen dann das betreffende Medium aufgrund einer 7-stufigen Skala auf jeder Eigenschaftsdimension assoziativ beurteilen.

Beispiel 1: Der *Vergleich des Images* der schweizerischen Boulevard-Zeitung „Blick" mit jenem der Forumszeitung „Tages-Anzeigers" bei je 40 Blick- und TA-Lesern ergab fundamentale Image-Unterschiede: Jede Lesergruppe beurteilte ihr „Leibblatt" insgesamt positiver, wobei das negative Image des Blick bei den TA-Lesern hervorstach. Interessant war zudem, dass beide Lesergruppen ihre Zeitung als etwa gleich „informativ" beurteilten, die TA-Leser dem Blick aber jeden Informationswert absprachen. Offenbar hat die Blick-Leserschaft ein anderes Informationsverständnis (Bonfadelli 2001: 67).

Beispiel 2: In einer Hörerstudie wurden die *Images von verschiedenen Lokalradios* untereinander und im Vergleich zum öffentlich-rechtlichen Radioprogramm evaluiert (Hättenschwiler 1990: 224ff.). Verglichen werden zudem auch häufig auch das *Idealbild* bzw. die *Soll-Vorstellung* mit dem *Ist- / Realbild*.

Bedürfnisse und Erwartungen. Vor dem Hintergrund des „*Uses and Gratifications*"-*Ansatzes* wird bei Medienevaluationen oft ein Vergleich zwischen den kommunikationsrelevanten Bedürfnissen bzw. Erwartungen an das Medienprodukt und der perzipierten Leistung bzw. Bedürfnisbefriedigung angestrebt. Methodisch werden dabei in einem ersten Schritt die *Bedürfnisse bzw. Erwartungen erhoben,* wie bspw.: „Was erwarten Sie von einer Umweltzeitschrift?"

Oder: „Wie stark interessieren Sie sich für die folgenden Themen?" Der Bedürfniskatalog bzw. die Erwartungspalette wird dabei meist aufgrund einer *Inhaltsanalyse* des zu evaluierenden Medienproduktes und / oder der entsprechenden Konkurrenzprodukte erstellt.

In einem zweiten Schritt wird dann der gleiche Katalog nochmals vorgelegt und gefragt: „Wird in der Zeitschrift X zuviel, gerade richtig oder zuwenig über das Thema ... berichtet?" Oder: „Sollte die Zeitschrift Y in Zukunft eher mehr oder eher weniger über ..... berichten?"

Akzeptanz. Zur Messung der Akzeptanz kommen meist sog. *Rating-Skalen* zur Anwendung: „Wie zufrieden sind sie mit ....?" *Skala:* sehr zufrieden, zufrieden, weniger zufrieden, gar nicht zufrieden. Eine andere Möglichkeit besteht darin, dass man das Medienprodukt bzw. die Kampagne *benoten* lässt, wobei die verwendete Skala klar definiert und den Befragten vertraut sein muss (z.B. schweizerisches Notensystem): „Welche Gesamtnote geben Sie der Kampagne. 6 bedeutet sehr gut, 5 gut, 4 befriedigend, 3 gar nicht gut." Oder: „Bewerten Sie mir doch bitte die folgenden Sendungen anhand dieser 10er Skala: 10 = höchste Note, 0 = niedrigste Note!"

Defizite / Überflüssiges. Weil aus den Akzeptanznoten nicht hervorgeht, wieso ein Medienprodukt oder eine Informationskampagne gut oder weniger gut beurteilt wird, wird in vielen Fällen *offen* nachgefragt: „Bitte sagen Sie uns doch noch, was Ihnen an den Kampagnensujets besonders gut oder aber gar nicht gefallen hat?" Oder: „Welche Themen kommen Ihrer Meinung nach in der Zeitschrift zu kurz? Und worüber wird Ihrer Meinung nach zu häufig berichtet?" – Die Antworten auf solche offenen Fragen müssen dann in einem zweiten Schritt mittels eines Kategorienrasters codiert werden.

8.3 Praktische Anwendungen

8.3.1 Qualitätsstandards von TV-Produzenten

Fragestellung. Bradley Greenberg (1991) untersuchte, welche *Standards* Fernsehproduzenten in den USA im Vergleich zu solchen in Großbritannien bezüglich der *Programmqualität* haben.

Quellen. Als Quellen kommen in Frage: 1) Geschriebene Ausführungen bspw. in Handbüchern, 2) Preise für qualitativ herausragende Sendungen und deren Argumentationen, 3) qualitätsbezogene Äußerungen der Rundfunkanstalten, 4) Interviews mit Journalisten oder 5) Aussagen von TV-Kritikern.

Befunde und daraus abgeleitete Thesen. Die folgenden Ausführungen basieren auf verschiedenen Quellen.

• In amerikanischen produktionsorientierten Textbüchern gibt es *kaum qualitätsorientierte Aussagen*. Grund: Das US-Fernsehen ist kommerziell orientiert und darum sind hohe Reichweiten relevant.

• *Qualität* ist für *amerikanische Produzenten* demnach nur von *sekundärem* Interesse, und zwar funktional bezüglich Publikumsmaximierung. Als Konsequenz ergibt sich: Programmqualität äußert sich vorab in der Priorität von Stars, Glitzer, Gefühlen, exotischen Schauplätzen, gutem Schnitt bzw. Kameratechnik.

• Demgegenüber ist Programmqualität im *englischen Diskurs* ein *herausragendes* Ziel, wobei zwischen a) technischer Qualität und b) inhaltlicher Qualität unterschieden wird; die technische ist Voraussetzung der inhaltlichen Qualität. In inhaltlicher Hinsicht werden genannt: a) klare Zielsetzung, b) innovativ bezüglich Form, c) Relevanz für den Zuschauer.

• US-Produzenten haben darum im Gegensatz zu ihren britischen Kollegen Mühe, sich über Qualität im Allgemeinen zu äußern. Für US-Produzenten heißt Qualität allenfalls: „pleasing and holding a large audience."

• Nach Auffassung der britischen Produzenten gelten als *Qualitätsstandards für Informationsprogramme:* a) unparteiisch, b) nicht sensationsorientiert, c) Verständnis fördern, d) ehrlich, wahrheitsgetreu und einfach sein. *Unterhaltungsprogramme* a) können unausgewogen sein, b) sollten herausfordern, c) experimentierfreudig sein, d) zu Kontroversen anregen, e) Gefühle ausdrücken, f) Respekt haben, g) einfach und originell sein.

• In den *Preisen* für herausragende Programme dominieren die formalen die inhaltlichen Aspekte, wobei meist auf professionelle technische Standards abgestellt wird.

8.3.2 Medienbeurteilung durch Rezipienten

Fragestellung. In Deutschland – bspw. Studie „Massenkommunikation" –, aber auch in der Schweiz – bspw. „Univox-Survey" – gibt es periodisch durchgeführte repräsentative Surveys, welche eine qualitative Bewertung der drei tagesaktuellen Medien – TV, Radio, Zeitung – im Vergleich erheben.

Qualitätsindikatoren des Univox-Survey sind:

• *Bindung:* „Nehmen wir einmal an, Sie könnten durch technische Umstände oder durch einen Streik längere Zeit überhaupt nicht mehr fernsehen (Radio hören; Zeitung lesen etc.). Wie stark würden Sie dabei die einzelnen Medien vermissen?" Antwortkategorien: sehr stark – stark – etwas – wenig – überhaupt nicht.

• *Glaubwürdigkeit:* „Wie glaubwürdig ist Ihrer Meinung nach die politische Berichterstattung von Fernsehen, Radio und Zeitungen in der Schweiz?" Antwortkategorien: sehr – ziemlich – nur teilweise – wenig – gar nicht.

• *Unabhängigkeit:* „Wie unabhängig von politischen und / oder wirtschaftlichen Einflüssen und Druckversuchen sind Ihrer Meinung nach die Journalisten von Fernsehen, Radio und Presse heute in der Schweiz?" Antwortkategorien: sehr unabhängig – ziemlich unabhängig – teils teils – ziemlich abhängig – sehr abhängig.

• *Verständlichkeit:* „Der Berichterstattung der Medien (Zeitung, TV, Radio) wird oft vorgeworfen, dass sie für den normalen Bürger unverständlich und zu schwierig geschrieben sei." Antwortkategorien: Aussage trifft völlig – ziemlich – ein wenig – kaum zu.

• *Zufriedenheit:* „Wie zufrieden sind Sie persönlich mit den Angeboten und den Inhalten von Fernsehen, Radio und Zeitung?" Antwortkategorien: sehr zufrieden – eher zufrieden – eher unzufrieden – sehr unzufrieden.

In der ARD/ZDF-Studie „Massenkommunikation" (Ridder / Engel 2001), welche periodisch in Deutschland durchgeführt wird, werden zudem die Funktionen und Images der Massenmedien im Vergleich erhoben (vgl. Abb. 27):

Mediennutzungsmotive. Im Medienvergleich werden dem *Fernsehen* die meisten Nutzungsmotive zugeschrieben, und zwar mit einem Schwerpunkt im affektiven Bereich bezüglich der Funktionen „Entspannung" und „Spaß", aber auch den Alltag vergessen wollen". Gleichzeitig ist es aber auch im kognitiven Bereich bezüglich der Motive „Mitreden können", „Denkanstöße bekommen" und „Sich informieren" etwa gleich stark wie das Medium *Zeitung*, das monofunktional auf diesen Bereich festgelegt ist. Der *Hörfunk* wird vor allem zur Entspannung genutzt, aber auch, um sich nicht allein zu fühlen und weil es Spaß macht. Im direkten Vergleich mit den übrigen Medien werden dem *Internet* prioritär nur von je 8% der Befragten Informationsfunktionen zugesprochen. Fragt man aber gesondert nach den Nutzungsmotiven der Internetnutzer, meinen 93%, dass das Nutzungsmotiv „Sich informieren" voll und ganz bzw. weitgehend zutreffe, und an zweiter Stelle wird von 80% bejaht, dass die Nutzung des Internets „Spaß macht". 66% finden auch, dass sie durch das Internet Denkanstöße erhielten.

Abb. 27: Mediennutzungsmotive im Vergleich

trifft am meisten zu auf ... in %	Fernsehen	Hörfunk	Zeitung	Internet
damit ich mitreden kann	41	14	**38**	6
weil ich Denkanstöße bekomme	39	17	**36**	8
weil ich mich informieren möchte	35	14	**44**	8
weil ich dabei entspannen kann	**54**	38	7	1
weil es mir Spaß macht	**55**	30	7	8
weil ich mich dann nicht allein fühle	52	**36**	6	3
weil ich damit den Alltag vergessen möchte	**59**	29	6	2
weil es aus lauter Gewohnheit dazu gehört	45	31	22	1
weil es mir hilft, mich im Alltag zurechtzufinden	35	19	**38**	6

Basis: Befragte, die mindestens zwei Medien mehrmals im Monat nutzen, N = 4933 gewichtet.
Quelle: Studie „Massenkommunikation 2000" (Ridder / Engel 2001: 108ff.).

Abb. 28: Medienimages im Vergleich

trifft am ehesten/an zweiter Stelle zu auf ... (%)	Fernsehen	Hörfunk	Zeitung	Internet
anspruchsvoll	69	41	**59**	31
modern	**85**	35	20	**60**
zukunftsorientiert	**83**	27	28	**61**
vielseitig	**82**	39	39	**40**
unterhaltend / unterhaltsam	**94**	**72**	20	13
aktuell	78	49	48	25
informativ	72	40	**63**	25
glaubwürdig	70	53	**62**	14
kompetent	74	44	**59**	22
sachlich	68	45	**69**	18
kritisch	78	41	**70**	10
mutig	**81**	45	44	29
locker und ungezwungen	**83**	**69**	23	24
sympathisch	**80**	**65**	39	16

Basis: Alle Befragte, N = 5017, gewichtet.
Quelle: Studie „Massenkommunikation 2000" (Ridder / Engel 2001: 113).

Medienimages. Mit einer weiteren Image-Batterie wurden die Befragten zudem gebeten, diese vier Medien bezüglich verschiedenster Image-Attribute zu qualifizieren (vgl. Abb. 28). Das *Fernsehen* hat im Vergleich das breiteste Imageprofil, und zwar nicht nur bezüglich „unterhaltend", „locker und ungezwungen",

„sympathisch" oder „vielseitig", sondern auch bezüglich „modern" und „zu-kunftsorientiert". Die letzteren Attribute bestimmen, neben der Vielseitigkeit, auch das Image des *Internets*. Im Vergleich dazu prägen Aspekte wie „unter-haltsam", „locker und ungezwungen" sowie „sympathisch" den *Hörfunk*. Das Medium *Tagszeitung* wird demgegenüber als „kritisch", „sachlich", „informa-tiv" und „glaubwürdig", aber auch als „anspruchsvoll" und „kompetent" beur-teilt.

Glaubwürdigkeit. Einen solchen intermedialen Vergleich zwischen den „alten" und „neuen" Medien hat auch Schweiger (1998) durchgeführt. Er verglich ne-ben anderem aufgrund einer experimentellen Untersuchungsanlage die *Glaub-würdigkeit* von Zeitungsnachrichten mit solchen aus dem World Wide Web, wobei er erstaunlicherweise nicht feststellte, „dass Nachrichten im WWW per se für weniger glaubwürdig gehalten werden als Nachrichten in einer Tages-zeitung (Schweiger 1998: 142)."

8.3.3   Beurteilung von Kampagnenbotschaften

Das IPMZ – Institut für Publizistikwissenschaft und Medienforschung der Uni-versität Zürich evaluiert seit 1996 die kantonale Suchtpräventionskampagne „Sucht beginnt im Alltag. Prävention auch." (www.suchtpraevention-zh.ch) Dabei wird jeweils jährlich eine repräsentative Stichprobe von ca. 400 Personen befragt. Die Evaluation soll Aufschluss geben über die Reichweite, Beurteilung und Akzeptanz der Kampagne durch die Bevölkerung. Im Jahre 2000 wurde mit Groß- und Kleinplakaten auf öffentlichen Plätzen und in öffentlichen Verkehrs-

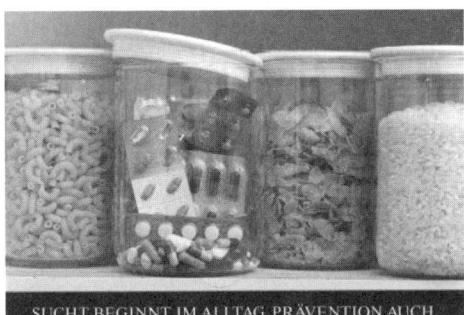
SUCHT BEGINNT IM ALLTAG. PRÄVENTION AUCH.
Die Stellen für Suchtprävention im Kanton Zürich

mitteln auf die folgenden drei Probleme aufmerksam gemacht: Medikamentenmissbrauch, Rau-chen und Alkoholabhängigkeit. Die Sujets sollten die Aufmerk-samkeit der Betrachter durch leicht verfremdete Alltagssitua-tionen auf sich ziehen, auf die entsprechenden Abhängigkeiten hinweisen und zu einem Denk-anstoß herausfordern.

Die Kampagne erreichte in quantitativer Hinsicht etwa 35% der Bevölkerung. Auf der qualitativen Ebene wurden die Befragten gebeten, die drei verwendeten Kampagnensujets aufgrund der folgenden sechs Bewertungsdimensionen zu beurteilen: a) „ist alltagsnah", b) „finde ich verständlich", c) „ist aussagekräftig", d) „regt zum Denken an", e) „ist informativ" und f) „ist originell".

Abb. 29 zeigt, dass die Zielsetzung der Kampagne erreicht wurde: Die Stärken der Plakatsujets liegen übereinstimmend darin, dass sie als „alltagsnah", „gut verständlich" und „aussagekräftig" wahrgenommen werden; ebenso wurde das Ziel erreicht, durch die visualisierten Alltagssituationen einen Denkanstoß zu geben. In der Einzelbewertung schneiden die Sujets „Medikamente" und „Rauchen" am besten ab, und zwar deutlich besser als das Sujet „Alkohol"; letzteres wurde auch am schlechtesten erinnert (vgl. Leonarz 2001).

Abb. 29: Bewertung der Sujets einer Suchtpräventionskampagne

trifft sehr bzw. eher zu (%)	Total	Medikamente 54%*	Rauchen 62%*	Alkohol 49%*
- ist alltagsnah	81	82	85	76
- finde ich verständlich	77	82	83	67
- ist aussagekräftig	76	80	79	68
- regt zum Denken an	76	81	77	70
- ist informativ	66	70	67	61
- ist originell	63	70	66	52
Durchschnitt der Bewertung	73	78	76	66

*: Erinnerung an das Sujet in Prozent; Basis: Personen, die von der Kampagne erreicht wurden.

8.3.4 Bewertung von Multimedia und Hypertexten

Fragestellung. In jüngster Zeit werden in Fachzeitschriften oder auf Tagungen vermehrt Überlegungen und Analysen zur Bewertung der Qualität von Multimedia-Lernprogrammen und Hypertexten (bspw. Degenhardt 1996; Maier-Rabler / Sutterlütti 1997; Pfammatter 1998) oder von Internet-Angeboten (Alexander / Tate 1999; Bucher 1998 + 2000; Eppler u.a. 2001) vorgestellt und diskutiert: Welche Qualitätsindikatoren gibt es? Kann auf bestehende Qualitätsindikatoren zurückgegriffen werden oder müssen eigene, internetspezifische Qualitätskriterien entwickelt werden? – Die nachfolgend präsentierten drei Beispiele zeigen, dass auch bei den Neuen Medien die zur Evaluation verwendeten Kriterien von der jeweiligen theoretischen Perspektive bzw. vom konkreten praktischen Verwertungszusammenhang abhängen. Gleichzeitig verdeutlichen sie, dass die Forschung erst im Anlaufen ist und ein Konsens noch nicht besteht.

Beispiel 1. Nach Stefan Aufenanger (1995) sollte aktuelle Lernsoftware folgenden *medienpädagogischen Kriterien* genügen:

- *Transparenz:* Lernprogramme sollten dem Benutzer ermöglichen, die Struktur des Programms, seinen Aufbau und seine Bestandteile anschaulich zu erfassen.

- *Selbstbestimmung:* Nicht das Programm darf dem Nutzer vorschreiben, was er machen muss, sondern der Nutzer muss selbst wählen können, was er machen will.

- *Ermöglichung von Eigenaktivität bzw. Selbstgestaltung:* Für den pädagogischen Prozess ist es wichtig, dass Heranwachsende in Lernprogrammen mit ihren Ideen und Möglichkeiten einbezogen werden.

- *Offenheit:* Wenn ein Programm eine festgelegte Struktur hat, dann kann dies relativ rasch zu Ermüdungs- und Demotivationserscheinungen führen; das Programm wird einfach langweilig.

- *Experten- und Wissenssystem:* Ein gutes Programm sollte ein Expertensystem sowie eine umfassende Datenbank zur Thematik enthalten.

- *Simulationsmöglichkeit:* Ereignisse sollten simuliert und damit mögliche Folgen von Entscheidungen und Handlungen vorweggenommen werden können.

Ein solches Raster müsste selbstverständlich für eine konkrete Evaluation von Lernsoftware noch genauer operationalisiert werden.

Beispiel 2. In einer empirischen Online-Befragung bei 670 Internetnutzern in der Deutschschweiz haben Eppler u.a. (2001) die *Qualität von Internetangeboten* rezipientenorientiert evaluiert. Die Hauptfragestellung der Studie bestand darin, die qualitätsbestimmenden Faktoren zu identifizieren. Die Befragten hatten dabei in einem ersten Schritt die von ihnen zuletzt intensiv genutzte Website bezüglich 21 Kriterien zu bewerten. *Bewertungskriterien* waren: Vollständigkeit, Genauigkeit, Klarheit / Verständlichkeit, Nützlichkeit, Kompaktheit Konsistenz, Korrektheit, Aktualität, Benutzerfreundlichkeit, rascher Info-Zugang, klare Quellenangaben, Anpassbarkeit an Bedürfnisse, Auffindbarkeit & Zugänglichkeit, Sicherheit, Wartung / Pflege sowie Schnelligkeit beim Laden (Skala: trifft zu, neutral – trifft nicht zu, weiß nicht). In einem zweiten Schritt hatten sie zudem die persönliche Wichtigkeit der einzelnen Qualitätskriterien zu beurteilen (Skala: 1 = überhaupt nicht wichtig, 5 = sehr wichtig).

Die *Befunde* zeigten, dass die Website-Qualität messbar und erfolgswirksam ist. Allerdings blieb die Zahlungsbereitschaft selbst für qualitativ hochstehende Angebote gering. Als größte Ärgerpunkte erwiesen sich Aspekte wie lange Lade-

zeiten, falsche Verlinkung und veraltete Inhalte. Ein akuter Verbesserungsbe-
darf wurde in den Bereichen Übersichtlichkeit und Aktualität festgestellt.

Fazit: „Besonders einflussreich sind demnach Aktualität, rasche Wege zur Information, Vollständigkeit, oder eine sorgfältige Wartung der Website (Eppler
u.a. 2001: 15)."

Beispiel 3. Nach Bucher (2000: 157) müssen bei der Qualitätsbeurteilung von
Multimedia- und Online-Angeboten im Unterschied zu den klassischen Printmedien die neuartigen Modalitäten der Informationsvermittlung berücksichtigt
werden wie die fehlende Abgeschlossenheit, die Nicht-Linearität bzw.
hypertextuelle Struktur, die Multimodalität von Text, Bild und Ton oder die
Interaktivität. Eine *empirische Qualitätsanalyse* muss darum nicht nur funktional (1), produkteorientiert (2) und rezipientenorientiert (3) sein, sondern auch
prozessorientiert (4) die zeitliche und dynamische Dimension der Online-Nut-
zung berücksichtigen. Aus der Perspektive des Nutzers muss das Online-Ange-
bot darum folgende Verstehensprobleme optimal lösen: 1. *Orientierungsprob-
lem:* Wie ist der Hypertext bzw. die Website aufgebaut? Welche Kommunika-
tionseinheiten konstituieren den Hypertext? 2. *Navigationsproblem:* Der Hyper-
text-Nutzer muss ständig Navigationsentscheidungen treffen und darum auch
wissen, an welcher Stelle des Hypertexts er sich befindet. 4. *Sequenzierungs- /
Einordnungspropblem:* Jede Einheit eines Hypertextes muss von verschiedenen
Kontexten aus als eigenständiger Kommunikationsbeitrag verstehbar und er-
reichbar sein. 5. *Rahmungsproblem:* Für den Nutzer müssen die funktional zu-
sammengehörenden Einheiten – bspw. Navigationselemente, Content, Werbung
– klar erkennbar sein.

Literatur

Evaluation von Medienpräsenz und Info-Kampagnen

Bonfadelli, Heinz / Ittensohn, Silvia / Müller, Jürg / Portmann, Roger (1994):
    Umweltkommunikation. „SBN • Schweizer Naturschutz" – Umfrage.
    SfP: Zürich.
Greenberg, Bradley u.a. (1991): Production, Technological, Economic and
    Audience Factors in Assessing Quality in Public Service Television. In:
    Studies of Broadcasting, (27), S. 133-190.
Saxer, Ulrich / Bonfadelli, Heinz / Hättenschwiler, Walter / Schanne, Michael
    (1979): 20 Jahre Blick. Analyse einer schweizerischen Boulevardzei-
    tung. Zürich.

Medienimages

Berg, Klaus / Kiefer, Marie-Luise: Massenkommunikation V. Eine Langzeitstu-
die zur Mediennutzung und Medienbewertung 1964 - 1995. Baden-
Baden 1996.

Bonfadelli, Heinz (1996): Univox-Survey „Medienkommunikation". Zürich.

Ridder, Christa-Maria / Engel, Bernhard (2001): Massenkommunikation 2000:
Images und Funktionen der Massenmedien im Vergleich. In: Media
Perspektiven, Heft 3, S. 102-156.

Schweiger, Wolfgang (1998): Wer glaubt dem World Wide Web? Ein Experi-
ment zur Glaubwürdigkeit von Nachrichten in Tageszeitungen und im
World Wide Web. In: Rössler, Patrick (Hg.): Online-Kommunikation.
Beiträge zu Nutzung und Wirkung. Opladen / Wiesbaden, S. 123-145.

Öffentliche Informationskampagnen

Leonarz, Martina (2001): Die (Un)wirksamkeit öffentlicher Informationskampagnen im Gesundheitsbereich. Zur Evaluation von Suchtkampagnen. In:
Röttger, Ulrike (Hg.): PR-Kampagnen. Über die Inszenierung von Öffentlichkeit. Wiesbaden, S. 269-289.

Multimedia Design – Internet

Alexander, J.E. / Tate, M.A. (1999): Web Wisdom: How to Evaluate and Cre-
ate Information Quality on the Web. Mahwah, N.J.

Aufenanger, Stefan (1995): Aktuelle Lernsoftware. Kriterien und Chancen in
medienpädagogischer Beurteilung. In: medien praktisch, (2), S. 11-14.

Bucher, Hans-Jürgen (2000): Publizistische Qualität im Internet. Rezeptionsforschung für die Praxis. In: Altmeppen, Klaus-Dieter / Bucher, Hans-Jürgen / Löffelholz, Martin (Hg.): Online-Journalismus. Perspektiven für
Wissenschaft und Praxis. Wiesbaden, S. 155-172.

Bucher, Hans-Jürgen (1998): Vom Textdesign zum Hypertext. Gedruckte und
elektronische Zeitungen als nicht-lineare Medien. In: Holly, Werner /
Biere, Bernd Ulrich (Hg.): Medien im Wandel. Wiesbaden, S. 63-102.

Bucher, Hans-Jürgen (1998): Rezeptionsmuster der Online-Kommunikation. In:
Media Perspektiven, (10), S. 517-523.

Degenhardt, Werner (1996): Aufgaben für die Multimedienwissenschaft. In:
Mast, Claudia (Hg.): Markt – Macht – Medien. Publizistik zwischen gesellschaftlicher Verantwortung und ökonomischen Zielen. Konstanz, S.
153-164.

Eppler, Martin u.a. (2001): Qualität im Internet. Eine empirische Studie zu den Gütekriterien, Erfolgsfaktoren und Defiziten von Websites aus der Sicht der Benutzer. IHA • GfM / mcm institute: St. Gallen.

Maier-Rabler, Ursula / Sutterlütti, Erich (1997): Hypertextualität als neues Informationsprinzip. In: Renger, Rudi / Siegert, Gabriele (Hg.): Kommunikationswelten. Wissenschaftliche Perspektiven zur Medien- und Informationsgesellschaft. Innsbruck / Wien, S. 243-265.

Pfammatter, René (Hg.) (1998): Multi Media Mania. Reflexionen zu Aspekten Neuer Medien. Konstanz.

Themenheft (1996): Mediendesign im Online-Zeitalter. In: Sage & Schreibe spezial, (3).

Anhang

Glossar

Denotation Die mit einem Wort gemeinte buchstäbliche (Kern-)Bedeutung, welche auf den Gegenstand hinweist.

Diskursanalyse Diskurs als sprachliche Formation bzw. Korrelat einer bestimmten gesellschaftlichen Praxis. Steht auch für Text, Rede oder Sprachpraxis. Die kritische Diskursanalyse soll ideologische Tendenzen in der Medienberichterstattung, bspw. bezüglich Rassismus, aufdecken.

Frames Es handelt sich um zentrale, organisierende Ideen bzw. Strukturen, welche Medientexten unterliegen. Durch Selektion, Organisation, Hervorhebung und Bewertung legen sie eine bestimmte Sicht des Ereignisses bzw. des Sachverhalts und darauf bezogene Problemlösungen nahe.

Gesprächs- / Dialoganalyse Meist qualitative Analysen aus linguistischer Perspektive der Sprachverwendung in den Medien wie Gespräche und Dialoge bspw. in Talkshows oder „Phone-In" - Programmen.

Inhaltsanalyse Eine empirische Methode zur systematischen, intersubjektiv nachvollziehbaren Beschreibung inhaltlicher und formaler Merkmale von (Medien-)Mitteilungen.

Input-Output-Analyse Der Vergleich von Public Relations als Medien-Input und Berichterstattung als Medien-Output wird zur Abklärung der Abhängigkeit (Determinationsthese) der Medien vom PR-System durchgeführt.

Konnotation Emotionale und expressive Vorstellungen, welche die Grundbedeutung eines Wortes (Denotation) begleiten.

Konvergenz-Debatte Seit Einführung des Dualen Rundfunks vor allem in Deutschland stark medienpolitisch gefärbte Debatte um die Frage, ob es zu einer Angleichung der öffentlich-rechtlichen und privaten Nachrichtenangebote bzw. der TV-Programme überhaupt gekommen sei.

Massenkommunikation Unter „Massenkommunikation" wird nach Maletzke (1963: 32) jene Form der Kommunikation verstanden, bei der Aussagen öffentlich, durch technische Verbreitungsmittel, indirekt und einseitig an ein disperses Publikum vermittelt werden.

Medienqualität Eigenschaften von Fernsehprogrammen bzw. Medienangeboten, die bestimmten Ansprüchen als Normen bzw. Soll-Vorstellungen entsprechen sollen wie bspw. Relevanz, Vielfalt, Professionalität oder Akzeptanz.

Medienresonanz-Analyse In der Unternehmenskommunikation und der Public Relations verwendete Methode auf der Basis der Inhaltsanalyse zur Messung des Erfolgs der Öffentlichkeitsarbeit in den Massenmedien.

Mythen Gesellschaftliche Überlieferungen aus der Vorzeit eines Volkes bzw. für wahr gehaltene und / oder nicht hinterfragte Erzählungen, die Antworten liefern bezüglich wichtiger kultureller Fragen, Konflikte, Normen und Werte, wobei dies in bildhaft-anschaulicher Form geschieht.

Narration Erzählung einer Geschichte bzw. eines Mythos nicht nur in fiktionalen Medienangeboten, sondern auch als „das Erzählen der Welt" in den Fernsehnachrichten.

Polysemie Nach der „Cultural Studies" - Perspektive sind (Medien-)Texte offen, d.h. werden von den Rezipienten unterschiedlich gelesen. Dementsprechend kann ein Text viele Bedeutungen bzw. Lesearten haben.

Reliabilität Zuverlässigkeit eines Messinstruments, bspw. der Inhaltsanalyse.

Ritual „Gewohnheit" und „Wiederholung" durch „Standardisierung" von Inszenierungen, wobei die *Gleichzeitigkeit der Partizipierenden* wichtig ist.

Semiotik Allgemeine Zeichentheorie, welche sich aus der Linguistik entwickelte. Wurde in den 70er Jahren verschiedentlich auch als Basistheorie der Publizistikwissenschaft betrachtet.

Singularitäten Wichtige Einzelfälle, bspw. in der Medienberichterstattung.

Text Während der Begriff „Text" ursprünglich nur schriftliche Botschaften meinte, ist er in den „Cultural Studies" auf den Gegenstandsbereich „Medientexte" überhaupt ausgeweitet worden.

Typologie Gruppierung von Elementen (bspw. Medien) nach ihren Ausprägungen bezüglich der als relevant erachteten Klassifikationskriterien.

Validität Gültigkeit eines Messinstruments. Wird wirklich das gemessen, was man messen will?

Zeichen Materielle Artefakte (Zeichenträger und Bedeutung), welche für etwas anderes stehen; aufgrund eines Codes verweisen sie auf Gegenstände der Welt (Referenz).

Sachregister

ALM – Arbeitsgemeinschaft der
Landesmedienanstalten (Hg.)
**Programmbericht zur Lage und
Entwicklung des Fernsehens in
Deutschland 2000/2001**
2001, 442 Seiten, broschiert
ISBN 3-89669-346-8

Karin Böhme-Dürr
Thomas Sudholt (Hg.)
Hundert Tage Aufmerksamkeit
Das Zusammenspiel von Medien,
Menschen und Märkten bei
»Big Brother«
2001, 454 Seiten, broschiert
ISBN 3-89669-342-5
Medien und Märkte 10

Bettina Fromm
Privatgespräche vor Millionen
Fernsehauftritte aus psychologischer
und soziologischer Perspektive
1999, 426 Seiten, broschiert
ISBN 3-89669-271-2
Wissenschaftsforum 6

Werner Früh
Unterhaltung durch das Fernsehen
Eine molare Theorie
Unter Mitarbeit von Anne-Katrin
Schulze und Carsten Wünsch
2002, 250 Seiten, broschiert
ISBN 3-89669-367-0

Christiane Hackl
Fernsehen im Lebenslauf
Eine medienbiographische Studie
2001, 398 Seiten, broschiert
ISBN 3-89669-264-X
kommunikation audiovisuell 25

Gerhard Lampe
Panorama, Report und Monitor
Geschichte der politischen
Fernsehmagazine 1957-1990
2000, 484 Seiten, broschiert
ISBN 3-89669-298-4
CLOSE UP – Schriften aus dem Haus
des Dokumentarfilms 15

Michaela Maier
**Zur Konvergenz des
Fernsehens in Deutschland**
Ergebnisse qualitativer und
repräsentativer Zuschauerbefragungen
2002, 380 Seiten, broschiert
ISBN 3-89669-378-6
Medien und Märkte 11

Jo Reichertz
Die Frohe Botschaft des Fernsehens
Kulturwissenschaftliche Untersuchung
medialer Diesseitsreligion
2000, 277 Seiten, broschiert
ISBN 3-89669-977-6
Passagen & Transzendenzen 10

Brigitte Scherer
Thomas Magnum und die Frauen
Produktion und Rezeption
einer US-Serie
2000, 468 Seiten, broschiert
ISBN 3-89669-278-X
kommunikation audiovisuell 27

Stefan Wehmeier
Fernsehen im Wandel
Differenzierung und Ökonomisierung
eines Mediums
1998, 440 Seiten, Engl. Broschur
ISBN 3-89669-238-0
Forschungsfeld Kommunikation 9

www.uvk.de

Isabella-Afra Holst
Realitätswahrnehmung in politischen Konflikten
Grundlagen einer Theorie
der Wissenskluft
2000, 322 Seiten, broschiert
ISBN 3-89669-959-8
Analyse und Forschung 15

Heinz Bonfadelli
Die Wissenskluft-Perspektive
Massenmedien und
gesellschaftliche Information
1994, 464 Seiten, Engl. Broschur
ISBN 3-89669-170-8
Forschungsfeld Kommunikation 5

Gregor Daschmann
Der Einfluß von Fallbeispielen auf Leserurteile
Experimentelle Untersuchungen
zur Medienwirkung
2001, 366 Seiten, broschiert
ISBN 3-89669-330-1
Wissenschaftsforum 8

Andreas Dörner
Politische Kultur und Medienunterhaltung
Zur Inszenierung politischer Identitäten
in der amerikanischen Film- und
Fernsehwelt
2000, 448 Seiten, broschiert
ISBN 3-89669-928-8
Analyse und Forschung 4

Kornelia Hahn (Hg.)
Öffentlichkeit und Offenbarung
Eine interdisziplinäre
Mediendiskussion
2002, 258 Seiten, broschiert
ISBN 3-89669-804-4
Analyse und Forschung 28

Hans Mathias Kepplinger, Simone
Christine Ehmig, Uwe Hartung
Alltägliche Skandale
Eine repräsentative Analyse
regionaler Fälle
2002, 200 Seiten, broschiert
ISBN 3-89669-379-4

Horst Pöttker (Hg.)
Öffentlichkeit als gesellschaftlicher Auftrag
Klassiker der Sozialwissenschaft
über Journalismus und Medien
2001, 498 Seiten, broschiert
ISBN 3-89669-901-6
Klassiker 2

Reinhild Rumphorst
Journalisten und Richter
Der Kampf um die Pressefreiheit
zwischen 1920 und 1970
2001, 270 Seiten, broschiert
ISBN 3-89669-311-5
Journalismus und Geschichte 4

Stefan Weber
Was steuert Journalismus?
Ein System zwischen Selbstreferenz
und Fremdsteuerung
2000, 200 Seiten, Engl. Broschur
ISBN 3-89669-293-3
Forschungsfeld Kommunikation 12

www.uvk.de

Ralf Adelmann, Jan O. Hesse,
Judith Keilbach, Markus Stauff,
Matthias Thiele (Hg.)
**Grundlagentexte zur
Fernsehwissenschaft**
Theorie – Geschichte – Analyse
512 Seiten, broschiert
UTB 2357
ISBN 3-8252-2357-4

Nils Borstnar, Eckhard Pabst,
Hans Jürgen Wulff
**Einführung in die Film-
und Fernsehwissenschaft**
230 Seiten, broschiert
UTB 2362
ISBN 3-8252-2362-0

Andreas Hepp
Martin Löffelholz (Hg.)
**Grundlagentexte zur
transkulturellen Kommunikation**
898 Seiten, broschiert
UTB 2371
ISBN 3-8252-2371-X

Heinz Bonfadelli
Medieninhaltsforschung
Grundlagen, Methoden,
Anwendungen
212 Seiten, broschiert
UTB 2354
ISBN 3-8252-2354-X

Irene Neverla, Elke Grittmann,
Monika Pater (Hg.)
Grundlagentexte zur Journalistik
774 Seiten, broschiert
UTB 2356
ISBN 3-8252-2356-6

Volker Gehrau
**Die Beobachtung in der
Kommunikationswissenschaft**
Methodische Ansätze
und Beispielstudien
208 Seiten, broschiert
UTB 2355
ISBN 3-8252-2355-8

www.uvk.de